René Descartes: Meditationen über die Erste Philosophie

Klassiker Auslegen

Herausgegeben von
Otfried Höffe

Band 37

René Descartes: Meditationen über die Erste Philosophie

Herausgegeben von
Andreas Kemmerling

2., bearbeitete Auflage

DE GRUYTER

ISBN 978-3-11-057158-5
e-ISBN (PDF) 978-3-11-057180-6
e-ISBN (EPUB) 978-3-11-057202-5
ISSN 2192-4554

Bibliografische Information der Deutschen Nationalbibliothek
Die Deutsche Nationalbibliothek verzeichnet diese Publikation in der Deutschen
Nationalbibliografie; detaillierte bibliografische Daten sind im Internet über
http://dnb.dnb.de abrufbar.

© 2019 Walter de Gruyter GmbH, Berlin/Boston
Umschlagabbildung: Frans Hals, Porträt von René Descartes, 1649, Louvre, Paris; Wikimedia
Commons
Druck und Bindung: CPI books GmbH, Leck

www.degruyter.com

Inhalt

Zitierweise —— VII

Andreas Kemmerling
1 **Einleitung** —— 1

Dominik Perler
2 **Strategischer Zweifel**
  Die Funktion skeptischer Argumente in der Ersten Meditation —— 9

Andreas Kemmerling
3 **Das *Existo* und die Natur des Geistes** —— 29

Andreas Schmidt
4 **Gott und die Idee des Unendlichen** —— 53

Lilli Alanen
5 **The Metaphysics of Error and Will** —— 77

Tobias Rosefeldt
6 **Descartes' ontologischer Gottesbeweis** —— 97

Gary Hatfield
7 **The Sixth Meditation: Mind-Body Relation, External Objects, and Sense Perception** —— 119

Hans-Peter Schütt
8 **Die Stellung der *Meditationen* im Gesamtwerk Descartes'** —— 143

Andreas Hüttemann
9 **Die Grundlegung der Cartesischen Physik in den Meditationen** —— 167

Hans-Peter Schütt
10 **Zur Wirkungsgeschichte der Cartesischen *Meditationen*** —— 187

Auswahlbibliographie —— 205

Stellenregister —— 213

Sachregister —— 219

Namenregister —— 221

Hinweise zu den Autoren —— 225

Zitierweise

Die Schriften Descartes' werden nach der Ausgabe von Charles Adam und Paul Tannery (Œuvres de Descartes, 1897–1913, Nachdruck 1996, 11 Bde.) zitiert; die Angabe „AT VII 25" verweist auf S. 25 des siebten Bands dieser Ausgabe.

Siglen

AT I – AT V
passim — Korrespondenz (April 1622 bis Februar 1650) [*L.*], AT V 144–179: Entretien avec Burman (1648) – Gespräch mit Burman [*EaB.*]

AT VI
1–78: Discours de la Méthode (1637) – Von der Methode des richtigen Vernunftgebrauchs und der wissenschaftlichen Forschung [*Disc.*]
79–228: La Dioptrique (1637) – Dioptrik [*Diopt.*]
229–366: Les Meteores (1637) – Meteorologie [*Met.*]
367–485: La Geometrie (1637) – Geometrie [*Géom.*]
584–650: Dioptrice. Lateinische Übersetzung (1644) – Dioptrik [*Diopt.*]
651–720: Meteora. Lateinische Übersetzung (1644) – Meteorologie [*Met.*]

AT VII
1–90: Meditationes de Prima Philosophia (1641) – Meditationen über die Erste Philosophie [*Med.*]
91–561: Objectiones & Responsiones (1641–1642) – Einwände und Erwiderungen [*Obj./Resp.*]

AT VIII
AT VIII-1
passim — Principia Philosophiae (1644) – Die Prinzipien der Philosophie [*Princ.*]
AT VIII-2
335–369: Notae in Programma (1648) [*Notæ*]

AT IX
AT IX-1
passim — Méditations. Französische Übersetzung (1647) – Meditationen [*Méd.*]
AT IX-2
passim — Principes de la Philosophie. Französische Übersetzung (1647) – Prinzipien der Philosophie [*Principes*]

AT X
489–532: Recherche de la verité par la lumière naturelle (Entstehungszeit nicht eindeutig geklärt) – Die Suche nach Wahrheit durch das natürliche Licht [*Rech.*]

AT XI

1–118:	Le Monde ou Traité de la Lumière (1633) – Die Welt oder Abhandlung über das Licht [*Lum.*]
119–202:	Traité de l'homme (1633) – Über den Menschen [*Hom.*]
301–490:	Les Passions de l'âme (1649) – Die Leidenschaften der Seele [*Pass.*]

Andreas Kemmerling
1 Einleitung

Das Philosophieren war für Descartes, so ist zu vermuten, keine der tiefsten intellektuellen Faszinationen seines Lebens. Seine Erkenntnisleidenschaften betrafen Probleme der Mathematik, zahllose Einzelfragen aus den verschiedensten Bereichen der Naturwissenschaften und insbesondere Fragen einer einheitlichen wissenschaftlichen Methode. Philosophie, jedenfalls in dem vergleichsweise engen Sinn unserer Tage, hat er, auf's Ganze seines Lebens gesehen, eher nebenher betrieben. Aus seiner Korrespondenz geht dies deutlich genug hervor.

Anders als heutigen Naturwissenschaftlern war ihm das Philosophieren jedoch nicht bloß ein Hobby für unausgefüllte Wochenenden oder Strandurlaube. Derlei kannte er wohl gar nicht. Vielleicht in seinen jungen Jahren, von denen uns zu wenig überliefert ist. Mit 20 war er ein frischexaminierter Jungjurist, mit Anspruch auf eine gediegene ‚Lebenszeitstelle' in Poitiers, die er mit 25 hätte einnehmen können. Sein Vater hatte dies, oder etwas dieser Art, von ihm erwartet. Ein halbes Jahr nach seinem Examen, am 31. März 1617, war er volljährig. (Was dies für Descartes – einen Menschen mit unbändigem Drang nach Unabhängigkeit in allem – bedeutet haben mag, sollte ein seit Jahrzehnten beamteter Philosophieprofessor unserer Tage nicht auszumalen versuchen.) Er war nun ein freier junger Mann aus besser gestellten Verhältnissen, jedenfalls ohne finanzielle Sorgen. Vermutlich zur Belohnung für die durchstandene Öde eines Jurastudiums hatte er sich Mitte des Jahres 1618 einen ausführlichen Europabummel vorgenommen – was angesichts des beginnenden großen Krieges einige Umsicht erforderte. Sich vom Duft der großen weiten Welt ein wenig umwehen lassen, bevor er in Frankreich in eine dröge Amtsadligenkarriere absinken würde, war vielleicht das, wonach ihm damals vornehmlich der Sinn stand. Er hatte einiges zu seiner Verfügung, das ihm allerlei Vergnügen verheißen mochte; unter anderm wird berichtet, er sei damals dem Glücksspiel zugetan und ein trefflicher Fechter gewesen, der in einem Duell in Paris seinen Gegner bis zur Wehrlosigkeit niederfocht (ihn aber verschone, der schönen Augen der Dame wegen, die den Anlaß zum Kampf gegeben hatte) und der einmal sogar eine Übermacht von Piraten mit dem Degen zu vertreiben vermochte. Das Fechten war offenbar eine seiner länger anhaltenden Passionen; er verfaßte eine Abhandlung über die Fechtkunst und trainierte noch als reifer Mann in Holland mit seinem Fechtlehrer.

Doch was ist Vergnügen – für einen gutgestellten jungen Mann des frühen 17. Jahrhunderts, zumal einen, der eher neugierig und abenteuerlustig als blasiert und vergnügungssüchtig ist? Schon in Holland, dem ersten Zwischenhalt seiner Reise, traf (so stelle ich mir ihn gerne vor:) unser etwas feinerer, nach außen hin selbstbewußter, innerlich nach etwas für sein ganzes Leben Erstrebenswertem lechzender, junger Edelmann aus Frankreich auf den holländischen Gelehrten Isaac Beeckman. Der war acht Jahre älter, wußte aber schon sehr wohl, was ihn sein Leben lang faszinieren und mit tiefem Vergnügen erfüllen würde: jedes ernstzunehmende Problem der erblühenden Wissenschaften. Durch ihn gewann Descartes in wenigen intensiven Monaten einen stimulierenden Eindruck davon, welch enorme Vielfalt an Problemen die international namhaften Wissenschaftler dieser Tage umtrieb. Freundschaftlich geschah das wohl zwischen den beiden. Die enthusiasmierende Intensität dieser Begegnung war für Descartes lebenserschütternd. Kurz nach seiner Weiterreise, am 23. April 1619, schrieb er Beeckmann, wahrlich dieser allein habe ihn aus seinem Müßiggang aufgerüttelt (AT X 162). Damals dürfte ihm aufgegangen sein, daß wissenschaftliche Arbeit für ihn die Erfüllung des Lebens sein könnte – und in welch außergewöhnlichem Maße er für sie begabt ist.

Kaum ein halbes Jahr später stand für den dann 23-jährigen fest, was er mit seinem Leben werde anfangen wollen. In einer Novembernacht des Jahres 1619 hatte er drei Träume, die er offenbar als einen Sendungsauftrag deutete: ihm sei es aufgegeben, Großes für die Wissenschaft als ganze zu leisten. Zwar beschäftigte er sich weiterhin, als theoretischer und als empirischer Forscher, mit Detailproblemen der Geometrie, Optik, Meteorologie, auch der Musikpsychologie, Mechanik, Anatomie, Chemie, Physiologie, ja mit der Konzeption von Geräten zum Schleifen asphärischer Linsen, um Fernrohre bisher nie erreichter Qualität herstellen zu können – und diese Liste ist wahrlich nicht vollständig. Aber von nun an arbeitete er auch an Monumental-Projekten, die wir als aberwitzig hochfahrend belächeln müßten, wenn wir nicht Schriften und Briefe hätten, aus denen hervorgeht, mit welch ernsthafter Nüchternheit, intellektueller Brillanz und Ausrichtung auf konkrete Ergebnisse er sich ihnen hingegeben hat. Eines unter ihnen war die Entwicklung einer universalen Methode wissenschaftlich gesicherter Erkenntnis; er gab es mit Anfang 30 auf. Ein anderes seiner Vorhaben ist es, eine umfassende mechanistisch-korpuskularistische Theorie der unbelebten Natur (im besonderen auch des Lichts), der Tiere (sowie des menschlichen Körpers) und schließlich eine dazu passende Konzeption der Verstandesseele zu entwickeln. Dieses zweite Projekt hat er bis in viele Einzelheiten und in Teilen, wie man heute sagen würde, bis zur Publikationsreife ausgearbeitet.

Paris hatte er Ende 1628 verlassen und sich in Holland niedergelassen. Sein Erbe erlaubte es ihm, seiner Sehnsucht nach Ungestörtheit entsprechend zu leben. Übrigens in einem durchaus komfortablen Rahmen: In Endegeest bei Leyden, zum Beispiel, lebte er zwei Jahre lang in einem, wie einer seiner seltenen Besucher berichtet, herrlich gelegenen Schlößchen mit Garten, Obstgarten und ‚einer ausreichenden Zahl an Domestiken' (AT III 351). Seine Zurückgezogenheit hatte durchaus skurrile Züge. Aus seinen Aufenthaltsorten (er zog häufig um) machte er geradezu ein Geheimnis. Sein großbrüderlicher Freund Mersenne in Paris war einer der wenigen, die er diesbezüglich immer auf dem Laufenden hielt. Diese Ausnahme hatte ihren guten Grund: Mersenne wirkte seit Descartes' Übersiedlung nach Holland als zuverlässige Vermittlungszentrale für die ungeheuer umfangreiche Korrespondenz zwischen den führenden Wissenschaftlern Europas und dem Freund, der sich aus der geistigen Metropole fern auf's platte Land zurückgezogen hatte, um in Ruhe, jederzeit Herr seiner eigenen Zeit, seiner Sendung zu leben. Wir sollten ihn uns allerdings nicht als einen versponnenen, soziophoben Eremiten denken. Er hatte in Holland und Frankreich Freunde, mit denen er gerne zusammen war. Gelegentlich fuhr er nach Frankreich, besuchte seine Familie und andere, die ihm lieb waren. Aber auf's Ganze zog er es vor, nur denen zu begegnen, denen er begegnen wollte. Und eben nur dann, wenn die Arbeit an seinem Werk es zuließ. – Viele denkende Menschen haben diesen Traum. Descartes war 32, als er sich mit aller Entschiedenheit zu solch einer Lebensführung entschloß. Diesem Entschluß und der Willensstärke, ihn durchzuhalten, verdanken wir auch die *Meditationen*, von denen dieser Band handelt.[1]

Im Jahre 1633 wurde Galilei verurteilt. Jedem wissenschaftlich Gebildeten war mit einem Schlag klar: Die katholische Kirche war entweder nicht willens oder intellektuell nicht in der Lage, die unleugbaren Ergebnisse der neuen Wissenschaft mit ihren Doktrinen in Einklang zu bringen. Descartes hielt seine zur Veröffentlichung gedachten Schriften zurück; die Bewegung der Erde war ein integraler Bestandteil seiner Theorie-Entwürfe. Ja, unmittelbar nachdem er von Galileis Verurteilung erfahren hatte, war er zunächst so schockiert, daß er mit dem Gedanken spielte, all seine Manuskripte zu verbrennen. Doch er besann sich eines Besseren. Vier Jahre später, 1637, publizierte er in Holland, anonym, eine auf Französisch abgefaßte Schrift, die aus vier Teilen bestand: dem kurzen einleitenden, autobiographisch gehaltenen *Diskurs über die Methode, seine Vernunft gut einzusetzen und die Wahrheit in den Wissenschaften zu suchen* und drei Proben („*essais*") dieser Methode, in denen es um die Optik, die Meteore und die Geometrie ging. – Durch die Wahl des Wortes „discours", im Kontrast zu „traité", wollte Descartes deutlich machen, daß besagte Methode in dieser Schrift nicht lehrbuchartig entwickelt, sondern nur ‚diskursiv' behandelt wird. Die drei *Essais*, aber auch die Behandlung medizinischer, physikalischer und metaphysischer

---

[1] Seinen einzigen Versuch, sich als erwachsener Mann auf eine Lebensführung einzulassen, die er nicht selbst bestimmte, überlebte er kein halbes Jahr.

Themen im *Discours* sollten dem Leser deutlich werden lassen, daß diese Methode universal anwendbar ist und ihr Wert sich in der Praxis ihrer Anwendungen zeigt.[2]

In Reaktion auf dieses Buch, das Mersenne und auch Descartes selbst an eine Reihe von Gelehrten und wissenschaftlich Interessierten verschickt hatten, entspann sich ein ausufernder Briefwechsel mit denen, die ihre Einwände vorbrachten. Nicht wenige solcher Einwände, auch die von Mersenne selbst, betrafen den vierten Teil des *Discours*, in dem es um Metaphysik ging. Descartes war sich zum Beispiel dessen bewußt, daß sein dort eher skizzierter als durchgeführter Gottesbeweis in der Tat nicht so evident war, wie er es behauptete. Und er – der wahrlich nicht zu übertriebener Selbstkritik neigte – bekannte, daß dies ein großer Mangel seines Buch sei (AT I 353). Im Verlauf dieser brieflichen Diskussionen dürfte in ihm der Entschluß gereift sein, seine eigene, radikal neue Metaphysik – die Grundlage seines gesamten wissenschaftlichen Systems – nun endlich einmal so auszuarbeiten, daß sie nicht mehr den Mißverständnissen und berechtigten Einwänden ausgesetzt wäre, die ihm nun aus den Reaktionen auf den *Discours* bekannt waren. Wie aus einigen Briefstellen (z. B. AT I 144, 182, 350) hervorgeht, hatte er schon seit dem Sommer 1629 eine ‚kleine Abhandlung' zur Metaphysik angefangen. Mersenne gegenüber erwähnt er diesen auf Latein verfaßten Text, in dem er die Existenz Gottes ziemlich ausführlich [*assez au long*] herleite; seine Beweisgründe seien beweiskräftiger und klarer als die aller Beweise der Geometer. Zehn Jahre später, im Januar 1639, ist er endlich entschlossen, sich an die Ausarbeitung zu machen. Er schreibt Mersenne, er habe vor, sich für den Rest des Winters einer Studie zu widmen, die keine Ablenkung zulasse; er bitte sehr demütig, ihm zu gestatten, bis Ostern nicht wieder zu schreiben, und auch darum, ihm keine Briefe weiterzuleiten; Sorgen möge Mersenne sich nicht machen, sondern in der Zwischenzeit bitte annehmen, daß er lebe, gesund sei und philosophiere (AT II 492).

So rasch ließen die *Meditationen* sich dann doch nicht schreiben. Erst im November desselben Jahres erwähnt Descartes sein Vorhaben wieder; er arbeite an einem Diskurs, schreibt er Mersenne, in dem er zu erhellen versuche, was er bisher zum Thema Gottesbeweis geschrieben habe; es werde nur ein kleines Buch, er hoffe jedoch, daß es ein Gutteil der Metaphysik enthalten werde (AT II 622). Im März 1640 ist die Arbeit am Manuskript endlich abgeschlossen. Zwei holländische Freunde lesen Korrektur, das durchgesehene Exemplar geht weiter an erste katholische Testleser, zwei Priester aus Haarlem, mit denen Descartes seit einigen

---

[2] Siehe dazu seine Briefe an Mersenne und einen unbekannten Adressaten aus dem Februar und Mai des Jahres 1637 (AT I 348 ff. und 369 ff.). – So ganz genau hat es Descartes mit seiner terminologischen Wahl aber wohl nicht genommen; im Februar 1638 spricht er, in einem Brief an den befreundeten Jesuiten Vatier, selbst von seinem *traité de la Methode* (AT I 560).

Jahren befreundet war; die beiden bitten Johannes Caterus (1590–1657), einen philosophisch gebildeten Priester in Alkmaar, um einen schriftlichen Kommentar. Das Manuskript geht zurück an Descartes.

Aber dieser scheint selbst im Sommer immer noch nicht endgültig dazu entschlossen gewesen zu sein, den Text zu veröffentlichen. Jedenfalls schreibt er am 31. Juli 1640 an Constantijn Huygens, seinen Freund und Bewunderer (den Vater des bald schon berühmten Christiaan), der gerüchteweise von der bevorstehenden Veröffentlichung gehört hatte: Darüber sei er erstaunt, denn weder habe er etwas an den Verleger gegeben, noch habe er irgend etwas fertig, das nicht zu geringfügig [*peu*] sei, um der Rede wert zu sein (AT III 751). Endlich, am 10. November, einem für ihn bedeutsamen Datum[3], gibt er das Manuskript (samt den Einwänden von Caterus), endgültig aus der Hand. Zunächst geht es an Huygens, der es eine Woche lang studieren darf, bevor er es an Mersenne weiterschickt. Der Freund in Paris sendet es an eine Reihe von Gelehrten, mit der Bitte um deren Einwände; diese schickt er an Descartes, der seine Erwiderungen wiederum Mersenne schickt. Dieses Hinundher endet im Juli; Ende August erscheint in Paris die erste Auflage. Als Titel hatte Descartes vorgeschlagen: *Meditationen über die Erste Philosophie*, es jedoch Mersenne überlassen, die endgültige ‚Taufe' vorzunehmen (AT III 239). Dieser erweiterte den Titel um den Zusatz *... in der die Existenz Gottes und die Unsterblichkeit der Seele bewiesen wird*. In der zweiten Auflage, die bereits neun Monate später in Amsterdam erscheint, ändert Descartes diesen Zusatz ab; nun lautet er *... in der die Existenz Gottes und die Unterschied zwischen der menschlichen Seele und dem Körper bewiesen wird*.

Metaphysik war Descartes das schwerste intellektuelle Geschäft überhaupt. Hierzu bedurfte es des reinen Denkens – eines Denkens, das mit sich selbst mühsam ins Reine kommen muß: sich von allem befreien muß, was die sinnliche Wahrnehmung oder das bildliche Vorstellungsvermögen ihm – und sei's auch nur in Analogien oder Metaphern – gewissermaßen als Denk-Material anbieten oder gar aufdrängen. Die besondere geistige Anstrengung, deren es bei dem Versuch bedarf, metaphysische Einsichten zu gewinnen, liegt für Descartes in wenigstens zweierlei: Erstens muß man die Begriffe, mit denen man dabei arbeitet, erbarmungslos daraufhin durchmustern, ob mit ihnen überhaupt etwas klar & deutlich Verstandenes erfaßt wird oder nicht. Zweitens muß man mit den klaren & deutlichen Begriffen dann intellektuell rigoros umgehen: darf sich keinen einzigen Gedanken und keinen einzigen Gedankenschritt durchgehen lassen, dessen Wahrheit bzw. Korrektheit nicht selbst wiederum über den äußersten rationalen Zweifel erhaben ist.

---

[3] Es war die Nacht vom 10. auf den 11. November 1619, in der er die oben erwähnten Träume hatte.

Mehrfach warnt Descartes davor, sich der Anstrengung metaphysischen Denkens auszusetzen. Tunlichst unterziehe man sich dieser Pein nur einmal im Leben. Im Gespräch mit dem Theologen Frans Burman sagt er am 16. April 1648: „Es ist zu beachten, daß man sich nicht in die *Meditationen* vertiefen sollte, auch nicht in metaphysische Themen, deren Kommentare und dergleichen. Erst recht sollte man diese Themen nicht noch einmal tiefschürfender angehen, als der Autor [also Descartes selbst] dies getan hat; denn er selbst hat sie tiefschürfend genug in Angriff genommen. Vielmehr reicht es aus, sie ein einziges Mal allgemein zur Kenntnis zu nehmen und dann ihrer Schlußfolgerung eingedenk zu sein. Andernfalls lenken sie den Geist zu sehr von den physischen und sinnlich wahrnehmbaren Dingen ab und machen ihn unfähig, sich mit diesen zu beschäftigen. Doch es ist im höchsten Maße wünschenswert, daß Menschen gerade dies [sich mit den physischen und sinnlich wahrnehmbaren Dingen beschäftigen] tun, denn daraus ergibt sich eine Fülle von Nutzen für das Leben" (AT V 165). – Ähnlichen Rat hatte er der Prinzessin Elisabeth in einem Brief vom 26. Juni 1643 gegeben: „… ich glaube, daß es sehr notwendig ist, die Prinzipien der Metaphysik einmal im Leben gut begriffen zu haben, denn sie geben uns die Kenntnis von Gott und von unserer Seele. Auch glaube ich, daß es sehr schädlich wäre, den Verstand häufig mit dem Meditieren über diese Dinge zu beschäftigen, …" (AT III 695). Zuvor hatte er ihr im selben Brief folgendes enthüllt: „Ich kann wahrheitsgemäß sagen, daß die Hauptregel, die ich in meinen Studien beachtet habe, … ist, daß ich niemals mehr als sehr wenige Stunden am Tag auf Gedanken verwandt habe, die die Vorstellungskraft beanspruchen, und sehr wenige Stunden pro Jahr auf Gedanken, die den reinen Verstand beanspruchen; den gesamten Rest meiner Zeit habe ich der Entspannung der Sinne und der Erholung des Geistes gegeben" (AT III 692 f.).

Metaphysik-Treiben ist für Descartes kein Zuckerschlecken; ja, er hielt diese Tätigkeit offenbar für gesundheitsgefährdend. Der gewöhnliche Mensch sollte sich ihr nur einmal im Leben widmen; und dann am besten so, daß er die Cartesischen *Meditationen* liest, nicht allzu tiefschürfend, und sich ihre Ergebnisse einprägt. Aber selbst die, die an hochtheoretisches Denken gewöhnt sind, die Mathematiker, tun sich schwer mit dem metaphysischen Denken. Descartes, dem besten Mathematiker seiner Zeit, sollte zugebilligt werden, daß er weiß, wovon er redet, wenn er Mersenne (mit Bezug auf eine Gruppe Pariser Mathematiker) schreibt, daß deren Ansichten über die Existenz Gottes und die Ehre, die ihm zu erweisen sei, nur sehr schwer zu heilen seien. Zum einen seien sie dermaßen von ihren eigenen hohen Geistesfähigkeiten überzeugt, daß ihre Fähigkeit, den Argumenten anderer zuzuhören, geringer sei als die anderer Menschen. Außerdem stehe ihnen ihre Hauptbegabung, das bildliche Vorstellungsvermögen, beim metaphysischen Denken eher im Wege: das Vorstellungsvermögen sei zwar der

Teil des Geistes, der für die Mathematik am hilfreichsten sei, aber bei den metaphysischen Spekulationen schade er mehr als er nutze (AT II 622).

Mit welchem konkreten Ziel hat Descartes sich der für ihn offenbar immensen Anstrengung unterzogen, dieses Werk zur Metaphysik zu schreiben? Darauf gibt es mehr gute Antworten als in eine kurze Einleitung passen, und einige darunter dürften durch die vorangehenden Bemerkungen leidlich deutlich geworden sein. Hier möchte ich nur zwei seiner erklärten Ziele nennen. Das erste erwähne ich, weil es in mehreren der nachfolgenden Beiträge eine wichtige Rolle spielen wird; Descartes formuliert es gegenüber Mersenne so: „Das Hauptziel meiner Metaphysik ist es, verständlich zu machen, welche diejenigen Dinge sind, die man deutlich konzipieren kann" (30. September 1640, AT III 192). Ein anderes sei genannt, weil es in der Literatur fast nie erwähnt wird. Descartes verfaßte die *Meditationen* zum Ruhme Gottes. Wiederum an seinen Freund Mersenne gerichtet, schreibt er ein Jahr später: „Mit der Veröffentlichung meines Buchs habe ich getan, was ich dachte, tun zu müssen: zum Ruhme Gottes und zur Entlastung meines Gewissens" (AT III 436).[4] Niemand, der diesen Autor auch nur oberflächlich gelesen hat, kann dies für eine Floskel halten.

Mit dem *Discours* hatte Descartes ein breiteres Publikum erreichen wollen. Auf wen er mit den auf Latein verfaßten *Meditationes* abzielte, spricht er in dem oben erwähnten Brief an Huygens deutlich aus: „Ich denke, ich habe die Existenz Gottes und die Immaterialität der Seele vollständig bewiesen. Diese Beweise hängen jedoch von mehreren aufeinanderfolgenden Gedankengängen ab. Wird die kleinste Einzelheit [*circonstance*] vergessen, so wird die Konklusion gar nicht richtig verständlich. Wenn ich nicht besonders fähige Menschen, mit einer großen Reputation für die Metaphysik, finde, die meine Argumente mit Interesse untersuchen und geradheraus sagen, was sie darüber denken, um damit die andern zu veranlassen, ihr Urteil zu übernehmen (oder sich wenigstens zu schämen, ihnen ohne Grund zu widersprechen), dann sehe ich vorher, daß meine Argumente sehr wenig Ertrag haben werden" (AT III 752). Was nun die Anzahl solcher ‚besonders fähigen Menschen' angeht, die in der Lage wären, seine komplexen Argumentationen aufgeschlossen und kompetent zu untersuchen, neigte Descartes einer eher pessimistischen Einschätzung zu: pro Land kaum ein einziger Mensch (AT III 751).

Auch der heutige Leser sollte all dies ganz ernstnehmen. Im akademischen Unterricht hierzulande werden die *Meditationen* gerne in Proseminaren behandelt, um Anfänger im Fach Philosophie an einen großen Text aus der Geschichte des Fachs heranzuführen. Man sollte sich darüber im Klaren sein, daß dies nicht

---

4 Vgl. dazu auch den erwähnten Brief an Huygens vom 31. Juli 1640 (AT III 752).

Descartes' eigener Einschätzung und schriftstellerischer Absicht entspricht. Für Studenten schrieb er nie; auch seine *Prinzipien* waren nicht für die studentische Lektüre gedacht, sondern für Lehrer (insbesondere: jesuitische), die Philosophie unterrichten.

Es gehört *auch* zu den Absichten, die die Autoren dieses Bandes mit ihren Beiträgen verfolgen, studentischen Lesern einen Eindruck von dem außerordentlichen Schwierigkeitsgrad der *Meditationen* zu vermitteln; sie sind nun einmal ein philosophisches Werk höchsten Anspruchs und selten wieder erreichten Niveaus. Noch mehr liegt den Autoren jedoch daran, heutige Leser dabei zu unterstützen, die *Meditationen* weder als eine Ansammlung längst ausgelutschter Kamellen zu unterschätzen, noch an ihnen zu verzweifeln. Möge dieser Band dazu beitragen, Freude an der Metaphysik zu gewinnen, ohne krank zu werden.

Natürlich habe ich als Herausgeber versucht, als Autoren nur ‚besonders fähige Menschen' zu gewinnen, die in der Lage sind, Descartes' Argumentationen zu verstehen. Sollte dies gelungen sein, obwohl immerhin fünf der Beiträger aus demselben Land kommen, so wäre Descartes' Pessimismus – ‚pro Land kaum ein einziger Mensch' – für die heutige Zeit jedenfalls nicht mehr angemessen. Doch vielleicht hat die Metaphysik seit 1640 ja wirklich Fortschritte gemacht. Auch das wiederum wäre nicht zuletzt ein Verdienst des Autors der *Meditationen*.[5]

---

[5] Julia Zakkou hat mich bei der Herausgabe dieses Bands mit großer Sachkenntnis, Sorgfalt, Umsicht und Leidensfähigkeit unterstützt. Dafür danke ich ihr aufs herzlichste.

Dominik Perler
2 Strategischer Zweifel
Die Funktion skeptischer Argumente in der Ersten Meditation

2.1

Der Gedankengang, den Descartes in der Ersten Meditation entwickelt, erscheint auf den ersten Blick nicht nur originell, sondern auch so anschaulich und leicht verständlich, daß er sich in wenigen Sätzen zusammenfassen lässt: Viele scheinbar wahre Meinungen haben sich als falsch herausgestellt. Deshalb müssen wir unsere Meinungen mithilfe skeptischer Überlegungen auf den Prüfstand stellen. Es könnte ja sein, daß sie auf irreführenden Sinnesinformationen beruhen, daß wir sie nur in einem Traumzustand haben oder daß ein böser Dämon sie uns eingegeben hat. Da restlos alle unsere Meinungen falsch sein könnten, sind alle anzuzweifeln und können nicht als Grundlage für ein Wissenssystem dienen.

So weit, so gut. Doch was ist an diesen Überlegungen originell? Descartes stellt selber bescheiden fest: „Ich zielte nicht darauf ab, durch ihre Darstellung Lob zu erwerben. Ich glaube aber, daß ich sie nicht weniger auslassen konnte, als ein Arzt die Beschreibung einer Krankheit auslassen kann, für die er eine Heilmethode lehren will" (AT VII 172). Die Krankheit, die er diagnostizieren und heilen will, ist offensichtlich jene der unkritischen Festlegung auf scheinbar wahre Meinungen. Diese Absicht verfolgten aber bereits die pyrrhonischen Skeptiker, die sich als Therapeuten verstanden und die Dogmatiker von ihrem Leiden zu befreien versuchten. Sie verwiesen explizit auf widersprüchliche Sinnesinformationen, Träume und übernatürliche Manipulationen, um vorschnell akzeptierte Meinungen ins Wanken zu bringen. Dank lateinischer Übersetzungen von Sextus Empiricus' Werken (der *Grundriß der pyrrhonischen Skepsis* wurde 1562 in einer lateinischen Fassung gedruckt, *Adversus Mathematicos* 1569) war die pyrrhonische Skepsis zu Descartes' Zeiten gut bekannt und wurde rege rezipiert.[1] Ebenso präsent war die akademische Skepsis (vor allem dank Ciceros *Academica* und Augustins *Contra Academicos*), die sich ebenfalls auf eine Reihe von Täuschungsszenarien berief (vgl. Schmitt 1972 und Maia Neto 1997). Schließlich waren auch die skeptischen Überlegungen verbreitet, die scholastische Autoren im Rahmen der christlichen Omnipotenzlehre und der Dämonologie entwickelt

---

[1] Vgl. zur Rezeption Popkin (2003, 17–43) und Floridi (2002).

hatten. Sie hatten ausführlich die Frage erörtert, ob wir Menschen nicht permanent vom allmächtigen Gott oder von gefallenen Engeln getäuscht werden könnten.[2] Mersenne wies Descartes ausdrücklich auf diese Diskussionen hin und fragte höflich nach, was an den Täuschungshypothesen denn so neu und aufregend sei (AT VII 125 f.).[3]

Versammelt Descartes in der Ersten Meditation also nur altbekannte skeptische Argumente? Wärmt er „nur mit Widerwillen den Kohl" der antiken Skeptiker wieder auf, wie er in seiner Antwort an Mersenne selber einräumt (AT VII 130)? Man könnte sogleich erwidern, daß er in zwei entscheidenden Punkten von den traditionellen Debatten abweicht. Erstens führt er die skeptischen Überlegungen aus rein methodischen Gründen ein.[4] Im Gegensatz zu den pyrrhonischen Skeptikern geht es ihm nicht darum, das skeptische Argumentieren als Lebensform zu wählen und fortwährend Meinungen auf den Prüfstand zu stellen. Nur „einmal im Leben", so betont er schon im allerersten Satz (AT VII 17; auch AT VIII-1 5), sollen alle Meinungen bezweifelt werden. Ist der Zweifel einmal überwunden, können und müssen Meinungen sogar wieder zugelassen werden.[5] Es wäre daher unangemessen, in Descartes den permanenten Zweifler zu sehen oder jemanden, der alle Meinungen neutralisieren und dadurch zur Seelenruhe gelangen will. Er strebt vielmehr danach, bestimmte Meinungen (nämlich bezweifelbare) infrage zu stellen, um andere Meinungen (nämlich unbezweifelbare) zu finden. Kurz gesagt: Sein Ziel besteht in einem geläuterten, methodisch reflektierten Dogmatismus, d. h. in einer philosophischen Position, die Meinungen zuläßt und sogar als unverzichtbar betrachtet, wenn sie korrekt begründet werden. Zweitens verfolgt er – wiederum im Gegensatz zu den pyrrhonischen Skeptikern – ein genuin erkenntnistheoretisches Ziel. Es soll nämlich ein sicheres Fundament für die neuen Meinungen gefunden werden. Daß Meinungen tatsächlich auf einem Fundament stehen und nicht etwa nur netzartig miteinander verknüpft sind, zeigt sich wiederum im allerersten Satz, in dem es heißt, alles müsse „bis zum Grund niedergerissen und von den ersten Fundamenten aus von neuem begonnen werden" (AT

---

[2] Vgl. einen Überblick in Perler (2010); ausführlich Funkenstein (1986, 117–152), Perler (2006, 117–179).

[3] Weniger höflich war Hobbes, der schroff bemerkte, er wäre von derart abgedroschenen Dingen lieber verschont geblieben (AT VII 171).

[4] Er spricht selber von einem „hyperbolischen" (AT VII 89 und 226) oder einem „metaphysischen" (AT VII 460 und 546) Zweifel. Dieser ist von einem natürlichen Zweifel zu unterscheiden, den eine Person im Alltag haben kann; vgl. zu diesem Kontrast Broughton (2002, 49–61).

[5] Natürlich läßt auch der Pyrrhoniker Meinungen zu, aber nicht indem er sie bekräftigt und ihnen seine Zustimmung gibt, sondern nur indem er sie neutral entgegennimmt; vgl. zu dieser Unterscheidung Frede (1987). Demgegenüber nimmt Descartes nach der Überwindung des Zweifels Meinungen entgegen *und* bekräftigt sie.

VII 17). Descartes suggeriert damit von Anfang an ein Erkenntnisprojekt, das man in heutiger Terminologie als „fundamentalistisch" bezeichnen kann.[6] Skeptische Argumente werden im Rahmen dieses Projekts eingesetzt und dienen als Hilfsmittel, um zu einer letzten, nicht mehr bezweifelbaren Grundlage zu gelangen. Es ist daher nicht erstaunlich, daß Descartes in seinen frühen naturwissenschaftlichen Schriften oder in den späten *Passions de l'âme* keine skeptischen Argumente anführt. Sobald man den genuin erkenntnistheoretischen Rahmen verläßt und sich wissenschaftlichen Spezialfragen widmet, spielen solche Argumente schlichtweg keine Rolle.

Doch wie gelangt Descartes zu einer letzten, nicht mehr bezweifelbaren Grundlage? Wie im Folgenden gezeigt werden soll, erreicht er dieses Ziel durch einen strategischen Einsatz skeptischer Überlegungen. Sucht man nach seiner Originalität, sollte man nicht nur fragen, *welche* Argumente und Beispiele er einsetzt, sondern vor allem, *wie* er sie einsetzt, d. h. wie er sie in einen bestimmten Kontext einbettet, bestimmte Schlüsse aus ihnen zieht und damit zu anderen Resultaten gelangt als seine Vorgänger, die teilweise genau die gleichen Beispiele angeführt hatten. Um dies zu verdeutlichen, soll Descartes' Verwendung der drei wichtigsten skeptischen Szenarien mit jener der pyrrhonischen Skeptiker und der scholastischen Aristoteliker verglichen werden. Erst dann wird deutlich, von welchem unkritischen Dogmatismus er sich mit seinem geläuterten Dogmatismus distanzieren will.

2.2

Descartes führt die erste skeptische Überlegung mit knappen Worten ein:

> Alles, was ich nämlich bisher für in höchstem Maße wahr gehalten habe, das habe ich entweder von den Sinnen oder vermittels der Sinne empfangen; ich habe aber entdeckt, daß diese mich manchmal täuschen; und es ist ein Gebot der Klugheit, niemals denen völlig zu glauben, die uns auch nur einmal getäuscht haben. (AT VII 18)

Von welchen Täuschungen ist hier die Rede? In der Sechsten Meditation (AT VII 76) werden konkrete Beispiele genannt: Viereckige Türme erscheinen aus der Ferne rund, und riesige Statuen sehen klein aus, wenn man sie vom Boden aus anschaut. Dies sind genau die Beispiele, die bereits die pyrrhonischen Skeptiker angeführt hatten. Sextus Empiricus erwähnt sie im fünften der insgesamt zehn

---

6 Damit grenzt er sich sowohl von einem Kohärentismus als auch von einem Kontextualismus ab; vgl. Williams (2001, 81–93).

Tropen (vgl. *Grundriß* I, 118, Übers. Hossenfelder 1985, 121). Er beruft sich aber nicht auf ein Gebot der Klugheit, sondern argumentiert folgendermaßen: Alle sinnlichen Informationen, die wir von den materiellen Dingen bekommen, hängen von der jeweiligen Entfernung und Position ab. Wir können daher immer nur sagen, wie die Dinge uns in dieser oder jener Situation gerade erscheinen. Da die Erscheinungen einander gleichwertig sind, können wir nie ein Urteil darüber fällen, wie die Dinge wirklich beschaffen sind, sondern müssen uns auf den Bericht wechselnder Erscheinungen beschränken.

An diesem Vorgehen fällt natürlich auf, daß Sextus nicht behauptet, die Sinne würden uns täuschen. Ebenso wenig behauptet er, daß ein Sinn täuschungsanfälliger ist als ein anderer; er beschreibt nur Erscheinungen. Daher würde er nie sagen, daß der Gesichtssinn uns täuscht, wenn uns der Turm aus der Ferne rund erscheint. Wir haben in dieser Situation einfach eine Erscheinung, die sich aus der Lage des Turms und dem Funktionieren des visuellen Apparats ergibt – eine schlichte Tatsache, die an sich weder gut noch schlecht ist. Doch warum räumt Sextus nicht ein, daß es sich um eine besondere Situation handelt und daß die hier auftretende Erscheinung durch eine andere korrigiert werden kann, die wir in einer Normalsituation gewinnen, etwa wenn wir in drei Meter Entfernung vor dem Turm stehen? Die Bezeichnung einer Situation als besonders oder normal würde voraussetzen, daß wir über ein Kriterium verfügen, mit dem wir eine Situation bewerten können. Doch wie sollten wir zu einem solchen Kriterium gelangen? Wir können ja nie einen neutralen Standpunkt einnehmen, um ein Kriterium zu gewinnen, das sich dann auf einzelne Wahrnehmungssituationen anwenden ließe. Wir befinden uns immer in einer konkreten Situation, ob wir dies wollen oder nicht, und sind daher nur imstande, Vergleiche zwischen den jeweils präsenten Erscheinungen anzustellen, ohne daß wir uns gleichsam über die Erscheinungen stellen und sie evaluieren können.

Stellt man diesen pyrrhonischen Umgang mit Sinnesinformationen dem cartesischen gegenüber, fallen sogleich zwei Punkte auf. Erstens beschreibt und vergleicht Descartes nicht einfach Erscheinungen, sondern er stellt eine Behauptung auf: Manchmal täuschen uns die Sinne. Damit scheint er ein Bewertungskriterium vorauszusetzen, etwa daß er berechtigt ist, eine Entfernung von hundert Metern als irreführend einzustufen und die in dieser Situation gewonnene Erscheinung als nicht-veridisch zu beurteilen. Zweitens fällt auch auf, daß er eine theoretische Behauptung aufstellt, indem er die Maxime formuliert, daß man jenen nicht mehr vertrauen sollte, von denen man einmal getäuscht worden ist. Doch wie kann er sich darauf berufen, wenn alles bezweifelt werden soll, wie im Eingangssatz der Ersten Meditation angekündigt wird? Auch eine schlichte Klugheitsregel muß dem Zweifel ausgesetzt werden. Es mag vielleicht sein, daß wir bislang gut damit gefahren sind, jenen zu mißtrauen, die uns einmal getäuscht haben. Aber warum sollten wir immer gut damit fahren? Und warum sollten wir uns einfach darauf verlassen können?

Nun wäre es in der Tat seltsam, wenn Descartes genau in dem Kontext, in dem er alle Meinungen dem Zweifel aussetzen will, einige Meinungen durch die Hintertür wieder einführen würde. Deshalb ist es angemessener, hier lediglich Meinungen zu sehen, die in einer dialektischen Situation eingeführt werden und nicht als absolute Meinungen behauptet werden. Konkret heißt dies: Wenn ein pyrrhonischer Skeptiker feststellt, er könne nur Erscheinungen beschreiben und verfüge über kein Bewertungskriterium, antwortet der cartesische Skeptiker: Zeigt nicht die bloße Erfahrung, daß einige Erscheinungen sich als unzuverlässig herausgestellt haben? Und wäre es dann nicht sinnvoller, zunächst auf alle Erscheinungen zu verzichten? Es mag wohl sein, daß wir nicht hieb- und stichfest sagen können, welche nun trügerisch sind und welche nicht. Doch es hilft uns nicht weiter, wenn wir immer nur Erscheinungen miteinander vergleichen. Sinnvoller ist es, alle Erscheinungen erst einmal einzuklammern und damit auch die durch sie gewonnenen Meinungen – selbst ohne Anwendung eines neutralen Kriteriums. Nur mit einem solchen methodischen Ansatz kommen wir über das fortwährende Aufzählen von Erscheinungen hinaus.

Situiert man Descartes' Aussagen auf diese Weise in einer dialektischen Situation, geht es nicht darum, daß er sich unkritisch auf bestimmte Meinungen beruft, sondern daß er einen Ausweg aus einer Zwickmühle sucht: Einerseits darf man sich nicht einfach auf die Sinnesinformationen berufen, wie dies empiristisch gesinnte Philosophen vorschlagen, und annehmen, man könne aus ihnen wahre Meinungen gewinnen. Wir stellen nämlich immer wieder fest, daß sie uns in die Irre führen, und können sie nicht von einem neutralen Standpunkt aus evaluieren. Andererseits darf man sich auch nicht damit begnügen, Sinnesinformationen bloß entgegen zu nehmen und alle als gleichwertig anzusehen, wie dies die Pyrrhoniker tun. Dann verliert man sich in einer unüberschaubaren Menge von Informationen und kann nie zu gesicherten Meinungen gelangen. Methodisch angemessen ist eine Äquidistanz zu beiden Ansätzen und damit auch ein vorläufiger Verzicht auf alle Sinnesinformationen. Nur so läßt sich das ganz zu Beginn angekündigte Ziel anpeilen, nämlich eine sichere Grundlage für wahre Meinungen zu finden. Entscheidend ist dabei, daß Descartes die klassischen skeptischen Beispiele strategisch einsetzt, um ein erkenntnistheoretisches Projekt zu verfolgen, nicht etwa bloß um die pyrrhonische Tradition weiterzuführen.[7]

---

[7] Er grenzt sich somit nicht nur von den Empiristen ab, wie verschiedene Kommentatoren betont haben (vgl. Carriero (1987), Larmore (2006)), sondern ebenso von den Pyrrhonikern. Er führt auch nicht bloß „standard reasons for doubting" aus der pyrrhonischen Tradition fort, wie Popkin (2003, 147) meint.

Descartes war freilich nicht der erste Philosoph, der sich mit den aus der pyrrhonischen (und auch akademischen) Skepsis stammenden Beispielen beschäftigte. Bereits die spätmittelalterlichen Aristoteliker gingen detailliert auf sie ein. Ein prominentes Beispiel ist Wilhelm von Ockham, der ausführlich das klassische Beispiel von den Bäumen diskutiert, die sich zu bewegen scheinen, wenn wir sie von einem Schiff aus betrachten (vgl. Ockham, *Ordinatio* I, dist. 27, q. 3 (OTh IV, 243–246)).[8] Ockham betont zunächst, daß wir nicht irgendeine Erscheinung als eine besondere geistige Entität sehen, sondern die Bäume selbst, denen wir irrtümlicherweise eine Eigenschaft zuschreiben, die sie gar nicht haben. Wenn hier überhaupt von einer Täuschung oder einem Irrtum die Rede sein kann, so nur auf der Ebene des Urteils. Es ist der Intellekt und nicht irgendein Wahrnehmungssinn, der das falsche Urteil ‚Die Bäume bewegen sich' bildet. Wie kommt es dazu? Ockham zufolge ist die Erklärung ganz einfach. Da wir uns auf einem schwankenden Schiff bewegen, gehen unsere Augen auf und ab, und wir erhalten schwankende visuelle Eindrücke, die vom Intellekt spontan zu einem Urteil weiterverarbeitet werden. Wenn wir uns auf festem Grund befänden und die Bäume sich tatsächlich bewegten, bekämen wir die gleiche Art von Eindrücken, die ebenso spontan zum Urteil ‚Die Bäume bewegen sich' weiterverarbeitet würden. Der Grund für das falsche Urteil ist also ein simpler kausaler Mechanismus, und das Urteil läßt sich leicht korrigieren, wenn wir das Schiff verlassen und die Bäume vom Ufer aus betrachten. Dann bringen Eindrücke von nicht schwankenden Bäumen das korrekte Urteil ‚Die Bäume bewegen sich nicht' hervor.

Gegen diese Argumentation läßt sich sogleich einwenden, daß sie unkritisch annimmt, wir könnten zwischen der besonderen Wahrnehmungssituation auf dem Schiff und der normalen am Ufer unterscheiden und müßten uns nur in die normale Situation begeben, um jene Eindrücke zu erhalten, die ein korrektes Urteil hervorbringen. Aber wie läßt sich entscheiden, in welche Situation wir uns begeben sollen, wenn es doch kein neutrales Kriterium gibt? Zeigt die pyrrhonische Argumentation nicht, daß wir nicht berechtigt sind, die eine Situation der anderen vorzuziehen? Ockham würde diesen Einwand sofort zurückweisen. Seiner Ansicht nach müssen wir nicht jede einzelne Situation mithilfe eines Kriteriums evaluieren, sondern können uns auf unsere sinnlichen und intellektuellen Vermögen verlassen, die im Prinzip korrekte Urteile hervorbringen. Die Tatsache, daß wir in einigen Situationen falsche Urteile bilden, sollte uns nicht dazu veranlassen, gleich allen Urteilen zu mißtrauen. Dies sollte uns nur dazu bringen, die jeweiligen Umstände, in denen Urteile gebildet werden, genau zu betrachten, mehrere Urteile miteinander zu vergleichen und ihre Häufigkeit zu prüfen. So

---

8 Zur mittelalterlichen Rezeption der antiken Beispiele vgl. Denery (2005, 117–136).

müssen wir uns im Fall der schwankenden Bäume nur fragen: Erscheinen sie immer schwankend? Oder nur in einer Situation, die im Vergleich zu vielen anderen eine Ausnahme darstellt? Und läßt sich das Urteil, das in dieser einen Situation entsteht, mit Verweis auf besondere optische Bedingungen erklären? Daß uns eine solche Fehleranalyse gelingt, stellt Ockham nicht infrage, weil er – in moderner Terminologie ausgedrückt – eine reliabilistische Position vertritt: Im Prinzip sind unsere kognitiven Vermögen zuverlässig, und Fehlurteile sind stets vor dem Hintergrund zahlreicher korrekter Urteile zu erklären.[9] Daher sind Sinnestäuschungen, die streng genommen intellektuelle Täuschungen sind, nicht weiter beunruhigend.

Wie vom pyrrhonischen Ansatz grenzt sich Descartes auch von diesem ab. Er betont ja schon im zweiten Absatz der Ersten Meditation, er werde sich „gleich auf die Prinzipien selbst stürzen, auf die sich all das stützte, was ich einst glaubte" (AT VII 18). Eines dieser Prinzipien ist das reliabilistische, das Ockham und zahlreiche andere Scholastiker verwendeten und das sie auf Grundprinzipien der aristotelischen Metaphysik und Naturphilosophie zurückführten – so etwa auf das Prinzip, daß ein Mensch notwendigerweise über natürliche Vermögen (darunter auch kognitive) verfügt, die korrekt aktualisiert werden. Für einen Aristoteliker gehört es zur Konstitution einer menschlichen Seele, daß sie derartige Vermögen hat; dies ist bereits in ihrer Definition angelegt.[10] Genau an diesem Punkt setzt Descartes mit seiner skeptischen Überlegung an. Wenn *alle* Meinungen zu bezweifeln sind, dann auch die theoretische Meinung, daß es zuverlässig funktionierende Vermögen gibt. Das heißt natürlich, daß nicht unkritisch angenommen werden darf, die Sinne würden Eindrücke oder Informationen liefern, die im Prinzip zu korrekten Urteilen weiterverarbeitet werden. Ebenso wenig darf vorausgesetzt werden, wir könnten die Urteile vergleichen, ihre Häufigkeit prüfen und die wenigen falschen tilgen.

Versteht man Descartes' „Gebot der Klugheit", wir sollten jenen nicht glauben, die uns auch nur einmal getäuscht haben, vor diesem Hintergrund einer Auseinandersetzung mit der aristotelischen Vermögenslehre, zielt es nicht nur auf den Sonderfall der Sinnestäuschungen ab, sondern greift tiefer. Das Grundpro-

---

9 Vgl. zur reliabilistischen Strategie, die auch Ockhams Nachfolger (explizit Buridan) wählten, Zupko (1993), Perler (2006, 239–253). Es ist freilich unwahrscheinlich, daß Descartes sich direkt mit Ockhams Texten beschäftigte. Aufgrund seiner Ausbildung im Jesuitenkollegium von La Flèche waren ihm vor allem spätaristotelische Kompendien (etwa jene der Conimbricenses) bekannt; vgl. Ariew (1999).
10 In *De anima* II,1 (412a27–28) wird die Seele als eine Menge von Vermögen (eine „erste Entelechie") definiert, die auf natürliche Weise aktualisiert wird. Vgl. zur Rezeption dieser Definition bei Spätaristotelikern Des Chene (2000, 55–66).

blem lautet dann: Was berechtigt uns zur Annahme, wir könnten einzelne Täuschungsfälle korrigieren, wenn wir doch keine Gewähr dafür haben, daß unsere kognitiven Vermögen im Prinzip korrekt funktionieren? Selbst die Zuverlässigkeit des intellektuellen Vermögens, das verschiedene Wahrnehmungsfälle angeblich zu vergleichen und evaluieren vermag, steht nicht unbezweifelbar fest. Natürlich bestreitet Descartes nicht, daß wir letztendlich eine Garantie für die Zuverlässigkeit finden. Er betont in den Sechsten Erwiderungen (AT VII 439), daß der Intellekt in der Lage ist, eine Prüfung vorzunehmen und beispielsweise die Urteile, die durch visuelle Eindrücke entstanden sind, durch jene zu korrigieren, die auf taktilen beruhen. Der entscheidende Punkt ist aber, daß dies erst möglich ist, *nachdem* der generelle Zweifel überwunden worden ist, d.h. *nachdem* Gott als Garant für die prinzipielle Zuverlässigkeit der kognitiven Vermögen etabliert worden ist. Fehlt diese Garantie, wie dies zu Beginn der Ersten Meditation der Fall ist, darf keine Korrekturmöglichkeit angenommen werden. Restlos alle Meinungen, die auf Sinneseindrücken beruhen, müssen dem Zweifel ausgesetzt werden.

2.3

Doch welche Garantie haben wir, daß wir uns mit unseren Meinungen tatsächlich auf Gegenstände in einer materiellen Welt beziehen? Könnte es nicht sein, daß wir bloß von solchen Gegenständen träumen? Auf diese Radikalisierung des Zweifels zielt Descartes mit seiner nächsten skeptischen Überlegung ab:

> Während ich aufmerksamer darüber nachdenke, sehe ich dermaßen klar, daß niemals durch sichere Anzeichen Wachen vom Schlafen unterschieden werden kann, daß ich wie betäubt bin und mich beinahe diese Betäubung in der Meinung bestärkt, daß ich schlafe. (AT VII 19; ähnlich auch AT VIII-1 6)

Offensichtlich behauptet Descartes nicht, daß er immer nur schläft und träumt; er greift nicht den literarischen Topos auf, daß das ganze Leben nur ein Traum ist.[11] Entscheidend ist für ihn, daß er über kein Kriterium verfügt, um den Wachzustand vom Schlafzustand zu unterscheiden. Selbst wenn also alle Zustände Wachzustände wären, könnte er nicht wissen, daß sie tatsächlich Wachzustände sind, weil er sie nicht mit Sicherheit von Schlafzuständen unterscheiden könnte. Hier zeigt sich einmal mehr das alte Kriterienproblem: Da es keinen Metastandpunkt gibt, von dem aus ein neutrales Kriterium zur Evaluierung der Wach- und

---

11 Auch in der literarischen Tradition handelt es sich dabei nicht um eine Behauptung, sondern um eine Metapher; vgl. Bergengruen (2009).

Schlafzustände bestimmt werden könnte, lassen sich diese Zustände nicht unterscheiden.

Heißt dies, daß sich Descartes hier einfach den Pyrrhonikern anschließt? Sextus Empiricus erwähnt in der Tat bereits den Fall der Schlaf- und Wachzustände, stellt ihn aber folgendermaßen dar:

> Entsprechend dem Schlafen oder Wachen entstehen verschiedene Vorstellungen, da wir so, wie wir im Schlaf vorstellen, wachend nicht vorstellen, und, wie wir wachend vorstellen, es nicht auch im Schlaf tun, so daß die Wahrheit oder Unwahrheit den Vorstellungen nicht schlechthin zukommt, sondern nur in bestimmter Beziehung, nämlich bezogen auf Schlafen oder Wachen. (*Grundriß* I, 104 (Übers. Hossenfelder 1985, 117–118))

Der Kontrast zu Descartes könnte kaum größer sein. Sextus betont gerade den Unterschied zwischen Wach- und Schlafzustand, weist dann aber darauf hin, daß wir den einen nicht dem anderen vorziehen dürfen und daher auch nicht behaupten dürfen, wir hätten im Wachzustand korrekte Vorstellungen (und damit auch wahre Meinungen), im Schlafzustand hingegen nicht.[12] Wie die sinnlichen Erscheinungen sollten wir auch die verschiedenen Vorstellungen einfach entgegennehmen und sie nur mit Bezug auf den jeweiligen Zustand als wahr oder falsch bewerten. So darf ich etwa nur sagen: Im Schlafzustand ist es für mich wahr, daß ein Pferd fliegen kann; im Wachzustand ist es für mich wahr, daß es nicht fliegen kann. Was wahr ist und was nicht, richtet sich nach dem jeweiligen Zustand.

Descartes hingegen hält daran fest, daß es nur absolute Wahrheit und Falschheit gibt,[13] er insistiert aber auf der Ununterscheidbarkeit von Wach- und Schlafzustand. Angenommen, mir ist in einer Vorstellung ein Pferd mit Flügeln präsent. Wie soll ich entscheiden können, ob es absolut wahr ist, daß es ein Pferd mit Flügeln gibt? Ich kann ja nicht mit Sicherheit sagen, ob ich gerade schlafe oder wach bin; die Pferdevorstellung ist in beiden Zuständen qualitativ gleich. Noch viel weniger ist es mir möglich, direkt auf ein Pferd zuzugreifen und es mit dem geflügelten Pferd zu vergleichen, das mir in der Vorstellung präsent ist; wann immer ich mich auf ein Pferd beziehe, erfolgt dies mittels einer Vorstellung. Ich könnte also nur eine Vorstellung mit einer anderen vergleichen. Ich kann nicht einmal entscheiden, ob es absolut wahr ist, daß es überhaupt ein Pferd gibt, existiere es nun mit Flügeln oder ohne. Gleiches gilt für alle anderen Dinge, auf

---

12 Wenn es eine antike Vorlage gibt, ist sie eher in der akademischen Skepsis bei Cicero, *Academica* II.52 (Übers. Schäublin (1995, 69)) zu suchen, der die Möglichkeit einer Ununterscheidbarkeit allerdings nur andeutet.
13 Im Brief an Mersenne vom 16. Oktober 1639 (AT II 597) hält er fest, daß er unter Wahrheit eine Übereinstimmung des Denkens mit einem Gegenstand (und zwar einem realen und nicht nur gedachten Gegenstand) versteht.

die ich mich beziehe, so daß ich immer nur sagen kann: Mir ist in der Vorstellung etwas präsent, mag es nun außerhalb meiner Vorstellung ein real existierendes Ding geben oder nicht.

Ist damit die Existenz einer Außenwelt infrage gestellt? Streng genommen ist nicht ihre Existenz infrage gestellt, sondern unser Wissen von ihrer Existenz. Denn selbst wenn es Pferde und viele andere Dinge gibt, kann ich nicht sicher sein, daß ich mich mit einer Vorstellung im Wachzustand tatsächlich auf sie beziehe. Es spielt also keine Rolle, ob von einem absoluten Standpunkt aus gesehen tatsächlich eine Außenwelt existiert oder nicht. Wichtig ist nur, daß ich von *meinem* Standpunkt aus nie wissen kann, ob ich mich auf Dinge in einer solchen Welt beziehe oder nicht. Dies allein reicht aus, um alle meine Vorstellungen (und damit auch alle Meinungen, die auf ihnen beruhen) infrage zu stellen. Hier liegt wiederum ein wichtiger Unterschied zum pyrrhonischen Vorgehen vor. Der Pyrrhoniker zweifelt nicht daran, daß es Vorstellungen im Wachzustand gibt, mit denen wir uns auf Dinge in der materiellen Welt beziehen können.[14] Er zweifelt auch nicht daran, daß wir sie von jenen im Schlafzustand unterscheiden können. Seine Frage lautet nur, mit welchem Recht wir sie jenen im Schlafzustand vorziehen.

Gegen Descartes' Annahme, Vorstellungen im Wach- und im Schlafzustand seien qualitativ gleich, läßt sich allerdings einwenden, daß es vollkommen unplausibel ist, eine Ununterscheidbarkeit anzunehmen. Die Pyrrhoniker stellten ganz zu Recht fest, daß die Vorstellungen im Schlafzustand anders beschaffen sind als jene im Wachzustand, wenn sie vielleicht auch zu Unrecht meinten, man dürfe nicht die einen den anderen vorziehen und müsse sie alle als gleichwertig akzeptieren. Vorstellungen im Schlafzustand sind beispielsweise weniger kohärent, weniger deutlich und auch weniger dauerhaft. J. Austin bemerkte spöttisch, es liege doch eine Absurdität in der Annahme, daß man kein Unterscheidungsmerkmal bestimmen könne (vgl. Austin 1962, 49). Übersieht Descartes diesen evidenten Punkt? Keineswegs. Am Ende der Sechsten Meditation weist er selber auf ein Merkmal hin:

> [N]un nämlich bemerke ich, daß zwischen beiden ein sehr großer Unterschied ist, der darin besteht, daß niemals Träume durch das Gedächtnis mit allen übrigen Handlungen des Lebens verbunden werden, wie es der Fall ist bei dem, was dem Wachenden sich zeigt. (AT VII 89)

---

14 Wie Burnyeat (1982) überzeugend argumentiert, liegt nicht nur den pyrrhonischen, sondern auch den akademischen Skeptikern ein Außenwelt-Zweifel fern.

Vorstellungen im Wachzustand sind mit anderen Vorstellungen verknüpft und bilden zusammen ein kohärentes Ganzes, Vorstellungen im Schlafzustand nicht. Wenn uns etwa plötzlich eine Person erscheint und diese im nächsten Moment wieder verschwindet, können wir sicher sein, daß es sich um eine Vorstellung im Schlafzustand handelt, denn im Wachzustand gäbe es keine solche Sprunghaftigkeit. Warum wendet Descartes dieses Unterscheidungsmerkmal nicht schon in der Ersten Meditation an? Der Grund liegt nicht nur darin, daß er in dieser Situation keinen Metastandpunkt einnehmen kann, von dem aus sich ein Merkmal oder Kriterium etablieren ließe. Der Grund liegt noch tiefer: Solange wir nur Vorstellungen haben, aber keine Gewähr für die Zuverlässigkeit unserer kognitiven Vermögen, dürfen wir nicht annehmen, daß wir die Vorstellungen korrekt auswerten können – selbst dann nicht, wenn uns ein Kriterium zur Verfügung stünde. Es könnte ja sein, daß wir ein Kriterium inkonsequent anwenden oder gar nicht einsehen, welches Kriterium relevant ist. Auch hier gilt wieder: Erst *nachdem* wir eine Garantie für die Zuverlässigkeit unserer Vermögen etabliert haben, dürfen wir uns auf die (zumindest prinzipiell) korrekte Anwendbarkeit eines Kriteriums berufen. Es ist daher nicht erstaunlich, daß Descartes die Unterscheidbarkeit von Wach- und Schlafzustand erst ganz am Ende der Meditationen einführt und ausdrücklich betont: „Daraus nämlich, daß Gott kein Betrüger ist, folgt, daß ich mich in solchen Fällen ganz und gar nicht täusche" (AT VII 90). Würde Gott uns mit betrügerischer Absicht mit unzuverlässigen Vermögen ausstatten, müßten wir immer daran zweifeln, daß wir in der Lage sind, Wachzustände von Schlafzuständen zu unterscheiden. Erst wenn feststeht, daß Gott kein Betrüger ist, können wir mit guten Gründen behaupten, (a) daß er uns mit zuverlässigen kognitiven Vermögen ausgestattet hat, (b) daß wir mithilfe dieser Vermögen eines oder mehrere Unterscheidungskriterien bestimmen können und (c) daß wir diese Kriterien auch zuverlässig anwenden können.

Allerdings fällt auf, daß selbst dann, wenn die Unterscheidbarkeit noch nicht gegeben ist, nicht alles einem Zweifel ausgesetzt ist. Descartes stellt fest, genau wie ein Maler „mit wahren Farben" male, müßten auch wir unsere Vorstellungen – gleichgültig ob wir sie im Wach- oder im Schlafzustand haben – aus gewissen „Naturen" herstellen. Dies sind die Ausdehnung als die körperliche Natur, Quantität, Zahl, Ort und Zeit (AT VII 20). Darunter sind nicht die konkrete Ausdehnung und die raum-zeitliche Anordnung der Gegenstände zu verstehen; ob es tatsächlich materielle Gegenstände in Raum und Zeit gibt, können wir angesichts der Ununterscheidbarkeitsproblematik ja nicht wissen. Descartes zielt vielmehr auf die allgemeinen Kategorien von Raum, Zeit und Zahl ab. Denn ob ich nun schlafend oder wachend an ein geflügeltes Pferd denke, ich kann nicht anders, als es so zu denken, daß es ausgedehnt ist und zu einem bestimmten Zeitpunkt existiert. Die „Naturen" sind also nicht außergeistige Dinge, wie etwa die Korpuskeln als grundlegende Bestandteile der materiellen Natur, sondern Kategorien im Geist, die mich dazu zwingen, Gegenstände als raum-zeitliche Dinge zu erfassen.[15]

Zielt Descartes damit auf eine Innatismus-These ab, wie einige Interpreten annehmen?[16] Das heißt, steuert er bereits hier auf die in der Dritten Meditation (AT VII 38) explizit geäußerte These zu, daß es angeborene Ideen gibt, die immer schon in unserem Geist angelegt sind? Oder deutet er die in früheren Briefen vertretene Auffassung an, daß Gott ewige Wahrheiten – darunter auch solche bezüglich Raum, Zeit und Zahl – erschaffen und in unseren Geist gelegt hat (AT I 145 und 149–150)?[17] Nichts deutet darauf hin, daß er sich in diesem Kontext, in dem er alle Meinungen einem Zweifel aussetzt, auf derart theoretisch aufgeladene Meinungen festlegt. Denn woher wir die Denkkategorien haben – aus unserem eigenen Geist, von Gott oder vielleicht durch Abstraktion von einzelnen Erscheinungen und Vorstellungen – bleibt vollkommen offen und muß sogar offen bleiben, wenn *alle* Meinungen infrage gestellt werden sollen. Es reicht, auf ein psychologisches Faktum hinzuweisen: Wann immer wir an Gegenstände denken, können wir nicht anders, als sie in Raum und Zeit zu denken. Dies wiederum setzt voraus, daß wir allgemeine Kategorien anwenden, woher auch immer sie stammen mögen und worauf auch immer – auf reale oder geträumte Gegenstände – wir sie anwenden.

2.4

Doch wie können wir sicher sein, daß die allgemeinen Kategorien tatsächlich gültig sind? Und wie können wir sicher sein, daß die arithmetischen und geometrischen Aussagen, die wir mithilfe dieser Kategorien bilden, wahr sind, z. B. wenn wir mithilfe der Kategorie Zahl Aussagen über die Addition von einzelnen Zahlen treffen? Um dieses Problem in den Vordergrund zu rücken, führt Descartes in einem dritten Schritt ein noch radikaleres skeptisches Szenario ein: Könnte es nicht sein, daß der allmächtige Gott mich täuscht, „sooft ich zwei und drei addiere

---

15 Diese Naturen sind daher sorgfältig von der „Natur eines Körpers" (AT VIII-1 42) zu unterscheiden, die in der Ausdehnung besteht. Ein konkreter Körper hat eine bestimmte Länge, Breite und Tiefe und damit eine bestimmte Natur. In unserem Geist hingegen haben wir die Kategorie der Ausdehnung, mit der wir an einen Körper denken.
16 Carriero (1987, 243) spricht von einer „proto-innatist perspective".
17 Gaukroger (1995, 316–318) vermutet, daß diese Auffassung die treibende Kraft für skeptische Argumente war. Wenn Gott diese Wahrheiten nämlich als Denknotwendigkeiten in unseren Geist gelegt hat, sie aber jederzeit ändern kann, besteht keine Gewähr, daß sie ewige Gültigkeit haben.

oder die Zahl der Seiten des Quadrats zähle oder bei irgendetwas noch Leichterem, falls man sich so etwas vorstellen kann" (AT VII 21)? Allerdings verwirft Descartes die Möglichkeit eines täuschenden Gottes sogleich, weil man dann seltsamerweise annehmen müßte, daß ein Wesen, das aufgrund seiner Güte keine schlechten Absichten hat, dennoch betrügen könnte; der Gottesbegriff wäre inkonsistent.[18] Er führt stattdessen die Figur des trügerischen Dämons ein, der zwar nicht allmächtig ist, aber „höchst mächtig und schlau" (AT VII 22) und daher imstande, falsche Meinungen hervorzubringen.

Wenn Descartes sich auf eine Kunstfigur und nicht auf Gott beruft, erfolgt dies also nicht aus Rücksichtnahme gegenüber theologischen Autoritäten oder aufgrund von christlichen Glaubensüberzeugungen (diese sind ja ebenfalls nur Meinungen, die infrage zu stellen sind), sondern aus einem theoretischen Grund: Eine begriffliche Inkonsistenz soll vermieden werden. Doch was läßt sich mithilfe der Kunstfigur gewinnen? Es läßt sich ein radikaler Zweifel formulieren, der vier Bereiche umfaßt. (1) Alle Meinungen bezüglich der Beschaffenheit der materiellen Dinge (einschließlich des eigenen Körpers) könnten falsch sein. So könnte mir der Dämon die Meinung eingeben, daß der Baum vor mir rot ist oder daß meine Hände glatt sind, obwohl der Baum in Tat und Wahrheit grün ist und meine Hände rau sind. (2) Alle Meinungen bezüglich der Existenz der materiellen Dinge (wiederum einschließlich des eigenen Körpers) könnten falsch sein. So könnte mir der Dämon die Meinung einflößen, daß vor mir ein Baum steht und daß ich Hände habe, obwohl weder ein Baum noch Hände existieren. (3) Alle Meinungen bezüglich der raum-zeitlichen Struktur der Gegenstände könnten falsch sein, etwa wenn ich meine, daß der Baum und die Hände dreidimensionale Gegenstände sind, obwohl sie vielleicht vier oder fünf Dimensionen haben. (4) Alle Meinungen bezüglich der geometrischen und arithmetischen Gegenstände könnten falsch sein, etwa wenn ich meine, die Innenwinkel eines Dreiecks würden zusammen zwei rechten entsprechen, obwohl vielleicht ganz andere geometrische Gesetze gelten. Was übrig bleibt, ist die Unbezweifelbarkeit des eigenen Denkens, genauer gesagt: des Denkaktes, der mir einen bestimmten Inhalt präsentiert, solange ich diesen Akt vollziehe.

Es lohnt sich, auch hier wieder einen Vergleich zu früheren skeptischen Szenarien zu ziehen. Bereits im Spätmittelalter wurde im Rahmen der christlichen Dämonologie eine Täuschungshypothese formuliert. Beispielsweise argumentierte Thomas von Aquin folgendermaßen (vgl. *Quaestiones disputatae De malo*, q. 16, art. 8 und art. 11.): Im Prinzip könnte es sein, daß Dämonen eingreifen und

---

18 Diese Argumentation findet sich schon bei früheren Autoren, etwa bei Thomas von Aquin, *Summa theologiae* I, q. 25, art. 3, ad 2.

meine Vorstellungen derart manipulieren, daß ich mir alles Mögliche ausdenke, darunter Dinge, die zwar existieren könnten, aber nicht aktuell existieren (z. B. Bäume und Hände), und Dinge, die gar nicht existieren können (z. B. Chimären). Zudem könnte es sein, daß ich aufgrund der manipulierten Vorstellungen sogar von jenen Dingen, die aktuell existieren, falsche Meinungen bilde, indem ich ihnen Eigenschaften zuschreibe, die sie gar nicht haben. Doch Thomas sieht darin keine radikale Gefahr. Warum nicht? Seiner Ansicht nach können Dämonen das Denkvermögen des Intellekts nicht antasten. Indem sie die Vorstellungen manipulieren, können sie nur das Material, mit dem der Intellekt arbeitet, verfälschen, so daß falsche Meinungen über die aktuelle Existenz oder die Beschaffenheit einzelner Gegenstände entstehen. Unangetastet bleibt aber das Vermögen, das Wesen eines Gegenstandes korrekt zu erfassen. Konkret heißt dies: Ob ich nun Baum-Vorstellungen von einem vor mir stehenden Baum oder von einem Dämon bekomme, ich bin auf jeden Fall imstande, daraus das Wesen eines Baumes zu abstrahieren und zu formulieren, welche besonderen Eigenschaften einen Baum genau zu einem Baum machen. Für Thomas gilt nämlich:

> Das eigentliche Objekt des Intellekts ist das Was-sein (*quidditas*) eines Dinges. Mit Bezug auf dieses Was-sein, im strengen Sinne aufgefaßt, irrt sich der Intellekt nicht. Aber mit Bezug auf das, was zum Wesen oder Was-sein hinzukommt, kann sich der Intellekt irren, nämlich wenn er eine Sache einer anderen zuordnet, wenn er zusammensetzt oder trennt oder auch wenn er Überlegungen anstellt. (*Summa Theologiae* I, q. 85, art. 6, corp.)

Dies bedeutet, daß die Meinungen vom Typ (3) und (4) nicht bezweifelt werden. Es gehört nämlich zum Wesen der materiellen Gegenstände, daß sie in Raum und Zeit existieren. Und es gehört zum Wesen der mathematischen Gegenstände, daß sie bestimmte Eigenschaften haben, etwa daß ein Dreieck eine bestimmte Winkelsumme aufweist. Selbst Meinungen vom Typ (1) und (2) müssen angesichts der Hypothese vom täuschenden Dämon nicht vollständig dem Zweifel ausgesetzt werden. Es könnte nämlich sein, daß ein Dämon *manchmal* eingreift und unsere Vorstellungen manipuliert, jedoch nicht, daß er *immer* eingreift und wir immer falsche Meinungen bezüglich der Existenz und Beschaffenheit der materiellen Dinge haben. Warum nicht? Der erste Grund ist teleologischer Natur: Unser Intellekt ist wie jedes natürliche Vermögen so gebaut, daß er korrekt aktualisiert wird und somit wahre Meinungen hervorbringt. Sein Zweck besteht in nichts anderem als im Bilden solcher Meinungen. Wir würden diesen von Natur aus gegebenen Zweck mißachten, wenn wir annähmen, er würde permanent falsche Meinungen bilden, ähnlich wie wir den Zweck des Verdauungsvermögens missachteten, wenn wir annähmen, es würde nie erfolgreich Nahrung verarbeiten. Zweitens führt Thomas auch einen essentialistischen Grund an: Der Intellekt ist derart beschaffen, daß er auf der Grundlage von Vorstellungen das Wesen der aktuell existierenden Gegenständen abstrahiert. Zwar können diese Gegenstände manchmal fehlen, etwa wenn wir halluzinieren, träumen oder von Dämonen getäuscht werden, aber selbst diese besonderen Situationen setzen voraus, daß wir einmal in Kontakt zu Gegenständen gestanden haben. Hätte es nie einen Kontakt gegeben, hätten wir nie etwas abstrahieren können und es gäbe nichts, was Dämonen manipulieren könnten.

Descartes' Radikalität besteht darin, daß er diese beiden Überlegungen zurückweist, genauer gesagt: daß er sie als theoretische Meinungen wie alle anderen Meinungen einem Zweifel aussetzt. Weder daß der Intellekt als natürliches Vermögen einen bestimmten Zweck hat noch daß er eine besondere Abstraktionstätigkeit ausführt, darf angenommen werden. Damit gewinnt die Hypothese vom täuschenden Dämon eine neue Schärfe: Es könnte sein, daß der Dämon uns *immer* täuscht und daß er uns in *allem* täuscht – auch darin, daß es Gegenstände gibt, zu denen wir in Kontakt gestanden haben und deren Wesen wir erfaßt haben.

2.5

Es ist hoffentlich deutlich geworden, daß Descartes nicht nur die alten skeptischen Debatten wieder aufwärmt, auch wenn er auf klassische, zu seiner Zeit weithin bekannte Täuschungsszenarien zurückgreift. Seine Pointe besteht darin, daß er diese Szenarien im Rahmen eines erkenntnistheoretischen Projekts einsetzt, das in einem destruktiven Schritt zunächst alle Meinungen dem Zweifel aussetzt, um dann in einem konstruktiven Schritt ein neues System von Meinungen aufzubauen. Der erste Schritt gelingt aber nur, wenn die kognitiven Vermögen, die Meinungen hervorbringen, einem radikalen Zweifel ausgesetzt werden. Deshalb entwickelt Descartes in der Ersten Meditation einen Vermögensskeptizismus: Könnte es nicht sein, daß *alle* unsere Meinungen falsch sind, weil unsere kognitiven Vermögen unzuverlässig sind und jederzeit manipuliert werden können?

Wenn diese Grundfrage in den Blick genommen wird, zeigt sich die besondere Funktion des cartesischen Skeptizismus, die kontrovers diskutiert wird. Einige Interpreten vertreten die Ansicht, Descartes ziele auf einen Außenwelt-Skeptizismus ab, da ja alle Meinungen bezüglich der Existenz materieller Gegenstände angezweifelt werden.[19] Dies ist sicherlich auch ein Ziel, aber nicht das einzige. Andernfalls wäre kaum verständlich, warum Descartes auch die mathematischen

---

19 So etwa Dicker (1993, 29–34), der die Täuschungsargumente nur auf die Meinungen von materiellen Gegenständen bezieht.

Meinungen einem Zweifel aussetzt. Andere Interpreten betonen, der Skeptizismus diene einer Überwindung der aristotelisch-scholastischen Naturphilosophie und der Fundierung einer neuen, an mechanistischen Prinzipien orientierten Naturphilosophie (vgl. Garber 1986 und Grene 1999). Auch dies ist sicherlich ein Ziel, denn mit den skeptischen Szenarien werden aristotelische Annahmen über Formen, Finalursachen und vieles mehr infrage gestellt. Descartes hält explizit fest, daß die Meditationen die Grundlage für die gesamte Physik enthalten (AT III 297–298). Aber auch diese Fundierung kann nicht sein alleiniges Ziel sein, weil er sonst mit dem radikalsten Zweifel, der unser Wissen von der Existenz materieller Gegenstände (nicht nur unsere Erklärung ihrer inneren Konstitution und kausalen Interaktion) infrage stellt, weit über das Ziel hinausschießen würde. Wieder andere Interpreten nehmen an, Descartes wolle ein anti-empiristisches Programm verfolgen und dabei vor allem die aristotelisch-scholastische Abstraktionslehre angreifen, die davon ausgeht, daß alle unsere Meinungen auf Sinneseindrücken beruhen (vgl. Carriero 1987). Auch hier gilt wieder, daß dies sicherlich ein wichtiges Ziel ist. Descartes betont in der Synopsis, er wolle einen Weg suchen, „um den Geist von den Sinnen wegzuführen" (AT VII 12). Allerdings führt er den Geist nicht nur von jenen Meinungen weg, die eine sinnliche Grundlage haben (dies wird nur in der ersten skeptischen Überlegung betont), sondern von allen Meinungen, gleichgültig woher wir sie haben. Selbst wenn es angeborene Meinungen geben sollte, was in der Ersten Meditation noch keineswegs feststeht, müssen sie genauso auf den Prüfstand gestellt werden wie alle anderen Meinungen.[20] Schließlich argumentieren einige Interpreten, Descartes verfolge ein augustinisches Projekt, das darauf ausgerichtet sei, den Menschen in mehreren meditativen Schritten zu Gott als der einzigen Quelle aller Gewißheit zu führen (vgl. Menn 1998, 232–244). Mit Blick auf das Ende der Dritten Meditation (AT VII 52) kann man die Erste sicherlich in dieser Perspektive lesen, aber selbst die Meinungen über die Existenz Gottes werden zu Beginn noch dem Zweifel ausgesetzt. Ob und wie sie wieder rehabilitiert werden, bleibt hier noch vollkommen offen.

Descartes' Radikalität zeigt sich gerade darin, daß er *alle* Meinungen dem Zweifel aussetzt, mögen sie sich nun auf materielle Gegenstände, auf mathematische Wahrheiten, auf naturphilosophische Prinzipien oder sogar auf die Existenz Gottes beziehen. Dies kann er methodisch nur in die Tat umsetzen, indem er die Meinungen nicht einzeln prüft, sondern sich auf die kognitiven Vermögen konzentriert. Wenn nämlich infrage gestellt wird, daß diese Vermögen korrekt

---

[20] Es ist daher genau auf die argumentative Ordnung (den „ordre des matières": AT III 266) zu achten. Wenn Descartes in der Dritten Meditation eine innatistische Position entwickelt, darf diese nicht bereits in der Ersten Meditation unterstellt werden. Auch für diese Position muß erst eine sichere Grundlage geschaffen werden.

funktionieren, können auf einen Schlag alle von ihnen hervorgebrachten Meinungen bezweifelt werden. Es gibt dann keine Einschränkung auf einen bestimmten Bereich von Meinungen.

Doch ist Descartes' Zweifel wirklich vollkommen radikal? Wie bereits festgestellt wurde, läßt er Meinungen bezüglich der begrifflichen Konsistenz unangetastet; er zweifelt nicht daran, daß er eine Meinung wie „Gott ist gütig und betrügerisch" als in sich widersprüchlich entlarven kann. Er zweifelt auch nicht daran, daß er mithilfe rationaler Argumente die Meinungen einem Zweifel aussetzen kann. Das heißt, er läßt die Annahme unangetastet, daß er Einwände gegen die scheinbare Unbezweifelbarkeit der überlieferten Meinungen anführen und überzeugend für sie argumentieren kann. An diesem Punkt läßt sich sogleich fragen: Könnte es nicht sein, daß er dem eigenen Argumentieren nicht mehr vertrauen darf? Ist es nicht denkbar, daß seine kognitiven Vermögen nicht nur in den einzelnen Meinungen, die sie hervorbringen, sondern auch im rationalen Verknüpfen der Meinungen unzuverlässig sind? Kurz gesagt: Könnte es nicht sein, daß er jeder Rationalität entbehrt? An einer Stelle deutet Descartes eine solche Überlegung an, indem er auf einige Verrückte hinweist, die meinen, „daß sie ganz und gar Kürbisse sind, oder aus Glas gemacht". Er fügt jedoch gleich hinzu: „Aber das sind Wahnsinnige, und ich selbst würde nicht weniger verrückt erscheinen, wenn ich etwas von ihnen als Modell auf mich übertragen würde" (AT VII 19). Descartes schließt also explizit aus, daß er verrückt ist – nicht aufgrund einer dogmatischen Festlegung, sondern weil sein eigenes Argumentieren zeigt, daß er im Besitz minimaler rationaler Fähigkeiten sein muß. Andernfalls könnte er gar nicht Zweifelsargumente vorbringen und Schlüsse aus ihnen ziehen. Nur wenn er sich auf die Methode des rationalen Argumentierens verläßt, kann er Schritt für Schritt die einzelnen Inhalte des Denkens infrage stellen.

So verhält sich der Meditierende wie der Baron von Münchhausen: Er watet immer tiefer in den Sumpf der Zweifel und zieht sich letztendlich an den eigenen Stiefeln heraus, indem er das eigene rationale Argumentieren, das immer Ausdruck des eigenen Denkens ist, als unhintergehbare Voraussetzung für das Zweifeln bestimmt.[21]

---

21 Für wertvolle Kommentare zu früheren Fassungen danke ich Maximilian Bergengruen und Johannes Haag.

Literatur

Übersetzungen von Zitaten aus den *Meditationes* sind der dreisprachigen Ausgabe von Andreas Schmidt (Göttingen 2004) entnommen (mit geringfügigen Änderungen). Alle anderen Übersetzungen stammen vom Verfasser.

Ariew, Roger 1999: Descartes and the Last Scholastics, Ithaca/London
Aristoteles 1956: De anima, hrsg. v. W. D. Ross, Oxford
Austin, John 1962: Sense and Sensibilia, Oxford
Bergengruen, Maximilian 2009: Genius malignus. Descartes, Augustinus und die frühneuzeitliche Dämonologie. In: Carlos Spoerhase u. a. (Hrsg.): Unsicheres Wissen. Skeptizismus und Wahrscheinlichkeit 1550–1850, Berlin/New York, 87–108
Broughton, Janet 2002: Descartes's Method of Doubt, Princeton
Burnyeat, Myles F. 1982: Idealism and Greek Philosophy: What Descartes Saw and Berkeley Missed. In: Philosophical Review 91, 3–40
Carriero, John 1987: The First Meditation. In: Pacific Philosophical Quarterly 68, 222–248
Cicero, Marcus Tullius 1995: Akademische Abhandlungen. Lucullus. Übers. Ch. Schäublin, Hamburg
Denery, Dallas 2005: Seeing and Being Seen in the Later Medieval World. Optics, Theology and Religious Life, Cambridge
Des Chene, Dennis 2000: Life's Form. Late Aristotelian Conceptions of the Soul, Ithaca/London
Dicker, Georges 1993: Descartes. An Analytical and Historical Introduction, Oxford/New York
Floridi, Luciano 2002: Sextus Empiricus. The Transmission and Recovery of Pyrrhonism, Oxford/New York
Frede, Michael 1987: The Skeptic's Two Kinds of Assent and the Question of the Possibility of Knowledge. In idem: Essays in Ancient Philosophy, Minneapolis, 201–222
Funkenstein, Amos 1986: Theology and the Scientific Imagination from the Middle Ages to the Seventeenth Century, Princeton
Garber, Daniel 1986: *Semel in vita:* The Scientific Background to Descartes' *Meditations*. In: Amélie Oksenberg Rorty (Hrsg.): Essays on Descartes' *Meditations*, Berkeley u. a., 81–116
Gaukroger, Stephen 1995: Descartes. An Intellectual Biography, Oxford
Grene, Marjorie 1999: Descartes and Skepticism. In: The Review of Metaphysics 52, 553–571
Larmore, Charles 2006: Descartes and Skepticism. In: Stephen Gaukroger (Hrsg.): The Blackwell Guide to Descartes' Meditations, Oxford, 17–29
Maia Neto, José R. 1997: Academic Skepticism in Early Modern Philosophy. In: Journal of the History of Ideas 58, 199–220
Menn, Stephen 1998: Descartes and Augustine, Cambridge/New York
Perler, Dominik 2006: Zweifel und Gewissheit. Skeptische Debatten im Mittelalter, Frankfurt/M.
—— 2010: Skepticism: In: Robert Pasnau (Hrsg.): The Cambridge History of Medieval Philosophy, Cambridge/New York, 382–396
Popkin, Richard 2003: The History of Scepticism. From Savonarola to Bayle, Oxford/New
Schmitt, Charles 1972: Cicero Scepticus. A Study of the Influence of the Academica in the Renaissance, The Hague
Sextus Empiricus 1985: Grundriß der pyrrhonischen Skepsis. Übers. Malte Hossenfelder, Frankfurt/M.

Thomas von Aquin 1952: Summa theologiae, hrsg. v. P. Caramello, Turin/Rom
— 1982: Quaestiones disputatae De malo, hrsg. v. P.-M. Gils, Rom/Paris
Wilhelm von Ockham 1967–1979: Ordinatio (Scriptum in librum primum Sententiarum). In: G. I. Etzkorn u. a. (Hrsg.): Opera theologica I–IV (= OTh), St. Bonaventure, N.Y.
Williams, Michael 2001: Problems of Knowledge. A Critical Introduction to Epistemology, Oxford
Zupko, Jack 1993: Buridan and Skepticism. In: Journal of the History of Philosophy 31, 191–221

Andreas Kemmerling
3 Das *Existo* und die Natur des Geistes

Zwei Fragen sind es, die den Überlegungsgang der *Zweiten Meditation* bestimmen. Existiert etwas, an dem zu zweifeln nicht die geringste Gelegenheit besteht? Diese erste Frage findet ihre bejahende Antwort in der Einsicht des Denkers, daß er selbst so etwas ist. Seine zweite Frage ist dann, wer oder was er selbst ist.

Die Ziele, die Descartes in seinem Überlegungsgang verfolgt, sind weit vielfältiger, als diese beiden Leitfragen allein es vermuten lassen. Mit dem Beweis seiner eigenen Existenz gewinnt der Denker ein Paradigma dessen, was es heißt, einen im höchsten Maße klaren und deutlichen Gedanken zu haben; dies ist ein entscheidender Schritt in Richtung auf die später formulierte und begründete Wahrheitsregel. Zudem werden Prämissen des Beweises für die reale Verschiedenheit der körperlichen und der geistigen Substanz bereitgestellt, der erst in der *Sechsten Meditation* geführt wird. Weitere Ziele, die Descartes verfolgt, haben es damit zu tun, die traditionelle Schulmetaphysik mit der gebotenen Vorsicht auch im Hinblick auf das Wesen der Selbstkenntnis des Intellekts methodisch und inhaltlich als unterlegen erkennbar werden zu lassen[1], den Intellekt als das eigentliche menschliche Erkenntnisorgan und andere Vermögen als epistemisch minderwertig zu erweisen, den Leser durch ein Beispiel auf seine Konzeption der körperlichen Substanz einzustimmen,[2] und einiges andere mehr. – Im folgenden werde ich mich auf Descartes' Auseinandersetzung mit den beiden Leitfragen konzentrieren und Nebenthemen wie die gerade genannten weitestgehend beiseite lassen.

Die Gewißheit meiner Existenz

Die Art und der Umfang des Großen Zweifels, in dem der Denker sich zu Beginn der *Zweiten Meditation* befindet, ist durch die Täuschergott-Probe bestimmt: Als gewiß soll nur das gelten, das nicht einmal unter der Annahme in Zweifel gezogen werden kann, daß es einen höchst mächtigen Täuscher gibt, der den Denker in allem täuscht, in dem ihm dies möglich ist (AT VII 27). „Es ist gewiß, daß *p*" heißt für den Denker: „Selbst unter der Annahme der Existenz eines solchen Täu-

---
[1] Zu diesem Aspekt der *Zweiten Meditation* siehe J. Carriero (1986, 199–221).
[2] Siehe dazu H. P. Schütt: Die Stellung der *Meditationen* im Gesamtwerk Descartes' (in diesem Band, 155).

schergottes kann ich nicht in Zweifel ziehen, daß *p*". Was ist ihm in diesem Sinne gewiß? Nur etwas, in dessen Negation ihm eine offenkundige Widersinnigkeit [*repugnantiam ... manifestam*, AT VII 36] erkennbar ist. Alles andere hingegen soll ihm zunächst einmal als falsch gelten.

Zur Illustration des Umfangs seines Großen Zweifels nennt der Denker folgende Beispiele dafür, was ihm nun alles als falsch gilt: daß auf sein Gedächtnis Verlaß ist; daß er Sinne hat; und daß es Körper, den Himmel, die Erde oder Geister [*mentes*] gibt (AT VII 24 f.). Daß er an dieser Stelle die Existenz von Geistern in Abrede stellt, ist kein Lapsus, sondern hat eine Pointe, die kurz darauf klar wird (AT VII 27): Ein präziser Sinn des Wortes „Geist" ist ihm an diesem Punkt noch unbekannt. Er wird erst dann verstehen, was „Geist" eigentlich beinhaltet, wenn er eingesehen haben wird, daß er selbst ein denkendes Ding ist, und begriffen haben wird, worin die unüberbietbare Gewißheit dieser Einsicht ihren Grund hat.

Nun fragt sich der Denker, wie es um seine eigene Existenz steht: Kann er sie in Zweifel ziehen? Hat er sie womöglich bereits dadurch in Zweifel gezogen, daß er daran zweifelt, daß er Sinne und einen Körper hat? Mit diesen Fragen ist der entscheidende Teil des Überlegungsgangs erreicht, in dem der Denker seine erste Gewißheit erreicht: daß er existiert. Die anschließende Überlegung wird von Descartes als eine Abfolge von versuchsweisen Annäherungen an diese Einsicht entwickelt.

Erster Überlegungsschritt:
Wenn ich mich dazu gebracht habe anzunehmen, daß nichts in der Welt existiert, dann habe ich gewiß existiert.

Dies ist eine bedingte Gewißheit; ihre Schwäche hängt damit zusammen, daß sie die Vergangenheit betrifft. Um ihre Bedingung als erfüllt anzunehmen, müßte der Denker sich auf sein Gedächtnis verlassen, was aber, wie gerade gesehen, in seinem Großen Zweifel nicht zulässig ist.

Zweiter Überlegungsschritt:
Wenn mich jetzt ein Täuschergott täuscht, dann existiere ich ohne Zweifel.

Auch dies ist eine bedingte Gewißheit; jedoch ist ihre Bedingung bemerkenswerterweise gerade unter Voraussetzung derjenigen hypothetischen Unterstellung erfüllt, die den Großen Zweifel ausmacht. Dennoch, auch hierin findet der Denker noch nicht das, was er sucht. Denn die Hypothese, daß es einen Täuschergott gibt, kann ihrerseits selbst in Zweifel gezogen werden. Sie dient dem Denker als Probierstein für Gewißheit, nicht als eine Prämisse, die ihren Folgerungen Gewißheit verleihen könnte. Interessanterweise stellt der Denker nun nicht die weitere Überlegung an: „Erst recht gilt auch: Wenn mich jetzt kein

Täuschergott täuscht, dann existiere ich ohne Zweifel", woraus er mit dem zweiten Schritt zusammen die Gewißheit seiner Existenz erlangen könnte. Stattdessen:

> *Dritter Überlegungsschritt:*
> Auch wenn mich stets ein Täuschergott täuscht, läßt sich folgendes nicht in Zweifel ziehen: Wann immer ich denke, daß ich existiere, existiere ich.

Im Lichte der Cartesischen Konzeption von Gewißheit heißt dies:

> Es ist gewiß: Ich existiere, wann immer ich denke, daß ich existiere.

Und daraus folgt:

> Wann immer gewiß ist, daß ich denke, daß ich existiere, ist gewiß, daß ich existiere.

Descartes läßt seinen Denker das Ergebnis dieser Überlegungen so zusammenfassen: „Nachdem alles übergenug durchdacht ist, ist schließlich festzuhalten, daß dieser Satz *Ich bin, ich existiere*, sooft ich ihn ausspreche oder im Geist erfasse, erwiesenermaßen[3] [*necessario*] wahr ist" (AT VII 25).

Damit ist für Descartes in den *Meditationen* der Beweis vollendet; vom nächsten Satz an spricht der Denker so, als sei seine Existenz erwiesen. Die Erkenntnis, daß er existiert, nennt er im selben Satz die gewisseste und evidenteste von allen.

Cogito, ergo sum und *Ego sum, ego existo*

Was sich in der geschilderten Argumentation nicht findet, ist das berühmte „Ich denke, also bin ich", das Descartes an einigen anderen Stellen seines Werks, vor und nach Abfassung der *Meditationen*, formuliert. Im *Discours* von 1637 bezeichnet Descartes (AT VI 33) „cette vérité: *je pense, donc je suis*" als das erste Prinzip der Philosophie, die er gesucht habe; in den *Principia* von 1644 heißt es (AT VIII-1 7): „haec cognitio, *ego cogito, ergo sum*" sei die erste und gewisseste aller Erkenntnisse, die jedem begegne, der der Ordnung gemäß philosophiere. Selbst im Zusammenhang der *Meditationen*, nämlich in den Erwiderungen auf Einwände gegen die *Zweite Meditation*, verwendet er die Wendung „ego cogito, ergo sum, sive existo" (AT VII 140). – Dies mag man als Hinweise darauf werten, daß er anscheinend keinen bedeutsamen Unterschied zwischen „Ich existiere" und „Ich

---

[3] Mit dieser Übersetzung von „necessario" folge ich dem Hinweis von Rainer Specht (1996, 9), daß dieser Terminus gelesen werden darf als: durch Beweis gesichert.

denke, also existiere ich" macht. Dennoch, der Wortlaut der *Zweiten Meditation* ist eindeutig; das Ergebnis der dort entwickelten Argumentation ist „Ich existiere". Dies ist, in den *Meditationen* zumindest, die erste und gewisseste Erkenntnis des Denkers.

Schluß oder Intuition?

Doch welches ist eigentlich die logische Struktur der Argumentation, mit der der Denker zu dieser Konklusion gelangt? Ja, es ist zu fragen: Ist es überhaupt eine Konklusion? Erreicht er die Einsicht, daß er existiert, überhaupt mittels eines Schlusses? Oder erreicht er sie vielmehr mittels einer selbstevidenten Intuition, die sich schließlich in seinem Denken einstellt, nachdem er mehrere vorbereitende Überlegungen zum Zusammenhang von Denken und Existenz angestellt hat – Überlegungen, die ihm zu dieser intuitiven Einsicht zwar den Weg bahnen, aber eben nicht in der Weise, daß er sie aus ihnen schlußfolgert?

Wir finden bei Descartes Hinweise, die sich zugunsten beider Deutungen geltend machen lassen. Für die Schlußfolgerungsdeutung sprechen viele Stellen, an denen er in diesem Zusammenhang mit Selbstverständlichkeit inferentielle Terminologie verwendet. So heißt es in der *Vierten Meditation*, er habe (in der *Zweiten Meditation*) untersucht, ob überhaupt irgend etwas in der Welt existiert, und erkannt, daß gerade daraus, daß er dies untersuche, evidentermaßen folge [*evidenter sequi*], daß er existiert (AT VII 58). In den *Fünften Erwiderungen* sagt er, er könne aus der Tatsache, daß er denkt, er gehe spazieren, bestens schlußfolgern [*optime inferre*], daß es einen Geist gibt, der diesen Gedanken hat (AT VII 352).

Anders klingt, was Descartes in den *Zweiten Erwiderungen* darlegt: „Wenn wir bemerken, daß wir denkende Dinge sind, so ist das eine erste Erkenntnis, die nicht aus irgendeinem Syllogismus geschlußfolgert wird; und auch wenn jemand sagt *Ich denke, also bin oder existiere ich*, so deduziert er seine Existenz nicht vermittels eines Syllogismus aus dem Denken, sondern erkennt sie gleichsam wie eine durch sich selbst gewußte Sache vermittels einer einfachen Intuition des Geistes" (AT VII 140). Descartes führt dafür folgendes Argument an: Handelte es sich um einen Syllogismus, so müßte der betreffende Denker vorgängiges Wissen über die zusätzliche allgemeine Prämisse haben, daß alles, was denkt, existiert; dieses Wissen gewinne er aber erst dadurch, daß er an sich selbst erlebt, daß es nicht sein kann, daß er denkt, ohne zu existieren. – Diese Stelle spricht zwar deutlich für die Intuitionsdeutung, was jedoch den etwaigen inferentiellen Charakter des *Ich denke, also bin ich* angeht, so ist zu beachten, daß Descartes hier nur bestreitet, daß es ein Syllogismus ist. Er schließt damit nicht aus, daß es sich um eine Schlußfolgerung anderer Art handelt – um eine, die kein Syllogismus ist. Die

Hoffnung, die Intuitions- und die Schlußfolgerungsdeutung miteinander zu vereinbaren, ist dadurch nicht zerstört. Der Schluß auf die eigene Existenz müßte allerdings ein nicht-syllogistischer sein.

Ein weiterer Beleg für die Intuitionsdeutung: An den Marquis von Newcastle schreibt Descartes im April 1648, das Wissen um die Wahrheit der Proposition *Ich denke, also bin ich* sei nicht das Werk vernünftigen Schließens [*raisonnement*], sondern ein intuitives Wissen (AT V 138). Bemerkenswert ist, daß hier anscheinend jede Art des Vernunftschließens, nicht nur die syllogistische, in Abrede gestellt wird. Spricht dies nicht endgültig gegen die Vereinbarkeit von Schlußfolgerungs- und Intuitionsdeutung? Nein, denn das, was Descartes in diesem Brief als intuitiv gewußt bezeichnet, ist ja selbst gerade eine Proposition, in der es um eine Schlußfolgerung geht.

Eine Herausforderung an jede Auslegung des Cartesischen Beweises eingangs der *Zweiten Meditation* ist es demnach, erklärlich zu machen, wie Descartes die Gewißheit seiner Existenz sowohl als auf einer einfachen Intuition beruhend betrachten kann, als auch als etwas, das er aus seinem Denken erschließt. Der Kürze halber werde ich im folgenden den Inhalt dessen, was der Denker denkt, wenn er justament unter den besonderen epistemischen Gegebenheiten des Großen Zweifels[4] denkt, daß er existiert, als *Existo* bezeichnen (und den entsprechenden Gedanken als seinen *Existo*-Gedanken).

Ein vielbeachteter Vorschlag zu einer Analyse der Argumentationsstruktur, in dem die Schlußfolgerungs- und Intuitionsdeutung kombiniert werden, stammt von Peter Markie (1992).[5] Er vertritt die Auffassung, daß Descartes in den *Regulae* zwei Arten von intuitivem Wissen zulasse. Intuitives Wissen im engeren Sinn haben wir, wenn eine Proposition „durch den reinen und aufmerksamen Geist so leicht und deutlich erfaßt wird, daß keinerlei Zweifel an dem, was wir verstehen, übrig ist" (AT X 368); solche Propositionen sind erste Prinzipien. Als intuitiv gewußt im weiteren Sinn bezeichnet Markie (nicht Descartes) die Wahrheit solcher Propositionen, „die aus ersten Prinzipien unmittelbar gefolgert werden" (AT X 370). Propositionen, zu denen man von ersten Wahrheiten nur durch mehrere Folgerungsschritte gelangt, werden durch Deduktion gewußt. Markies Vorschlag

---

4 Der Hinweis auf diese spezielle Situation ist keine überflüssige Akribie, sondern soll darauf aufmerksam machen, daß der Denker in anderen epistemischen Gegebenheiten, in denen er es sich nicht versagt, auf Wissen über sich selbst zurückzugreifen, mit demselben Satz, „Ich bin, ich existiere", einen anderen Gedanken verbinden mag.

5 Zu einem anderen Vorschlag dieser Art vgl. S. Gaukroger (1995, 341), der an dieser Stelle die Auffassung vertritt, für Descartes sei jede Intuition ein Schluß. Plausibler ist hingegen, was er im selben Buch an früherer Stelle (117 f.) ausführt: daß für Descartes ein Schluß unter besonderen Bedingungen auch eine Intuition sein kann.

zur Vereinbarkeit der beiden Deutungen besagt nun folgendes: Descartes könne im Hinblick auf das *Existo* sowohl davon sprechen, es werde gefolgert, als auch, es werde intuitiv gewußt, denn es sei ja ein intuitives Wissen im weiteren Sinn, da es unmittelbar aus einer Prämisse, *Ich denke*, gefolgert werde, die selbst wiederum nicht durch Folgerung, sondern durch Intuition im engeren Sinn als wahr eingesehen werde.

Markies Vorschlag hat einige Schwächen. Die Proposition *Ich denke* müßte dann das erste Prinzip sein, aus dem der Denker seine Existenz folgert; das paßt aber, wie gesehen, nicht zum Text der *Zweiten Meditation*. Zweitens nennt Descartes die Intuition, der der Denker sein Wissen um die eigene Existenz verdankt, eine einfache Intuition. Doch Intuitionen in Markies weiterem Sinn sind offenkundig komplex; sie bestehen aus zwei Komponenten: einer intuitiven Erkenntnis im engeren Sinn und einer Folgerung aus ihr. Drittens wird durch Markies Vorschlag nicht erklärlich, weshalb Descartes ausdrücklich den *Existo*-Gedanken als denjenigen nennt, durch den der Denker sich seiner eigenen Existenz gewiß wird.[6] – Es erscheint mithin lohnend, nach einer anderen Auslegung zu suchen.

Das *Existo*-Argument

In der philosophischen Diskussion ist es üblich, Descartes' Versuch, die eigene Existenz als gewiß zu erweisen, als „das *Cogito*-Argument" zu bezeichnen. Diese Charakterisierung suggeriert, es finde sich in Descartes' Werk immer ein und dieselbe Überlegung, die zur Gewißheit über die eigene Existenz führt. Doch Descartes' Schriften enthalten Hinweise auf unterschiedliche Varianten, deren argumentative Äquivalenz keineswegs offenkundig ist; Beispiele sind: „Ich untersuche, ob überhaupt irgendetwas in der Welt existiert, also bin ich" (AT VII 58); „Ich glaube, daß ich spazierengehe, also gibt es einen Geist, der das glaubt" (AT VII 352); „Eine Sache, die denkt, kann nicht nicht existieren" (AT VII 473); „Es ist nicht möglich zu zweifeln, daß zumindest eine zweifelnde oder denkende Substanz existiert" (AT VII 537); „Es ist widersinnig zu glauben, daß das, was denkt, zur selben Zeit, zu der es denkt, nicht existiert" (AT VIII-1 7); „Es ist nicht möglich, daß das, was denkt, nicht existiert" (AT VIII-1 8); und schließlich: „Du kannst nicht bezweifeln, daß du, der du zweifelst, existierst" (AT X 515).

---

6 Zudem setzt Markie voraus, der Denker erkenne durch Intuition, daß er denkt. Auch dies erscheint, als Descartes-Deutung, unhaltbar. Vom eigenen Denken hat der Denker keine *Erkenntnis* (geschweige denn vermittels Intuition), sondern schlicht *Bewußtsein*. Siehe dazu Kemmerling (1996, Kap. 5).

Die Rede von dem Cartesischen *Cogito*-Argument ist aber – jedenfalls im Hinblick auf den Überlegungsgang eingangs der *Zweiten Meditation* – auch noch in einer weiteren Hinsicht irreführend: insofern nämlich, als sie nahelegt, in dem Satz, der den gewißheitsstiftenden Gedanken ausdrückt, müsse das eigene Denken explizit thematisiert werden.

Doch dies ist anscheinend nicht der Fall. Eine besondere Raffinesse des Beweises, der eingangs der *Zweiten Meditation* geführt wird, liegt gerade darin, daß der Gedanke, durch den der Denker sich seiner eigenen Existenz gewiß wird, schlicht der von „Ich existiere" ausgedrückte selbst ist. Im dritten Schritt wurde dem Denker klar, daß das Denken des *Existo*-Gedankens allein schon ausreicht, um sich seiner Existenz gewiß zu sein. Genau diese Besonderheit des *Existo*-Gedankens läßt Descartes seinen Denker als das Ergebnis seiner Überlegung festhalten. Nennen wir das Argument, mit dem der Denker in der *Zweiten Meditation* zur Gewißheit seiner eigenen Existenz gelangt, also passenderweise: das *Existo*-Argument.

Betrachten wir noch einmal das Ergebnis des dritten vorbereitenden Überlegungsschritts:

> Wann immer *gewiß* ist, daß ich denke, daß ich existiere, ist gewiß, daß ich existiere.

Die Hervorhebung soll verdeutlichen, warum es so scheinen mag, als reiche es zur Erlangung der Gewißheit über die eigene Existenz mit Hilfe des *Existo*-Arguments nicht aus, daß der Denker den *Existo*-Gedanken hat; als müsse es ihm darüber hinaus auch gewiß sein, daß er diesen Gedanken hat. Wie könnte ihm dies gewiß sein? Als Antwort könnte vorgeschlagen werden: Nun, durch das Denken dieses Gedankens selbst. Zu ihrer exegetischen Stützung könnte ins Feld geführt werden, daß Descartes (z.B. in AT VII 246) eine generelle Transparenzthese vertritt, der zufolge wir uns jedes geistigen Akts, der in uns stattfindet, und mithin auch jedes Gedankens, den wir haben, bewußt sind (und wer sich eines Gedankens bewußt ist, verfügt ipso facto über Gewißheit, daß er ihn hat). – Doch selbst wenn diese vielfach bestrittene Transparenzthese wahr wäre, dürfte der Denker sie an diesem Punkt seines Überlegungsgangs als wahr voraussetzen? Dies dürfte er, im Lichte seiner eigenen Festsetzung dazu, was er als wahr gelten läßt, nur dann, wenn selbst ein Täuschergott nicht bewirken könnte, daß der Denker Gedanken hat, die ihm nicht bewußt sind. Aber es liegt keine offenkundige Widersinnigkeit darin, daß ein Täuschergott dies vermag. Und so ist häufig gegen Descartes eingewandt worden, im Schluß des Denkers auf seine Existenz klaffe eine Begründungslücke: Es fehle ein Argument für die Unbezweifelbarkeit seines momentanen Denkens (vgl. z.B. Frankfurt 1970, 110 f. und Wilson 1978, 58 ff.).

Daß solch ein Argument in der *Zweiten Meditation* jedoch nicht fehlt, läßt sich einsehen, wenn beachtet wird, wonach der Denker sucht: nach einem Gedanken nämlich, der eine Existenz-Proposition zum Inhalt hat, die ihm unbezweifelbar ist. Das Kriterium für Unbezweifelbarkeit ist, daß dem Denker die manifeste Widersinnigkeit der Negation des Gedankens erkennbar ist. Diesem Kriterium genügt der *Existo*-Gedanke, und zwar ohne jede zusätzliche Prämisse – auch ohne die Prämisse, daß dem Denker jeder seiner Gedanken bewußt ist. Es reicht, daß ihm, wenn er den *Existo*-Gedanken hat, ebenfalls die manifeste Widersinnigkeit der Annahme erkennbar ist, er habe diesen Gedanken nicht. Und dazu benötigt er keinen zusätzlichen Gedanken, geschweige denn eine allgemeine Prämisse; es reicht, den *Existo*-Gedanken selbst zu denken.[7]

Auch ist es nicht nötig, daß der Denker schon genau versteht, welchen spezifischen Sinn (d.h. welchen exakten kognitiven Gehalt) er mit „ich" verbinden muß; es reicht, daß er mit dem Wort beim Denken des *Existo*-Gedankens irgendeinen passenden Sinn verbindet, der seiner Bedeutung (d.h. seinem semantischen Gehalt) entspricht und den besonderen Gegebenheiten des Großen Zweifels angemessen ist.[8] Indem Descartes den Denker sein Ergebnis metasprachlich (als eines über die Wahrheit des Satzes „Ich existiere") formulieren läßt, läßt er offen, welchen spezifischen Sinn dieser beim Denken des Inhalts dieses Satzes mit dem Wort „ich" verbindet. Das Ergebnis gilt für jeden beliebigen zulässigen Sinn dieses Wortes – d.h. für jeden kognitiven Gehalt, der im Einklang steht mit der Bedeutung dieses Wortes. Vorausgesetzt wird dabei allerdings, daß dem Denker trotz seines Großen Zweifels ein zulässiger Sinn von „ich" verfügbar ist; und wir werden uns als nächstes der Frage zuwenden, welcher Sinn das ist.

Descartes beeilt sich, gleich im Anschluß an den Existenz-Beweis deutlich zu machen, daß der Denker nun zwar weiß, daß er existiert, aber immer noch nicht, wer oder was er ist. Im Gegenteil, erst der Umstand, daß er auf eine sehr bestimmte Weise Gewißheit seiner Existenz erlangt hat, ermöglicht es dem Denker, auch zu einem präzisen und für seine metaphysischen Zwecke hilfreichen Sinn des Wortes „ich" zu gelangen. In der *Zweiten Meditation* findet, wie wir sehen werden, also auch hinsichtlich des kognitiven Gehalts von „ich" ein Erkenntnisfortschritt in drei Stufen statt. Eingangs verbindet der Denker mit dem Wort „ich" einen unreflektierten Sinn, der unbestimmt bleibt. Im Beweis selbst nimmt dieses Wort einen ausnehmend speziellen und instabilen Sinn an, der mit Raffinesse auf

---

[7] Anders gesagt: Im Denken des Gedankens selbst hat der Denker simples (wenn auch nicht reflektierendes) Bewußtsein dessen, daß er diesen Gedanken denkt. Daß dies jedenfalls Descartes' Auffassung ist, habe ich in Kemmerling (1996, 217–232) näher ausgeführt.
[8] Zur Unterscheidung zwischen dem kognitiven Gehalt (Sinn) und dem semantischen Gehalt (Bedeutung) von „ich" siehe Kemmerling (1996, 108–117).

die besonderen epistemischen Zwecke zugeschnitten ist. (Die Überwindung dieses einmaligen Zweifels erfordert, wie wir sehen werden, einen sozusagen einmaligen Sinn des Wortes „ich".) Und dank diesem Beweis gelangt der Denker schließlich zu einem präzisen und stabilen Sinn, den er im weiteren Verlauf der *Meditationen* mit dem Wort „ich" verbinden kann.[9]

Als was nun kann der Denker sich selbst begreifen, wenn er sich in der Extremsituation des Großen Zweifels befindet? Nicht als einen Körper oder als etwas, das einen Körper hat; nicht als etwas, das durch Vergangenes bestimmt ist. All dies ist, wie wir gesehen haben, dem Großen Zweifel ausgesetzt. Der Denker ist sich selbst, in dem Moment, in dem er seine eigene Existenz als unbezweifelbar einsieht, ausschließlich als einer gegeben, der denkt – und zwar just den Gedanken denkt, den er in diesem gegenwärtigen Moment denkt. Wessen er sich beim Denken des *Existo*-Gedankens gewiß ist, läßt sich entsprechend so wiedergeben:

(*Existo*) Der Denker *dieses* Gedankens existiert,

wobei der hervorgehobene Ausdruck auf das jeweilige Gedankenvorkommnis von (*Existo*) selbst verweist.[10] Dieser Gedanke ist in folgendem Sinne wahrheitsautonom: Der bloße Umstand, daß er gedacht wird, reicht dafür aus, daß er wahr ist. (Anders gesagt: in jeder Welt, in der er gedacht wird, ist er wahr – gleichgültig, was außerdem in dieser Welt der Fall ist oder nicht der Fall ist. Müßte eine Welt, in der dieser Gedanke wahr ist, denn noch etwas enthalten außer dem singulären Ereignis des Gedachtwerdens dieses einen Gedankens? – Dies scheint mir Descartes' faszinierende Ausgangsidee zu sein.) Ein wahrheitsautonomer Gedanke ist in dem von Descartes bemühten Sinn gewißheitsstiftend: Seine Negation ist jedem, der ihn denkt (wenn ihn denn jemand denkt), als eine offenkundige Widersinnigkeit erkennbar.

Ist das selbstbezügliche (*Existo*) ein brauchbarer Kandidat zur Erläuterung des *Existo*-Gedankens? Nun, es paßt trefflich zur Intuitionsdeutung: Wird dieser Gedanke, entsprechend der oben genannten Definition von „intuitio" in den *Regulae*, von einem reinen und aufmerksamen Geist erfaßt, dann bleibt kein Zweifel an der Wahrheit dessen zurück, was da erfaßt wird. Eine Schwäche dieser Interpretation ist allerdings, daß dieser Gedanke nichts Inferentielles an sich hat;

---

[9] In den *Meditationen* geht es Descartes eben auch darum, dem Leser an Beispielen vorzuführen, wie Begriffsbildung in der Philosophie vor sich gehen soll. Vgl. dazu auch die Beiträge von Hüttemann (Kapitel 9) und Schütt (Kapitel 8) in diesem Band.
[10] Eine peniblere Version von (*Existo*) lautet also: „Wer oder was auch immer *dieses* Gedankenvorkommnis hat, existiert." – Zu einer ausführlicheren Begründung dieser Deutung vgl. Kemmerling (1996, 93–121).

(*Existo*) paßt demnach nicht zur Schlußfolgerungsdeutung. Doch es gibt einen dem (*Existo*) inhaltlich eng verwandten Gedanken, durch den sich auch dieses interpretative Desiderat erfüllen läßt:

> (*Existo⁺*)   Der Denker *dieses* Gedankens [hat *diesen* Gedanken und folglich gilt: er] existiert.

Die eckigen Klammern machen kenntlich, worin dieser Gedanke eine Anreicherung des (*Existo*) ist: Hierin steckt das „cogito, ergo". Wird (*Existo⁺*) gedacht, so wird der Inhalt von „Ich denke, also ..." mitgedacht. Welchen Gedanken hätte der Denker, wenn er an dieser Stelle nichts anderes dächte als: daß er denkt? Bei der Antwort auf diese Frage ist zu beachten, daß „Ich denke" keinen vollständigen Gedanken ausdrückt; bestenfalls ist es eine elliptische Charakterisierung eines Gedankens, aus der selbst nicht hervorgeht, welcher Gedanke es ist. Allein deshalb schon kann „Ich denke" nicht die Prämisse eines Schlusses sein – genauso wenig, wie etwa „Ich sorge" oder „Ich löse". Im Lichte von (*Existo⁺*) ist es naheliegend, den durch „Ich denke" nur unvollständig charakterisierten Gedanken so zu spezifizieren:

> (*Cogito*)   Der Denker *dieses* Gedankens hat *diesen* Gedanken.

Folgt (*Existo*) aus (*Cogito*)? Nein, denn (*Cogito*) kann wahr sein, wenn (*Existo*) nicht wahr ist. Beide Gedanken sind zwar unweigerlich wahr, wenn sie gedacht werden; aber jeder von ihnen ist (der Selbstbezüglichkeit wegen) eben auch nur dann wahr, wenn *er* gedacht wird. Und daraus, daß der erste gedacht wird, folgt nicht, daß der zweite gedacht wird, und erst recht nicht, daß beide vom selben Denker gedacht werden. – Ein Folgerungszusammenhang kann nur dadurch gestiftet werden, daß beide Gedanken gleichsam zu einem verschmolzen werden.[11] Das Ergebnis dieser ‚Verschmelzung', samt Einbeziehung der Folgerungsbeziehung, ist (*Existo⁺*), ein Gedanke, der somit auch als *Cogito, ergo sum* bezeichnet zu werden verdient. Zu beachten ist dabei jedoch, daß auch (*Existo⁺*) nicht aus (*Cogito*) folgt; kein Schluß im üblichen Sinn führt von einem dieser drei Gedanken zu einem der beiden anderen. Kurz, wer in der *Zweiten Meditation* nach einer gültigen Variante des *Cogito*-Arguments sucht, findet sie eher in (*Existo⁺*) selbst als in dem Übergang von (*Cogito*) zu (*Existo*) oder zu (*Existo⁺*).

(*Existo⁺*) ist wahrheitsautonom und mithin durch einen Akt der Intuition als wahr zu erkennen; zudem paßt dieser Gedanke sehr gut zur Schlußfolgerungs-

---

[11] Aus seinen Ausführungen zur siebten Regel geht hervor, daß Descartes auch komplexen Gedanken, deren Inhalt einen Folgerungsschritt umfaßt, den Rang einer Intuition zubilligt: „das Ganze scheint mir gleichzeitig durch Intuition erkannt zu werden" (AT X 388).

deutung. Im Hinblick auf diesen Gedanken ist mithin das exegetische Desiderat der Vereinbarkeit beider Deutungen erfüllt. Da (*Existo*⁺) mit einigem Recht auch als *Cogito, ergo sum* bezeichnet werden darf, liefert es außerdem zugleich eine Erklärung dafür, weshalb Descartes bei der Frage, was die erste Gewißheit seines Denkers sei, gelegentlich keinen Unterschied zwischen „Ich existiere" und „Ich denke, also bin ich" macht.

Unsere Betrachtung legt mithin folgendes nahe. Während Descartes im *Discours* und an anderen Stellen die Unbezweifelbarkeit von (*Existo*⁺), alias *Cogito, ergo sum*, hervorhebt, läßt er seinen Denker in dem Überlegungsgang eingangs der *Zweiten Meditation* nach drei vorbereitenden Schritten zu der Einsicht gelangen, daß der einfachere Gedanke (*Existo*) ausreicht, um sich der eigenen momentanen Existenz zu vergewissern. Dies geschieht in einem Akt der Intuition. – Natürlich hielt Descartes, wie aus vielen Stellen hervorgeht, auch den Schluß

Ich denke.

Ich existiere.

für gültig und für einen zwingenden Beweis. Aber solch ein regulärer Schluß vom Denken auf das eigene Existieren, mit separater Prämisse und Konklusion, ist dem Denker an dieser Stelle der *Zweiten Meditation* durch seine besondere epistemische Situation verwehrt, in der er sich derartig starke Erkenntnisansprüche auferlegt, daß er sich selbst nur als der Denker des jeweiligen Gedankens gegeben ist, den er gerade hat.

Im Lichte dieser Rekonstruktion ist das Cartesische Argument, das eingangs der *Zweiten Meditation* zu finden ist, scheinbar nicht dem berühmten Einwand ausgesetzt, den u. a. Lichtenberg, Nietzsche und Russell vorgebracht haben.[12] „Cogito" sei schon zu viel, sobald man es durch „Ich denke" übersetze, konstatiert Lichtenberg und empfiehlt: „Es denkt" sollte man sagen, so wie man sagt: „Es blitzt" (Lichtenberg 1969, 412). Nietzsche hält selbst ein „Es denkt" und schließlich sogar das passivische „cogitatur" für epistemisch zu voraussetzungsreich (Nietzsche 1968, Bd. VI-2, 24 ff. und 1970 Bd. VII-3, 371 ff.). Und Russell bemerkt, „Ich denke" sei Descartes' ultimative Prämisse, aber das Wort „ich" darin sei illegitim; er hätte die Prämisse so formulieren sollen: „Es gibt Gedanken" (Russell 1945, 567). – Zwar setzt dieser Einwand beim *Cogito*-Gedanken an und betrifft damit, in der vorgebrachten Form, nicht das *Existo*-Argument. Dennoch, der springende Punkt dieses Einwands trifft auch das (*Existo*): Descartes setzt darin

---

12 Neuerdings hat F. Dretske (2003) diesen Einwand verschärft: Man könne zwar wissen, was man denkt, aber nicht, daß man es *denkt*.

jedenfalls eines unbegründet voraus: daß es zu jedem Gedankenvorkommnis etwas gibt, an oder in dem es vorkommt.

Sum res cogitans

Der Denker glaubt nun zwar zu wissen, daß er ist; aber noch nicht, wer oder was er ist. Indem er an sich ausschließlich als einen Denkenden dachte, vermochte er es (jedenfalls zu seiner eigenen philosophischen Zufriedenheit – wenn auch nicht zu der von Lichtenberg &Co), seine Existenz als gewiß einzusehen. Daraus versucht er nun, eine weitere Gewißheit zu gewinnen: daß er etwas, eine Sache (philosophisch gesprochen: eine Substanz), ist, die Gedanken hat.

Daß er, dessen Existenz nun erwiesen ist, jedenfalls eine Substanz ist, ist dem Denker offenbar keinerlei eigener Begründung bedürftig. „Aber das heißt, unsern Glauben an den Substanzbegriff schon als ‚wahr a priori' anzusetzen", moniert Nietzsche (1970, Bd. 2, 215), wiederum völlig zurecht. Daß dasjenige, das Gedanken hat, eine Substanz ist, ist eine weitere unbegründete Voraussetzung, die Descartes in seinem Überlegungsgang macht. Häufig wird diese Voraussetzung als eine des vorausgegangen Beweises der eigenen Existenz betrachtet, so z. B. bei Kenny (1968, 60) und Dicker (1993, 53 ff.). Mit Hinblick auf die *Zweite Meditation* ist dies jedoch, wie wir gesehen haben, nicht haltbar. Das *Existo*-Argument selbst ist auf diese Voraussetzung nicht angewiesen. Dennoch, unmittelbar anschließend wird sie gemacht. An einer späteren Stelle, an der Descartes auf sie zu sprechen kommt, begründet er sie nicht, sondern verstärkt sie nur: Es sei gewiß, bemerkt er in den *Dritten Erwiderungen*, daß es einen Gedanken nicht ohne denkende Substanz geben könne; wie es ja überhaupt keinen Akt und kein Akzidens geben könne: ohne eine Substanz, in der sie sind (AT VII 175 f.). Ob und in welchem Maße diese Voraussetzung philosophisch verfänglich ist, hängt natürlich davon ab, was für eine Substanz-Konzeption dahintersteckt.[13] Hierzu nur ein kleiner Hinweis: Auf eine abstruse Konzeption, nach der Substanzen nackte, all ihrer Eigenschaften entblößbare, Substrate sind, ist Descartes jedenfalls nicht festgelegt. Dies geht z. B. aus seinen Erläuterungen in den *Principia* (AT VIII-1 28 ff.) hervor: Zwischen einer Substanz und ihrer Haupteigenschaft bestehe nur ein Vernunftunterschied, kein realer, heißt es dort.

---

[13] Daß der Substanzbegriff schon lange ausgedient habe und auf die Müllhalde der philosophischen Fehlkonstruktionen gehöre, ist oft zu hören. Zu einer überzeugenden Widerlegung dieses Vorurteils vgl. Schnieder (2004).

Daraus wird erklärlich, warum der Denker, wenn er sich nun der Frage zuwendet, was für eine Art von Substanz er ist, Ausschau danach hält, welche Eigenschaften er sich sogar im Großen Zweifel zubilligen kann und (auch wenn er sich nicht so ausdrückt:) welches seine Haupteigenschaft (≈ seine Substanz) ist. Die Eigenschaft, ein rationales Lebewesen zu sein, läßt er als zu unklar beiseite. Der Besitz der Eigenschaft, eine Körper-Seele-Einheit zu sein, ist bezweifelbar und mithin nicht das Gesuchte. Auch einige der Eigenschaften, die im Rahmen der aristotelischen Tradition einer Seele zuzuschreiben sind (z. B. Ernährung und Sinnesempfindung), involvieren die Existenz eines Körpers und sind damit keine, deren Besitz dem Denker an diesem Punkt gewiß sein könnte. Allein das Denken könne von ihm nicht losgelöst (d.h. als eine seiner Eigenschaften in Zweifel gezogen) werden, resümiert er. Daran schließt sich die sog. *Sum-res-cogitans*-Argumentation an:

> Ich bin, ich existiere; das ist gewiß. Wie lange aber? Offenbar solange ich denke; denn vielleicht könnte es auch geschehen, daß ich, wenn ich mit jedem Denken aufhörte, sofort ganz und gar aufhörte zu sein. Ich gebe jetzt nichts zu als das, was erwiesenermaßen wahr ist; ich bin also genau nur eine Sache, die denkt [...] Ich bin aber eine wahre und wahrhaft existierende Sache. Was für eine Sache? Ich sagte es: eine denkende. (AT VII 27)

Diese vieldeutige Passage läßt sehr unterschiedliche Auslegungen zu, insbesondere hinsichtlich dessen, wie weit mit ihr der Beweis dafür vorbereitet sein soll, daß Denken die wesentliche, und darüber hinaus: die einzig wesentliche, Eigenschaft des Meditierenden ist.[14] Es ist hilfreich, hier eine Unterscheidung von Schütt (1990, 192) heranzuziehen: die zwischen realer und epistemischer Essenz. Für unsere Zwecke mag folgende Erläuterung ausreichen: Eine Eigenschaft *E* gehört zur realen Essenz des Denkers, wenn er nicht existieren kann, ohne *E* zu haben; und *E* gehört zu seiner epistemischen Essenz, wenn er nicht daran zweifeln kann, daß er *E* hat. Als Kern der zitierten Passage läßt sich damit folgendes herausschälen: Zum epistemischen Wesen des Denkers gehört, seit dem *Existo*-Argument, das Denken und (bisher) nur das Denken; von jeder anderen Eigenschaft kann er (noch) bezweifeln, daß er sie hat. Und dieses Ergebnis verdankt sich dem *Existo*-Argument. Denn das, dessen Existenz der Denker darin als unbezweifelbar eingesehen hat, ist etwas, das in der gewißheitsstiftenden Einsicht ausschließlich dadurch bestimmt ist, daß es denkt.

Descartes hebt ausdrücklich hervor, daß an dieser Stelle die reale Essenz des Denkers noch nicht thematisiert wird. Er schließt nicht aus, daß körperliche Ei-

---

[14] Eine umfangreiche und sorgfältige Studie zu den Mehrdeutigkeiten und den zahlreichen Rekonstruktionsversuchen in der Sekundärliteratur hat S. Dierig (2003) vorgelegt.

genschaften „in der Wahrheit der Sache" zu ihm, zu seiner realen Essenz, gehören (AT VII 27). Entscheidend ist hier einzig, daß sie jedenfalls nicht zu seiner epistemischen Essenz gehören. Anders gesagt, hier wird ein vorläufiges, rein negatives Ergebnis erreicht: Dazu, wie er sich selbst an diesem Punkt seiner Überlegungen klar und deutlich begreift, gehört nicht, daß er sich als eine Substanz begreift, die körperliche Eigenschaften hat. Erst in der *Sechsten Meditation* (AT VII 78) wird die erheblich stärkere positive These vertreten, der Denker begreife sich klar und deutlich als eine Sache, die keine körperlichen Eigenschaften hat.

Eine denkende Substanz bezeichnet Descartes als Geist (und setzt dies synonym mit: Verstandesseele [*animus*], Intellekt oder Vernunft). Das Verständnis, das der Denker über sich selbst erreicht hat, läßt sich nun so charakterisieren: Was auch immer er selbst sonst noch sein mag, jedenfalls ist er etwas, dessen Existenz ihm durch das *Existo* gewiß ist. Soweit er sich selbst genau als das nimmt, von dessen Existenz er Gewißheit hat, ist er ausschließlich eine denkende Sache, ein Geist, ein Intellekt. Er verfügt jetzt über einen neuen Sinn von „ich". Dies ist nicht der naiv körpergetränkte und verschwommene Sinn, den er mit diesem Wort verband, bevor er sich in den Großen Zweifel begab. Und es ist auch nicht der unnatürlich ausgeklügelte Sinn, den er mit dem Wort „ich" verbinden mußte, um dann im Großen Zweifel Gewißheit über seine eigene Existenz zu erlangen. Vielmehr ist es ein einfacher und präziser Sinn von „ich", den er sich jetzt erst erschlossen hat, und zwar: der Sinn von „der, dessen Existenz (durch das *Existo*-Argument) gewiß ist" [*ille ego quem novi*, AT VII 27].[15] Und in diesem Sinne ist er, soweit er bisher weiß, nichts anderes als das, was er von nun an mit „mein Geist" bezeichnet: diejenige denkende Substanz, deren Existenz ihm durch das *Existo* unbezweifelbar ist.

Der Denker ist jedenfalls ein Geist; ob er auch noch etwas Darüberhinausgehendes ist, kann er weder mit Gewißheit bejahen, noch mit Gewißheit verneinen. Stattdessen versucht er genauer zu verstehen, was ein Geist ist.

Unvorstellbarkeit und Einheit des Geistes

Eine Frage, die Descartes damit zugleich aufwirft, ist: Mit Hilfe welches Vermögens läßt sich denn überhaupt ein solches Verständnis erreichen? Seine Untersuchung nimmt hier wieder eine Leitfrage der *Meditationen* auf: die nach der

---

15 Setzt dieser Sinn von „ich" nicht einen anderen Sinn von „ich" voraus? Denn deutlicher müsste es doch heißen: „der, dessen Existenz *mir* (durch das *Existo*-Argument) gewiß ist". Doch darin liegt keine Schwierigkeit. Seit dem *Existo*-Argument verfügt der Denker über einen geeigneten anderen Sinn von „ich", nämlich der Sinn von „der Denker *dieses* Gedankens".

kognitiven Leistungskraft der einzelnen menschlichen Erkenntnisvermögen.[16] Keine Auskunft, die sich auf Sinneswahrnehmung oder Gedächtnis berufen müßte, darf der Denker heranziehen, um besser zu verstehen, wer er ist. Aber auch das Vermögen der bildlichen Vorstellung könne zu diesem Verständnis nichts beitragen; denn Vorstellungsbilder seien Bilder von körperlichen Sachen und folglich sei alles, was sie darstellen, dem Zweifel ausgesetzt und könne mithin nicht der Geist sein, dessen Existenz jetzt unbezweifelbar ist. Kurz, der Geist ist unvorstellbar. Nach der Sinneswahrnehmung und der Erinnerung erweist sich damit nun auch das Vorstellungsvermögen als grundsätzlich unbrauchbar, um zu verstehen, was der eigene Geist ist.[17] Allein der reine Intellekt bleibt als ein Vermögen, mit dem sich dies verstehen läßt. Daß Sinneswahrnehmung und Vorstellungsvermögen nicht nur zur Erkenntnis des eigenen Geistes unbrauchbar sind, sondern sogar zur Erkenntnis des Wesens der körperlichen Dinge nicht taugen, ist ein Ergebnis, das durch die nachfolgende Betrachtung untermauert werden soll, die ich hier beiseitelasse (AT VII 30–33).

Bei seiner Untersuchung dazu, welches seine wesentlichen Eigenschaften sind, soweit er ein Geist ist, verdeutlicht Descartes zunächst einmal, in welch weitem Sinn er das Wort „denken" gebraucht: Jedes Haben von Gedanken ist Denken. Ob man einen Gedanken in der Weise hat, daß man an seiner Wahrheit zweifelt, oder in der, dass man seinen Inhalt als wahr einsieht, oder in der, daß man seinen Inhalt verneint – all das macht keinen Unterschied im Hinblick darauf, daß man dabei denkt. Zweifeln, Begreifen, Zustimmen, Verneinen, – ja, Wollen, Vorstellen und sinnliches Empfinden sind Arten des Denkens. Zwar gibt es mannigfache Arten des Gedankenhabens, aber es ist immer ein und dieselbe Substanz, die die Gedanken des Denkers hat (AT VII 29, 86). Der Geist des Denkers besteht nicht aus separaten Teilgeistern, die unterschiedliche Tätigkeiten ausführen, sondern er ist eine einzige Geist-Substanz, die bei der Ausführung ihrer verschiedenen Tätigkeiten immer eines tut: Sie denkt. Seien seine Gedanken bzw. die Art, in der er sie hat, noch so verschieden, es ist ein und derselbe Geist, der sie hat.

---

16 Perler (in diesem Band, 26) spricht mit Hinblick auf die *Erste Meditation* von einem Vermögensskeptizismus, den Descartes strategisch einsetze. In der *Zweiten Meditation* wird solch ein Skeptizismus noch nicht endgültig überwunden. Aber schon hier klingt die Sonderstellung des Intellekts unter den menschlichen Erkenntnisvermögen an, deren ganzes Ausmaß erst in der *Sechsten Meditation* deutlich wird. Vgl. dazu auch Hatfield (in diesem Band, 127 ff.).
17 Eine geistvolle Vorstellung davon, was herauskommen kann, wenn ein Geist, mit durchaus cartesianischen Neigungen in der Metaphysik, versucht, sich sich selbst *vorzustellen*, gibt Beckett (1938, Kap. 6).

Diese These von der synchronen Einheit des Geistes macht Descartes zwar explizit, aber er gibt keine Begründung für sie. Sie sei so offenkundig, daß er sie nicht durch irgend etwas noch Evidenteres erklären könne. – Es sei nebenbei angemerkt, daß Descartes eine These von der diachronen Identität des Geistes in der *Zweiten Meditation* nicht einmal formuliert,[18] geschweige denn verteidigt, obwohl er seinen Denker offenbar voraussetzen läßt, daß es ein und derselbe Geist ist, der über die Zeit hinweg all die Gedanken hat, an denen er uns teilhaben läßt.

Das Geistige am Sinnlichen

Um Sinnesempfindungen zu haben, bedarf es entsprechender Sinnesorgane, also eines Körpers. Das Charakteristikum menschlicher Sinnesempfindung, im Gegensatz zu der von Tieren, ist für Descartes jedoch, daß zu ihr das Denken gehört (AT V 277). Doch wie kann er auch Empfindungen – zumal solche, die dem Körper geschuldet sind – zum Denken rechnen?

Descartes gibt folgende Begründung für seine Auffassung. Zum Sehen, Hören und Fühlen gehöre es, daß es dem Subjekt so scheint, als sehe, höre und fühle es etwas. Dieses So-Scheinen ist für Descartes ein geistiger Aspekt sinnlichen Empfindens – ja, er nennt diesen Aspekt das *eigentliche* sinnliche Empfinden, das genau so verstanden nichts anderes sei als ein Denken.[19] Daß er ein Licht sieht, muß dem Denker in seinem Großen Zweifel als falsch gelten, selbst wenn es ihm so scheint, als sehe er eines. Aber daß es ihm so scheint, als sehe er etwas, könne dann nicht falsch sein (AT VII 29).

Diese Begründung ist oft so verstanden worden, als vertrete Descartes eine abwegig über-intellektualistische Konzeption: Eine Sinnesempfindung haben, heiße, einen Gedanken haben, der sich sprachlich wiedergeben läßt als „Es scheint mir, daß ich ein Licht sehe".[20] Und dieser Gedanke könne eben wahr sein, auch wenn die von „Ich sehe ein Licht" oder „Da ist ein Licht" ausgedrückten Gedanken falsch sind. Danach wäre das, was Descartes die eigentliche Sinnes-

---

[18] Er nennt sie allerdings in der *Synopsis* zur *Zweiten Meditation* (AT VII 14) und erklärt, er habe sie in den *Meditationen* deswegen nicht behandelt, weil ihre Begründung von einer Erläuterung der gesamten Physik abhänge.
[19] Mit dem Mir-so-Scheinen geht es, wie wir sehen werden, Descartes um eine besondere Form des Denkens, die sich vom Denken des reinen Intellekts unterscheidet. – Zu einer anderen Deutung, wonach Descartes Denken schlechthin mit dem Mir-so-Scheinen gleichsetzt, siehe A. Koch (2004, 45 ff.).
[20] So z. B. N. Malcolm (1977, 45 ff.).

empfindung nennt, nichts anderes als ein sei's auch besonders vorsichtiges Urteil – mithin ein geistiger Akt, der auch dann vollzogen werden und dessen Inhalt auch dann wahr sein kann, wenn es keine körperlichen Dinge gibt. Doch es gibt Grund anzunehmen, daß dies nicht Descartes' Auffassung ist. Sinnesempfindungen sind keine Urteile.[21] Urteile sind, wie später in den *Meditationen* deutlich wird, Tätigkeiten, an denen Intellekt und Wille beteiligt sind. Hingegen sind die ‚eigentlichen' Sinnesempfindungen, streng genommen, überhaupt nichts, das dem Intellekt (und dem Willen) zuzurechnen ist. Das geht aus den ausführlicheren Erörterungen zu diesem Thema hervor, die sich in der *Sechsten Meditation* und in den *Sechsten Erwiderungen* finden (AT VII 86 ff. und 436 f.). Sinneswahrnehmung begreift Descartes als einen komplexen Prozeß, in dem sich drei Stufen unterscheiden lassen: erstens die rein körperliche Stufe der bis ins Gehirn reichenden Nervenreizung, zweitens die geistige (aber noch nicht intellektive) Stufe der undeutlichen Perzeption eines nicht-reinen Gedankens (AT III 493), der unmittelbar von der Bewegung im Gehirn bewirkt wird, und schließlich die intellektive Stufe der Bildung eines reinen Gedankens, der auf Grund des nicht-reinen Gedankens gebildet wird und dessen Inhalt der eines Wahrnehmungsurteils sein kann. Was Descartes in der *Zweiten Meditation* als ‚die eigentliche Empfindung' bezeichnet, ist das, was sich auf der zweiten Stufe abspielt. Es ist das Ereignis, in dem eine Bewegung im Gehirn dem Geist ein Zeichen gibt [*menti signum dat*, AT VII 88], etwas zu empfinden. Das im Geist empfangene Zeichen ist eine Idee, mithin ein Gedanke (AT VII 38). Aber es ist kein reiner Gedanke des Intellekts. Vielmehr handelt es sich um einen Gedanken, dessen Inhalt nicht begrifflich, sondern, wie man vielleicht sagen kann, sinnlich ist. Aus dem sinnlichen Inhalt dieser nicht-begrifflichen und mithin nicht wahrheitswertfähigen Empfindung errechnet [*ratiocinari*, AT VII 437] der Intellekt Ergebnisse mit einem Inhalt, der wahr oder nicht-wahr ist und gewöhnlich von der Beschaffenheit der körperlichen Ursachen der Empfindung handelt. Es ist für Descartes offenbar der Witz ‚eigentlicher' Empfindungen, zu propositionalen Gedanken zu führen. Aber erst aus den Aktivitäten des Intellekts ergeben sich wahrheitswertfähige Gedanken, deren Inhalt der eines Urteils werden kann.

Seit frühester Kindheit sind wir es gewohnt, solche Urteile sehr rasch und unkritisch zu bilden (AT VII 438); das ist für unser Überleben wichtig, führt aber nicht selten zu Irrtümern: Wir urteilen „Da ist ein Licht" oder „Ich sehe ein Licht", auch wenn durch die Empfindung, die wir haben, nur die Wahrheit von „Es

---

[21] Obwohl Descartes (leider) von den Urteilen der äußeren und inneren Sinne spricht (AT VII 76 f.). Es wird im Zusammenhang jedoch klar, daß er voreilige Urteile meint, die allzu unkritisch auf Grund von Sinnesempfindungen getroffen werden.

scheint mir, daß da ein Licht ist" bzw. „Es scheint mir, daß ich ein Licht sehe" verbürgt ist. – Nach diesem Verständnis von Descartes' Theorie der Sinneswahrnehmung ist die ‚eigentliche' Sinnesempfindung so etwas wie ein (im Hinblick auf Wahrheit und Falschheit) noch schlummernder Gedanke, aber doch schon ein Gedanke. Jedoch erst durch einen Akt des Intellekts, auf den die Empfindung ‚in ihrem Schlummer' nur abzielt, entsteht etwas rein Geistiges.[22] Eine ‚eigentliche' Empfindung ist für Descartes zwar ein Gedanke, aber nicht ein propositionaler, der von „Es scheint mir ..."-Sätzen ausgedrückt wird, sondern ein nicht-propositionaler, der solche Sätze wahr werden läßt.[23]

Daß Descartes Sinnesempfindungen als Gedanken konzipiert, ist also keineswegs ein Hinweis auf eine übermäßig intellektualisierende Theorie kreatürlicher Sinnlichkeit, sondern macht besonders deutlich, wie einschneidend er den üblichen Gebrauch von „Gedanken haben" erweitert, damit Denken ein plausibler Kandidat für die gesuchte Haupteigenschaft des Geistes sein kann. Es gibt für ihn Gedanken, deren Inhalt nichts Begriffliches ist, erst recht keine Proposition.[24] Nicht alles, was in Descartes' Sinn von „denken" gedacht wird, läßt sich mit einem Daß-Satz wiedergeben. Das Geistige am Sinnlichen, das sind undeutliche Gedanken ohne begrifflichen Gehalt; erst der Intellekt gelangt durch Schlußfolgerungen zu Gedanken im üblichen Sinne.

Doch welchen Grund gibt es für Descartes, den Begriff des Denkens in dieser Weise auszuweiten? Oder hat er gar keinen sachlichen Grund, sondern nur das gerade erwähnte Motiv, Denken als Haupteigenschaft des Denkers erscheinen zu lassen? Dann wäre diese Erweiterung nichts als eine Art Etikettenschwindel, wie ihm dies ja auch gelegentlich vorgeworfen wird: eine Stipulation, mit der Einheitlichkeit terminologisch vorgespiegelt wird, obwohl die Phänomene disparat und heterogen sind. Oder hat eine Schmerzempfindung, zum Beispiel, etwas an sich, dank dem es gerechtfertigt wäre, sie als einen Gedanken zu bezeichnen? – Eine Antwort, die einzige, die Descartes meines Wissens anbietet, findet sich in

---

22 Tiere haben für Descartes keine Empfindungen, insofern sie keine ‚eigentlichen' Empfindungen haben; und die haben sie seines Erachtens nicht, weil nichts dafür spreche, daß sie einen Intellekt haben. – Tierquäler können sich deswegen nicht auf Descartes berufen. Vielerlei Leiden bedarf keiner ‚eigentlichen' Empfindung; Tiere haben seines Erachtens eine körperliche Seele und ein organisches Sinnesempfinden (AT VII 426). Siehe dazu Kemmerling (1996, 211–217).
23 Zu dem exegetisch sehr diffizilen Thema des Inhalts von Sinnesempfindungen und der Nicht-Propositionalität mancher Gedanken siehe Alanen (2003, Kap. 2–Kap. 5), Haag (2008), Kemmerling (1996, 52–76), Perler (1996, 48–64) und Wilson (1999, Kap. 2–Kap. 5).
24 Descartes uneingeschränkt als einen Propositionstheoretiker des Inhalts von Gewißheit zu bezeichnen, wie P. Markie (1986, 73 ff.) das tut, ist demnach falsch. Nach Descartes sind wir uns auch unserer ‚eigentlichen' Sinnesempfindungen bewußt; aber diese sinnliche Gewißheit hat keinen propositionalen Inhalt.

seiner Definition von „Gedanke" (AT VII 160), wonach er mit diesem Wort alles bezeichnet, das so in uns ist, daß wir uns seiner unmittelbar bewußt sind. Im Lichte dieser Worterläuterung ist es in der Tat gerechtfertigt, Empfindungen zu den Gedanken zu rechnen: Vieler Dinge (z. B. der Verletzung unseres Fußes) sind wir uns bewußt, aber nicht unmittelbar bewußt. Der Schmerzempfindung hingegen, dank der wir uns der Verletzung unseres Fußes bewußt sein können, sind wir uns unmittelbar bewußt: Es verdankt sich nichts anderem als ihr selbst, daß wir uns ihrer bewußt sind.

Ist mithin unmittelbares Bewußtsein für Descartes das Wesensmerkmal des Denkens und damit des Geistes? Gary Hatfield (2003, 124) hat zurecht darauf aufmerksam gemacht, daß die gerade erwähnte Definition keine Beschreibung des Wesens einer denkenden Sache ist, sondern eine Charakterisierung der Extension des Wortes „Gedanke". Und es gibt eine Reihe von Gründen gegen die Annahme, unmittelbares Bewußtsein sei für Descartes das Wesen der geistigen Substanz. Zunächst einmal wäre zu erwarten, daß er dies in der *Zweiten Meditation* gesagt hätte; aber in ihr ist von Bewußtsein gar nicht die Rede, insbesondere auch dann nicht, wenn der Denker durch Synonyme verdeutlicht, was er unter einer denkenden Substanz versteht: Geist, Verstandesseele, Intellekt, Vernunft. – Wichtiger ist jedoch, daß Descartes einzig den Intellekt als dasjenige geistige Vermögen erachtet, das einem Geist nicht abgehen kann. In der *Sechsten Meditation* läßt er seinen Denker dies deutlich aussprechen: Das Vorstellungsvermögen gehöre nicht zum Wesen seines Geistes [*mentis meae essentia*, AT VII 73]. Er könne sich auch dann klar und deutlich als ein Ganzes begreifen, wenn ihm das Vermögen der bildlichen Vorstellung und das der Sinnesempfindung fehlten; aber diese beiden Vermögen könne er nicht begreifen, außer als ihm innewohnend – ihm, das heiße: einer begreifenden Substanz [*substantia intelligens*, AT VII 78].

Eine spezifischere Auskunft über das Wesen des Geistes als die, er sei eine denkende Substanz, wird erst in der *Sechsten Meditation* explizit formuliert: Der Geist ist seinem Wesen nach eine begreifende, d.h. begrifflich denkende, Substanz.[25] In der *Zweiten Meditation* wird dieses Ergebnis nur andeutungshaft vorbereitet, zum einen durch die erwähnte Liste von Synonymen, zum andern durch die Schlußüberlegung, der wir uns nun zuwenden wollen.

---

25 Ausführlicher dazu Kemmerling (1996, 128 ff.). Eine ähnliche Auffassung vertreten Hatfield (2003, 124 f., 258 ff., 325 ff.) und Alanen (2003, 56 ff.).

„Über die Natur des menschlichen Geistes: daß er besser bekannt ist als der Körper"

Dem Thema, das die Überschrift der *Zweiten Meditation* verheißt, wendet sich Descartes erst ganz an ihrem Ende, und dort in verblüffender Kürze, zu. In einer Zwischenbetrachtung ließ er den Denker zu dem Ergebnis gelangen, daß er das Wesen (im Gegensatz zu den akzidentellen Eigenschaften) eines konkreten körperlichen Dings, eines Stücks Wachs, weder mit Hilfe der Sinneswahrnehmung noch mit Hilfe des bildlichen Vorstellungsvermögens, sondern allein mit dem Intellekt erkennen könne. „Was bin ich", fragt er sich, „der ich dieses Wachs so deutlich zu perzipieren scheine?" (AT VII 33).

Durch zweierlei möchte er sich besser begreiflich machen, was er ist: durch die Einsicht, daß er sich selbst, erstens, „viel wahrer und gewisser" und, zweitens, „viel deutlicher und evidenter" erkennt als jeden körperlichen Gegenstand, den es geben mag, z.B. ein Stück Wachs. Die Überlegung zur Stützung des ersten Punkts ist folgende: Aus jedem Grund, den er dafür haben könnte zu schließen, daß ein bestimmter körperlicher Gegenstand existiert, folgt noch viel evidenter, daß er selbst existiert. Denn aus jedem Gedanken von der Art, daß er ein Stück Wachs sieht oder zu sehen denkt, berührt oder zu berühren denkt, usw. folgt seine eigene Existenz zwingend, nicht aber die des Wachses. Wie gut auch immer ein Grund sein mag, den der Denker dafür hat, daß ein bestimmter körperlicher Gegenstand existiert, es ist unweigerlich ein noch viel besserer Grund, sich der eigenen Existenz gewiß zu sein. – Dieses Argument ist enttäuschend, denn die Einsicht, daß der Denker in dieser Weise auf die eigene *Existenz* schließen kann, ist ja nicht neu. Als Beitrag zur Antwort auf die Frage, was das *Wesen*, die *Natur*, seiner selbst als einer denkenden Substanz ist, wirkt diese Überlegung schlicht irrelevant. Nicht nur philologisch, sondern vielleicht auch philosophisch bemerkenswert ist allerdings, daß von Natur oder Wesen in diesem Textstück gar nicht mehr die Rede ist, obwohl es um die Frage geht „Was bin ich?".

In dieser Hinsicht verspricht die zweite Überlegung mehr, insofern in ihr immerhin ausdrücklich von der Natur des Geistes die Rede ist. Die These, die darin begründet werden soll, ist offenbar folgende: Die Anzahl der Eigenschaften seines eigenen Geistes, die der Denker kennt, ist auf jeden Fall größer als die der Eigenschaften aller Körper, die er kennen könnte. Im Lichte dessen, was Descartes in den *Fünften Erwiderungen* ausführt, ist das Argument für diese These folgendermaßen zu verstehen: (1) Zu jeder beliebigen körperlichen Eigenschaft K, die dem Geist erkennbar ist, gibt es die ihm ebenfalls erkennbare geistige Eigenschaft G_K, dazu befähigt zu sein, K zu erkennen. (2) Darüber hinaus sind dem Geist noch beliebig viele andere Eigenschaften seiner selbst (G_x, ..., G_y) bekannt, die nichts mit der Wahrnehmung körperlicher Gegenstände zu tun haben. Also (3) sind dem Geist weit mehr Eigenschaften seiner selbst (*G*-Eigenschaften) erkennbar als Eigenschaften beliebiger anderer Dinge (*K*-Eigenschaften). Folglich (4) ist die Natur des Geistes die ihm von allen Substanzen am besten bekannte [*natura ... notissima*, AT VII 360].

Nun ja, das sieht scharfsinnig aus, aber Eigenschaftszählerei ist eine heikle Sache. Wenn die erkannten *G*-Eigenschaften und die erkannten *K*-Eigenschaften abzählbar unendlich viele sind (und dies anzunehmen ist plausibel) dann hat es keinen guten Sinn zu sagen, es gebe von den einen „mehr" als von den andern. Von diesem Argument ließe sich wohl nur einer beeindrucken, der auch bereit ist zu glauben, es gäbe „mehr" natürliche Zahlen als Primzahlen.

Gassendi hat in seinen Einwänden gegen die *Zweite Meditation* herausgearbeitet, inwiefern diese Überlegung auch in anderer Hinsicht enttäuschend ist (AT VII 275 ff.). Sein Einwand läßt sich so paraphrasieren: Die Natur einer Substanz ist nur durch solche tieferen Struktureigenschaften charakterisiert, die eine Erklärung dafür erlauben, weshalb diese Substanz die für sie typischen Oberflächeneigenschaften hat. Die Natur des Weines z. B. besteht nicht darin, daß er rot oder weiß, flüssig, berauschend usw. ist, sondern in seinen tieferen chemischen Eigenschaften, aus deren Zusammenspiel solcherlei Oberflächeneigenschaften resultieren. Was Descartes in seiner zweiten Überlegung präsentiert, ist jedoch schlicht eine wahllose Vielfalt von Oberflächeneigenschaften der denkenden Substanz. Soweit Gassendis Einwand. – Noch enttäuschender als Descartes' ursprüngliche Überlegung selbst wirkt seine aggressiv polemische Erwiderung auf diesen Einwand (AT VII 359 f.), in der er die Unterscheidung zwischen Oberflächen- und Struktureigenschaften schlicht ignoriert und seine krude quantitative Konzeption der Wesenskenntnis mit bissigem Nachdruck wiederholt: „Je mehr Eigenschaften einer Substanz wir erkennen, desto vollkommener begreifen wir ihre Natur" (AT VII 360).

Gibt es ein Verständnis dieser prima facie unbefriedigenden Auskunft über die Natur des Geistes, in dessen Licht sie weniger enttäuschend ist? Ich denke, das gibt es. Zunächst sollte man einen Hinweis im Text ganz ernstnehmen: den genauen Wortlaut der Überschrift zur lateinischen Fassung der *Zweiten Meditation*. Sie lautet eben nicht (wie der Duc de Luynes sie schon in der französischen Übersetzung wiedergibt): „Über die Natur des menschlichen Geistes; & daß er besser bekannt ist als der Körper". Im lateinischen Text ist da kein Semikolon und kein „&", stattdessen ein aufschlußreicher Doppelpunkt, der die Natur des Geistes und sein besseres Bekanntsein in einen engen Zusammenhang bringt. Man beachte auch, wie völlig selbstverständlich Descartes seinen Denker an der betreffenden Stelle (AT VII 25/26) von der Frage, was er sei, zu der Frage übergehen läßt, ob er sich selbst nicht in mannigfachen Hinsichten besser erkenne als jenes Stück

Wachs, das stellvertretend für jeden beliebigen Körper betrachtet wurde. Angesichts dessen könnte, was in dieser Meditation über die Natur des menschlichen Geistes gezeigt werden soll, dieses sein:

„Die Natur des menschlichen Geistes zeigt sich am deutlichsten daran, daß er besser – und zwar in jeder epistemisch relevanten Hinsicht besser – bekannt ist als der Körper. Wir erkennen den Geist mit Hilfe des reinen Intellekts früher[26], wahrer, gewisser, deutlicher, evidenter, umfassender und leichter als jeden Körper, und gerade dies gibt uns Aufschluß darüber, was für eine ganz und gar andere Art von Substanz er ist. Schon die für Gassendi völlig selbstverständliche Vorstellung, es müsse auch im Hinblick auf die Eigenschaften des Geistes eine Hierarchie geben: von den oberflächlichen, leicht zu bemerkenden, aber erklärungsbedürftigen, bis hinab zu den tiefsten, am schwersten zu entdeckenden, aber dafür erklärungsstärksten, schon diese Vorstellung ist ein profundes Mißverständnis. Der Geist ist etwas ganz und gar anderes. Er hat kein Zentrum und keine Peripherie, weder Tiefe noch Oberfläche. Er hat kein Inneres, nichts an ihm ist sich selbst verborgen. Wer verstanden hat, wie grundsätzlich *die Erkenntnis* des Geistes sich von der eines körperlichen Dings unterscheidet, der hat auch *die Natur* des Geistes begriffen. Und er sieht dann auch, daß eine wesenserforschende Wissenschaft des Geistes nicht nur überflüssig, sondern unmöglich ist."[27]

Es scheint nicht völlig abwegig anzunehmen, daß etwas dieser Art Descartes' Auffassung über die Natur des Geistes sein könnte.

Literatur

Alanen, Lilli 2003, Descartes's Concept of Mind, Cambridge, Mass.
Beckett, Samuel 1938, Murphy, London
Carriero, John 1986, The Second Meditation and the Essence of the Mind, in: Essays on Descartes' Meditations, hrsg. v. A. O. Rorty, Berkeley, 199–221
Dicker, Georges 1993, Descartes. An analytical and historical introduction, New York
Dierig, Simon 2003, Sum res cogitans und der Substanzdualismus von Körper und Geist, München
Dretske, Fred 2003, Knowing what You Think vs. Knowing that You Think It, in: The Externalist Challenge: New Studies in Cognition and Intentionality, hrsg. v. R. Schantz, Berlin, 389–399

---

26 Die Existenz des eigenen Geistes läßt sich, wie wir gesehen haben, sogar erkennen, bevor klar ist, was sein Wesen ist. Dies unterscheidet ihn wesentlich von allen andern Substanzen. Gottes Existenz und auch die materieller Körper wird in den *Meditationes* erst erkannt, nachdem ihr Wesen bestimmt wurde.
27 Zu Argumenten für die These, daß im Rahmen der Cartesischen Philosophie für eine Wissenschaft des Geistes oder der Körper/Geist-Beziehung kein Platz ist, vgl. Wilson (1978, 98f. und 164f.) und Alanen (2003, 53 und 72ff.).

Frankfurt, Harry G. 1970, Demons, Dreamers, and Madmen: the Defense of Reason in Descartes's Meditations, Princeton

Gaukroger, Stephen 1995, Descartes. An Intellectual Biography, Oxford

Haag, Johannes 2008, Sinnliche Ideen – Descartes über sinnliche und begriffliche Aspekte der Wahrnehmung, in: Sehen und Begreifen – Wahrnehmungstheorien in der frühen Neuzeit, hrsg. v. D. Perler/M. Wild, Berlin, 95–121

Hatfield, Gary 2003, Descartes and the Meditations, London

Hatfield, Gary 2009: The Sixth Meditation: Mind-Body Relation, External Objects, and Sense Perception, in diesem Band, Kap. 7

Hüttemann, Andreas 2009: Die Grundlegung der Cartesischen Physik in den *Meditationen*, in diesem Band, Kap. 9

Kemmerling, Andreas 1996, Ideen des Ichs, Frankfurt/M., Seitenangaben beziehen sich auf die 2. Auflage 2005, Frankfurt/M.

Kenny, Anthony 1968, Descartes. A Study of His Philosophy, New York

Koch, Anton 2004, Subjekt und Natur – Zur Rolle des „Ich denke" bei Descartes und Kant, Paderborn

Lichtenberg, Georg Christoph 1969, Schriften und Briefe, Band 2, hrsg. v. W. Promies, München

Malcolm, Norman 1977, Thought and Knowledge, Ithaca

Markie, Peter 1986, Descartes's Gambit, Ithaca

—— 1992, The Cogito and its Importance, in: The Cambridge Companion to Descartes, hrsg. v. J. Cottingham, Cambridge, 140–173

Nietzsche, Friedrich 1968, Werke, Kritische Gesamtausgabe, Bd. VI-2, hrsg. v. G. Colli und M. Montinari, Berlin

—— 1970, Werke, Kritische Gesamtausgabe, Bd. VII-3, hrsg. v. G. Colli und M. Montinari, Berlin

Perler, Dominik 1996, Repräsentation bei Descartes, Frankfurt/M.

—— 2009, Strategischer Zweifel – Die Funktion skeptischer Argumente in der Ersten Meditation, in diesem Band, Kap. 2

Russell, Bertrand 1945, A History of Western Philosophy, New York

Schnieder, Benjamin 2004, Substanzen und (ihre) Eigenschaften, Berlin

Schütt, Hans-Peter 1990, Substanzen, Subjekte und Personen. Eine Studie zum Cartesischen Dualismus, Heidelberg

—— 2009, Die Stellung der Meditationen im Gesamtwerk Descartes', in diesem Band, Kap. 8

Specht, Rainer 1996, Pragmatische Aspekte der cartesischen Metaphysik, in: Descartes nachgedacht, hrsg. v. A. Kemmerling/H.-P. Schütt, Frankfurt/M., 6–23

Wilson, Margaret D. 1978, Descartes, London

—— 1999, Ideas and Mechanism – Essays on Early Modern Philosophy, Princeton

Andreas Schmidt
4 Gott und die Idee des Unendlichen

4.1. Die Aufgabenstellung

Descartes beginnt die dritte Meditation mit einer kurzen Rekapitulation des bisher Erreichten. Am Anfang der dritten Meditation weiß der Meditierende nur zwei Dinge mit Sicherheit: daß er existiert und daß er ein denkendes Ding ist. Alles andere – Körper, andere denkende Wesen, Gott – ist nach wie vor zweifelhaft. Der Meditierende reflektiert nun auf das *cogito*-Argument der zweiten Meditation. Er hat klar und deutlich eingesehen, daß er existiert; und das legitimiert die Aussage, daß es *wahr* ist, daß er existiert. Er erwägt, daraus die Rechtfertigung einer allgemeinen Wahrheitsregel zu ziehen: Alles, was klar und deutlich einsichtig ist, ist wahr. Es scheint, daß Descartes hier folgendermaßen argumentieren möchte: (1) Wenn ich Grund zu der Vermutung habe, daß das, was ich klar und deutlich einsehe, manchmal falsch ist, dann könnte ich dem, was ich klar und deutlich einsehe, nicht mehr trauen. (2) Ich sehe aber klar und deutlich ein, daß ich existiere, und kann dieser klaren und deutlichen Einsicht vertrauen. (3) Also gibt es keinen Grund zu der Vermutung, daß das, was ich klar und deutlich einsehe, manchmal falsch ist. Gegen diesen Schluß auf eine allgemeine Wahrheitsregel wird nun ein Einwand erhoben: Haben sich nicht auch klare und deutliche Einsichten als falsch erwiesen? Descartes diskutiert zwei Varianten eines derartigen Einwandes. Erstens: Bevor ich mich auf die Meditationen eingelassen habe, war ich mir völlig sicher, daß eine Außenwelt existiert. Aber schon die erste Meditation hat gezeigt, daß diese Meinung zweifelhaft ist. Dieser vermeintliche Einwand gegen die Wahrheitsregel erweist sich jedoch schnell als gegenstandslos: Meine Meinung, daß es eine Außenwelt gibt, war nie klar und deutlich. Daß sie möglicherweise falsch ist, spricht also nicht gegen die Wahrheitsregel. Entscheidend ist der zweite Einwand: Meine Meinungen über mathematische Sachverhalte waren tatsächlich klar und deutlich; und es hat sich in der ersten Meditation gezeigt, daß auch sie indirekt bezweifelbar sind, nämlich durch die Hypothese des Täuschergottes. (Sie sind nur *indirekt* bezweifelbar, denn wenn ich meine Aufmerksamkeit einem klaren und deutlichen Gedanken zuwende, bin ich unfähig, an ihm zu zweifeln. Aber wenn ich meine Aufmerksamkeit von ihm abwende und der Hypothese des Täuschergottes zuwende, dann kann ich schlußfolgern, daß auch jeder klare und deutliche Gedanke falsch sein könnte, einschließlich der klaren und deutlichen Gedanken, deren Überzeugungskraft ich vorher nicht widerstehen konnte.) Wir können also trotz des *cogito*-Arguments der universellen Wahrheitsregel noch nicht trauen. Und es ist auch leicht zu sehen, was an dem Argument, das die Wahrheitsregel etablieren sollte, falsch ist. Sicher, im Fall des *cogito*-Gedankens hatte ich eine klare und deutliche Einsicht; und die Meinung, daß der *cogito*-Gedanke wahr ist, ist immun gegen Irrtum. Aber womöglich verdankt sich diese Irrtumsimmunität nicht der Klarheit und Deutlichkeit *allein*, sondern darüber hinaus noch zusätzlichen Faktoren, die für den *cogito*-Gedanken spezifisch sind. In diesem Fall legitimiert die Klarheit und Deutlichkeit des *cogito*-Gedankens noch keineswegs die universelle Anwendung der Wahrheitsregel. Aber es ist nun klar, was als Nächstes zu tun ist. Um die universelle Anwendung der Wahrheitsregel zu rechtfertigen, muß die Hypothese zurückgewiesen werden, daß Gott mich täuscht – oder gar nicht existiert, was es ja nur „umso wahrscheinlicher sein [ließe], daß ich so unvollkommen bin, daß ich mich immer täusche" (AT VII 21).

Aber was heißt eigentlich ‚klar und deutlich'? Descartes gibt in den *Meditationes* keine Definition. In den *Principia philosophiae* schreibt er, ‚klar' nenne er „die Wahrnehmung, die dem aufmerksamen Geist präsent und offenkundig ist, wie man sagt, daß das klar von uns gesehen wird, was dem schauenden Auge präsent ist und es hinreichend stark und offenkundig erregt" (AT VIII-1 22). ‚Deutlich' nenne er hingegen „die Wahrnehmung, die, wenn sie klar ist, von allen anderen so getrennt und präzise ist, daß sie überhaupt nichts anderes in sich enthält als das, was klar ist" (*ibid.*). Er erläutert das Verhältnis von Klarheit und Deutlichkeit am Beispiel des Schmerzes: „Wenn z. B. jemand einen starken Schmerz fühlt, so ist zwar in ihm diese Wahrnehmung des Schmerzes ganz klar, aber nicht immer deutlich; denn gemeinhin vermischen die Menschen sie mit ihrem dunklen Urteil über die Natur des Schmerzes, wenn sie meinen, daß in dem schmerzenden Teil etwas dem Gefühl des Schmerzes, den allein sie klar wahrnehmen, Ähnliches ist" (*ibid.*). Das Beispiel zeigt, daß zu einer deutlichen Erkenntnis auch eine klare Wesenserkenntnis gehört. Schmerz ist eine Modifikation des Geistes. Hätte man diese Einsicht in das Wesen des Schmerzes, würde man erkennen, daß weder der Schmerz selbst noch etwas ihm Ähnliches Eigenschaft eines Körpers sein kann.

4.2 Methodische Vorüberlegungen und ein erster Versuch

Descartes fährt fort mit einigen Überlegungen zur Methode. Obwohl seit der zweiten Meditation der Zweifel nicht mehr universell ist, stehen dem Meditierenden bislang nur ganz wenige Mittel zur Verfügung, um einen Beweis der

Existenz Gottes in Angriff zu nehmen. Er weiß, daß er existiert und daß er denkt. Das muß ausreichen als Ansatzpunkt für einen Beweis der Existenz Gottes. Descartes geht nun so vor, daß er zunächst die Gedanken einteilt in Ideen „im eigentlichen Sinn" (AT VII 37) und Ideen, die zusammengesetzt sind aus Ideen ‚im eigentlichen Sinn' und einem zusätzlichen Element, nämlich Willensakten und Urteilen. Ideen im eigentlichen Sinn sind „gleichsam Bilder der Dinge" (AT VII 37), das heißt, sie repräsentieren etwas. Auch Urteile und Willensakte repräsentieren etwas, sie enthalten also Ideen im eigentlichen Sinn. Jedoch kommt hier noch etwas Weiteres zu den Ideen hinzu, nämlich eine bewertende Stellungnahme zu dem in ihnen repräsentierten Gehalt.

Insbesondere enthalten Ideen im eigentlichen Sinn noch keinen Wahrheitsanspruch; diesen bekommen sie erst durch das Hinzutreten eines Urteilsakts. Aus dieser Unterscheidung von Idee im eigentlichen Sinn und Urteilsakt wird eine methodische Konsequenz gezogen: Wir wissen noch nicht mit Sicherheit, ob den Ideen etwas in der Außenwelt entspricht. Wenn wir ein entsprechendes Urteil fällen, gehen wir also das Risiko ein, uns zu täuschen. Dieses Risiko können wir vermeiden, wenn wir uns dieses Urteils enthalten und nur konstatieren, daß in uns eine Idee mit einem bestimmten Inhalt ist. Damit haben wir zwar unser epistemisches Risiko minimiert, aber es bringt die Untersuchung noch nicht weiter. Könnte es aber nicht sein, daß es Ideen in uns gibt, die *intrinsische* Eigenschaften haben, die das Urteil *rechtfertigen*, daß ihnen etwas in der Außenwelt entspricht? Gibt es Ideen, die so beschaffen sind, daß das Urteil, ihnen entspreche etwas in der Außenwelt, *nicht* mit einem Risiko behaftet ist? Damit ist Descartes' weiteres Vorgehen vorgezeichnet.

Allerdings bleibt hier noch ein Problem: Denn wenn wir uns des Urteils enthalten, daß den Ideen etwas in der Außenwelt entspricht, und uns nur auf die Beschreibung der intrinsischen Merkmale der Ideen konzentrieren, dann vermeiden wir zwar Irrtümer hinsichtlich der Außenwelt – aber wie steht es mit Irrtümern hinsichtlich der intrinsischen Eigenschaften der Ideen? Denn *in Bezug auf sie* enthalten wir uns ja nicht des Urteils. Und Descartes ist sich dessen auch bewußt: „denn gewiß, wenn ich nur die Ideen selbst als gewisse Modi meines Denkens betrachten und sie nicht auf etwas anderes beziehen würde, dann könnten sie mir *kaum* [*vix, à peine*] irgendein Material zum Irrtum geben" (AT VII 37, Hv. v. A. S.). Das ist in der Tat eine vorsichtige Formulierung. Man kann von den Ideen also *nicht* generell sagen, daß sie auf irrtumsimmune Weise gegeben sind – sie partizipieren nicht ohne weiteres an der *cogito*-Gewißheit (*contra* Gueroult 1953, 162). Aber ist damit nicht dem Zweifel wieder Tür und Tor geöffnet? Descartes muß uns auch verständlich machen, warum zumindest unser Wissen über diejenige Idee, auf die es ihm ankommen wird, nämlich die Idee Gottes, von der

Möglichkeit des Irrtums hinsichtlich ihrer intrinsischen Eigenschaften ausgenommen sein soll.

Der nächste Schritt besteht nun darin zu fragen, welche Ideen denn mögliche Kandidaten sind für den Status solcher Ideen, deren intrinsische Eigenschaften mir erlauben, die Existenz von irgendetwas außer mir mit Gewißheit zu behaupten. Zwar ist Descartes in der dritten Meditation eigentlich nur an der Frage nach der Existenz *Gottes* interessiert; doch geht er die Frage zunächst ganz allgemein an: Welche Ideen lassen den Schluß auf die Existenz von *irgendetwas* außerhalb von mir zu? Zu diesem Zweck werden von Descartes nun die Ideen eingeteilt in (a) angeborene Ideen, (b) Ideen, die von außen kommen, und (c) Ideen, die von mir selbst hervorgebracht werden. Descartes interessieren zunächst vor allem die Ideen, die von außen kommen; denn *wenn* sie von außen kommen – also Wirkungen äußerer Ursachen sind –, dann steht fest, daß es eine Außenwelt gibt. Aber existieren solche Ideen überhaupt? Es liegt nun nahe, von solchen Ideen auszugehen, deren Auftreten im Geist *unwillkürlich* geschieht, um daraus zu schließen, daß sie ihre Ursache außerhalb des Geistes haben müssen. Für ein solches Argument bieten sich besonders die *sinnlichen* Ideen an: Sie sind der willentlichen Kontrolle des Geistes nicht unterworfen, und zwar in zweierlei Hinsicht: Der Geist scheint weder dafür verantwortlich zu sein, daß diese Ideen in ihm sind, noch dafür, daß er – ganz automatisch – von ihnen auf etwas in der Außenwelt schließt, das von ihnen repräsentiert wird: Er scheint „von der Natur so belehrt worden zu sein" (AT VII 38). Aber es zeigt sich schnell, daß dieser Ausgangspunkt fragwürdig ist. *Erstens* ist der „spontane [...] Impuls" (AT VII 38), so zu schließen, für sich genommen noch nicht vertrauenswürdig. *Zweitens* verweist das unwillkürliche Auftreten von sinnlichen Ideen nicht notwendigerweise auf eine äußere Ursache. Es könnte auch auf ein unbekanntes Vermögen in mir zurückzuführen sein, das ohne mein Wissen diese Ideen in mir hervorbringt. Und *drittens:* Selbst dann, wenn der Schluß von der Unwillkürlichkeit der Idee auf die Existenz einer Ursache außerhalb des Geistes legitim wäre, ist damit immer noch nicht gesagt, daß diese äußere Ursache dem in der Idee Repräsentierten irgendwie ähnlich sein müßte – machen wir doch recht oft die Erfahrung, daß gerade die sinnlichen Ideen täuschen. Dieser Versuch, von den sinnlichen Ideen auf etwas außerhalb des Geistes zu schließen, ist also zum Scheitern verurteilt.

4.3 Erster Gottesbeweis

Descartes verändert nun seinen Ausgangspunkt. Immer noch geht es darum nachzuweisen, daß einige Ideen Wirkung einer äußeren Ursache sind. Er will nun aber zeigen, daß es der *repräsentationale Gehalt* einiger Ideen ist, der eine externe

Ursache verlangt. Descartes geht im Folgenden in drei Schritten vor. Erstens führt er eine Unterscheidung in Bezug auf die Idee ein. Sie besitze sowohl ‚formale' als auch ‚objektive' Realität. Zweitens wird ein Kausalprinzip eingeführt und auf die beiden Aspekte der Idee angewandt. Drittens werden verschiedene Ideen hinsichtlich der Frage geprüft, ob der endliche Geist, der diese Ideen hat, die Ursache ihrer objektiven Realität sein kann. Es soll sich zeigen: Der endliche Geist kann Ursache der objektiven Realität jeder Idee sein – außer der Idee Gottes. Nur Gott kann die Ursache der objektiven Realität der Idee Gottes sein. Also existiert Gott. Sehen wir uns diese Schritte nun näher an.

4.3.1 Erster Schritt: formale und objektive Realität der Idee

In der *Praefatio ad lectorem* unterscheidet Descartes zwei Weisen, eine Idee zu betrachten: „[Das Wort ‚Idee'] kann nämlich entweder material genommen werden für die [repräsentierende] Tätigkeit des Verstandes, [...] oder objektiv für das Ding, das durch diese Tätigkeit repräsentiert wird", was aber nicht notwendigerweise bedeute, „daß es außerhalb meines Verstandes existiert" (AT VII 8). Diesen beiden Betrachtungsweisen entsprechen zwei Aspekte der Idee: Das, was durch die materiale Betrachtungsweise von der Idee erfaßt wird, ist ihre „formale Realität", d. h. die Idee als mentales Ereignis; das hingegen, was durch die objektive Betrachtungsweise erfaßt wird, ist die objektive Realität der Idee, d. h. das repräsentierte Objekt, sofern es *in* der Repräsentation, also dargestellt, ist. Davon ist noch einmal zu unterscheiden das Objekt, sofern es unabhängig von der Idee wirklich existiert: die formale Realität *des Objekts*. Ein Objekt kann also *in* einer Idee existieren (als deren objektive Realität), ohne doch in Wirklichkeit zu existieren, also ohne *formale* Realität zu besitzen.

4.3.2 Zweiter Schritt: Das Kausalprinzip und seine Anwendung auf die Idee

Als nächstes stellt Descartes ein Kausalprinzip auf: Allgemein gilt, daß alles eine Ursache haben muß. Dieses Prinzip wird näher *spezifiziert*, indem gesagt wird, die Ursache müsse mindestens soviel Realität besitzen wie die Wirkung:

> Denn woher, so frage ich, könnte die Wirkung ihre Realität erhalten, wenn nicht von der Ursache? Und wie könnte die Ursache sie der Wirkung geben, wenn sie sie nicht besäße? Es folgt daraus sowohl, daß nicht etwas aus nichts entstehen kann, als auch, daß das, was

vollkommener ist – das heißt, mehr Realität in sich enthält – nicht aus dem entstehen kann, das weniger vollkommen ist. (AT VII 40)

Kausalität ist von Descartes hier also als eine *Übertragung* von Eigenschaften („Realitäten") konzipiert. Da nun alles eine Ursache hat und die Ursache nichts geben kann, was sie nicht selbst besitzt, muß die Ursache mindestens so viel „Realität" in sich enthalten wie ihre Wirkung. Die zu übertragende Realität kann in der Ursache aber „entweder auf formale oder eminente Weise" (AT VII 41) enthalten sein. Ist sie darin formal enthalten, dann hat die Ursache dieselbe Eigenschaft wie die, die als Wirkung auftaucht; ist sie darin eminent enthalten, reicht es, daß die Ursache etwas Vollkommeneres ist, das die *Kraft* hat, eine weniger vollkommenere Eigenschaft hervorzubringen, die in ihr nicht vorhanden ist. Diese Einschränkung ist nötig, da man sonst z. B. Gott, der Ursache von allem ist, endliche und unvollkommene Eigenschaften zuschreiben müßte.

Dieses Kausalprinzip wird von Descartes nun *angewandt* auf die Ideen, und zwar nicht nur auf deren formale Realität, sondern auch auf deren objektive Realität: Zwar gibt es hier keine *Übertragung* einer formalen Realität, aber die Ursache der objektiven Realität einer Idee muß mindestens soviel formale Realität haben, wie die Idee an objektiver Realität enthält. Und es ist ja auch durchaus sinnvoll zu unterscheiden zwischen der Ursache der formalen Realität einer Idee und der Ursache der objektiven Realität der Idee. Es ist eine Sache zu fragen, wieso zu einem bestimmten Zeitpunkt bei jemandem z. B. der Gedanke auftaucht, daß die Illuminaten die Welt regieren, eine andere, *woher* er diese Idee überhaupt hat. Descartes erwägt auch, ob es nicht möglich wäre, die objektive Realität einer Idee auf die objektive Realität einer anderen Idee zurückzuführen. Und tatsächlich ist das möglich – Ideen können tradiert werden –, aber es darf zu keinem unendlichen Regreß kommen: Letztlich muß die Erklärung der objektiven Realität einer Idee in etwas terminieren, das formal existiert, in einem „Archetyp". Man könnte auf den ersten Blick meinen, das heiße, daß in jeder Idee *letztlich* etwas repräsentiert wird, das auch tatsächlich existiert (Menn 1998, 299; dagegen Gueroult 1953, 190 f.). Das würde aber fatal an das Malerei-Argument der ersten Meditation erinnern: „Denn in der Tat können selbst die Maler nicht einmal dann, wenn sie Sirenen oder kleine Satyrn mit den ungewöhnlichsten Formen zu erfinden sich bemühen, ihnen in jeder Beziehung neue Naturen zuteilen, sondern sie vermischen nur die Glieder verschiedener Lebewesen" (AT VII 19 f.). Doch wurde dieses Argument schon dort ohne viel Federlesens zurückgewiesen: Vielleicht ist es doch möglich, daß sie sich „etwas so Neues ausdächten, daß überhaupt nichts ihm Ähnliches je gesehen worden wäre und es somit ganz und gar fiktiv und falsch wäre" (AT VII 20). Descartes will keineswegs dieses alte Argument aufwärmen; der formal existierende Endpunkt der Kausalreihe, die die objektive Realität einer Idee erklären soll, *kann* die veridische Wahrnehmung eines Objekts sein, er *kann* aber auch ein Geist sein, der einfach etwas erfindet.

Aber was hat es nun mit diesen Graden der Realität auf sich, von denen die Rede ist, wenn es heißt, die Ursache einer Idee müsse mindestens ebenso viel formale Realität haben wie die Idee an objektiver Realität besitzt? Die Grade der formalen Realität beschreibt Descartes folgendermaßen:

> Auch habe ich zur Genüge erklärt, wie die Realität für ein Mehr oder Weniger empfänglich ist, so nämlich, daß die Substanz mehr Sache [*magis res*] ist als der Modus. Und wenn es reale Qualitäten geben sollte oder unvollständige Substanzen, so sind sie mehr Sache als die Modi, aber weniger als die vollkommenen Substanzen; und wenn es schließlich eine unendliche und unabhängige Substanz geben sollte, so ist sie mehr Sache als die endliche oder abhängige. Und dies alles versteht sich ganz und gar von selbst. (AT VII 185)

Hier ist also die Rede von einer Hierarchie anwachsender Realitätsgrade, die aus (a) Modi, (b) realen Qualitäten bzw. unvollständigen Substanzen, (c) geschaffenen Substanzen und (d) der unendlichen Substanz, nämlich Gott, besteht. Das ‚Quantum an Realität' bemißt sich hier also nach dem Grad der *Unabhängigkeit* der betreffenden Entität: Die Modi der Substanzen sind abhängig von den geschaffenen Substanzen, denen sie inhärieren; die geschaffenen Substanzen sind abhängig von Gott, der sie erschaffen hat, und nur von ihm; Gott schließlich ist abhängig von gar nichts. Dieser Hierarchie in den *formalen* Realitätsgraden entspricht eine Hierarchie in den *objektiven* Realitätsgraden der Ideen, die diese Entitäten repräsentieren:

> Denn die Ideen, die mir Substanzen darbieten, sind ohne Zweifel etwas Größeres und enthalten in sich sozusagen mehr objektive Realität als jene, die nur Modi oder Akzidenzien repräsentieren; und wiederum jene, durch die ich einen höchsten Gott verstehe, der ewig, unendlich, allwissend, allmächtig und Schöpfer aller Dinge ist, die außer ihm sind, hat sicherlich mehr objektive Realität in sich als jene, durch die endliche Substanzen dargeboten werden. (AT VII 40)

Daß es dabei freilich *nicht* sein Bewenden haben kann, werden wir in Kürze sehen.

4.3.3 Dritter Schritt: Untersuchung verschiedener Ideen

Descartes prüft nun verschiede Ideen hinsichtlich der Ursache ihrer objektiven Realität. Die Beweisidee ist klar: „[W]enn die objektive Realität irgendeiner meiner Ideen so groß ist, daß ich sicher bin, daß dieselbe Realität weder auf formale noch auf eminente Weise in mir ist und daß daher ich selbst nicht die Ursache dieser Idee sein kann, [folgt] daraus notwendigerweise, daß ich nicht allein in der

Welt bin, sondern daß auch irgendeine andere Sache existiert, die die Ursache dieser Idee ist" (AT VII 42).

Descartes erstellt nun ein Inventar der Ideen, die in mir sind und reduziert sie auf drei Arten, aus denen alle anderen zusammengesetzt sind: die Idee von mir selbst, die Idee von körperlichen Dingen und die Idee Gottes. Es reicht daher, diese drei Ideen zu prüfen. Was die Idee von mir selbst betrifft, so ist bereits sicher, daß ich existiere; und da ich nicht weniger formale Realität besitze als die Idee von mir an objektiver Realität hat, kann ich ohne weiteres die Ursache der objektiven Realität dieser Idee sein. Was die Ideen körperlicher Dinge betrifft, so muß unterschieden werden zwischen dem, was ich an den Dingen dunkel und verworren erfasse, und dem, was ich an ihnen klar und deutlich erkenne. Dunkel und verworren erfasse ich Eigenschaften wie Farbe, Geschmack, Geruch etc. Die objektive Realität dieser Ideen ist jedoch so gering, daß ich ohne Probleme ihre Ursache sein kann. Mehr objektive Realität haben die Ideen dessen, was ich klar und deutlich an den körperlichen Dingen erfasse. Zum einen wären da allgemeine Wesenseigenschaften wie Substantialität, Zahl, Dauer. Aber ich selbst bin eine Substanz und besitze all diese Eigenschaften, und meine formale Realität kann daher für die objektive Realität der Ideen von diesen Eigenschaften aufkommen. Etwas anders sieht es aus mit den spezifischen Wesenseigenschaften, die den körperlichen Dingen *als Körpern* zukommen: Ausdehnung, Gestalt, Lage, Bewegung. Ich selbst – als *res cogitans* – besitze keine dieser Eigenschaften. Folgt daraus, daß ich nicht die Ursache der Ideen dieser Eigenschaften sein kann und daß es also körperliche Dinge geben muß? Nein; denn „da sie nur gewisse Modi einer Substanz sind, ich aber eine Substanz bin, scheint es möglich, daß sie in mir auf eminente Weise enthalten sind" (AT VII 45).

In allen diesen Fällen zeigt sich, daß ich genügend formale Realität habe, um Ursache der objektiven Realität dieser Ideen sein zu können. Anders steht die Sache jedoch bei Gott: Die Idee Gottes hat *unendliche* objektive Realität, ich habe nur *endliche* formale Realität. Ich kann also nicht Ursache der objektiven Realität der Idee Gottes sein. Nur etwas, das unendliche formale Realität besitzt, kann deren Ursache sein. Nur Gott hat aber (falls er existiert) unendliche formale Realität. Also folgt aus der Idee Gottes in mir, daß Gott existiert.

Hier müssen wir aber genauer nachfragen, was es heißt, daß die Idee Gottes ‚unendliche objektive Realität' hat. Damit der Beweis funktioniert, ist es sicherlich nicht hinreichend, daß in uns eine *beliebige* Idee *von* einem unendlichen Seienden ist. Wir können uns das an Descartes' Beispiel der Idee einer komplexen Maschine verdeutlichen. Er schreibt an Caterus:

> So kann man, wenn jemand die Idee einer mit höchster Kunstfertigkeit ausgedachten Maschine im Verstand hat, in der Tat zu Recht fragen, was denn die Ursache dieser Idee ist. [...]

Und zwar kann die Ursache dieses Kunstwerks verschieden angegeben werden. Die Ursache ist nämlich entweder irgendeine reale, früher gesehene Maschine dieser Beschaffenheit, nach deren Ähnlichkeit diese Idee gebildet worden ist, oder eine große Kenntnis der Mechanik in diesem Verstand, oder vielleicht ein großer Scharfsinn seines Geistes, mit dessen Hilfe er auch ohne vorhergehende Kenntnis jene hat erfinden können. (AT VII 103 f.)

Wenn zum Beispiel ein wenig begabter Schüler in einer Prüfung wider Erwarten in der Lage ist, eine komplizierte Maschine korrekt aufzuzeichnen oder zu beschreiben, wird der Lehrer sich vermutlich fragen, *woher* der Schüler seine Idee wohl habe, da er sie *von sich aus* kaum habe bilden können. Aber diese Frage stellt sich nicht, wenn der Schüler lediglich über den *Begriff* „komplizierte Maschine" verfügt und z. B. in der Lage ist, auf ein Objekt zu deuten und zu sagen „Das ist eine komplizierte Maschine". Der Lehrer wird nur Grund zum Mißtrauen haben, wenn der Schüler eine *komplizierte* Idee hat. Entscheidend ist also nicht das Objekt der Idee, sondern die Gegebenheitsweise des Objekts. Daher reicht es auch nicht, *irgendeine* Idee von einem unendlichen Seienden zu haben, um auszuschließen, daß wir als endliche Wesen deren Ursache sein können. Es muß sich um eine *unendliche* Idee eines unendlichen Seienden handeln. Diese Diagnose wird auch bestätigt durch Descartes' Text. Denn tatsächlich bemißt Descartes das Quantum der objektiven Realität einer Idee auch am Grad ihrer Klarheit und Deutlichkeit. Es gibt z. B. sinnliche Ideen, etwa Hitze und Kälte, die so dunkel und verworren sind, daß „ich nicht [sehe], warum sie nicht aus mir selbst herstammen könnten, da sie mir trotz allem ein so geringes Maß an Realität darbieten, daß ich es [frz. Text: die repräsentierte Sache] nicht einmal von einem Nicht-Ding unterscheiden kann" (AT VII 44). Ihr Quantum an objektiver Realität bemißt sich also nicht nach dem Quantum an formaler Realität, die die dargestellte Sache hätte, wenn sie existieren würde – es ist z. B. im Fall der Idee der Kälte nicht einmal klar, ob es sich bei der dargestellten Sache um etwas handelt, das für sich genommen überhaupt formale Realität haben könnte, oder vielleicht nur um eine Privation –, sondern am Grad der Klarheit und Deutlichkeit, die der Idee zukommt. Wir werden daher im Folgenden darauf zu achten haben, wie Descartes die Gegebenheitsweise der Idee Gottes näher charakterisiert, um ein genaueres Bild seiner Beweisstrategie zu erhalten.

4.4 Antworten auf mögliche Einwände

Nachdem Descartes seinen Gottesbeweis in äußerster Knappheit formuliert hat, geht er auf drei mögliche Einwände ein.

1. Könnte es nicht sein, daß die Idee des Unendlichen in Wahrheit eine zusammengesetzte Idee ist – eine Idee, die dadurch entsteht, daß ich von jeder endlichen Idee, die ich habe, die Begrenzung negiere? Ich kann als endliches Wesen die Ursache sowohl der endlichen Ideen als auch die Ursache der Operation des Negierens sein – und daher auch die Ursache der Idee des Unendlichen. Das Motiv hinter diesem Einwand ist wohl, daß wir ja nur die sinnliche Erfahrung von endlichen Dingen machen; wir machen keine Erfahrung von unendlichen Dingen. Also muß der Begriff des Unendlichen durch Negation *konstruiert* werden. Descartes widerspricht dieser Argumentation: „im Gegenteil verstehe ich auf manifeste Weise, daß [...] die Wahrnehmung des Unendlichen in mir in gewisser Weise der Wahrnehmung des Endlichen vorausgeht" (AT VII 45). Descartes behauptet also, daß wir – entgegen der Annahme des Opponenten – das Unendliche tatsächlich *wahrnehmen*, wenn auch nicht auf sinnliche Weise. Da Descartes generell in Bezug auf Ideen von „Wahrnehmung" spricht, darf man zwar nicht allzu viel Gewicht auf diese Formulierung legen. Aber es gibt weitere Belege dafür, daß Descartes davon ausgeht, daß die Idee des Unendlichen nicht nur eine *begriffliche*, sondern auch eine *quasi-perzeptuelle* Repräsentation ist. So heißt es in einem Brief an Mersenne, wir könnten Gottes Unendlichkeit zwar nicht *begreifen*, wohl aber *berühren:*

> Man kann wissen, daß Gott unendlich und allmächtig ist, obgleich unsere Seele, da sie endlich ist, es weder erfassen noch begreifen kann; ebenso wie wir sehr wohl einen Berg mit den Händen berühren, ihn aber nicht umarmen können [...]: Denn Erfassen heißt, mit dem Denken umarmen; um aber etwas zu wissen, genügt es, mit dem Denken zu berühren [*toucher de la pensée*]. (AT I 152)[1]

Nun behauptet Descartes aber nicht nur, daß die Wahrnehmung des Unendlichen *de facto* der Wahrnehmung des Endlichen vorausgeht – also von ihr unabhängig ist. Er argumentiert auch dahin gehend, daß ich die Idee des Unendlichen benötige, um meine eigene Endlichkeit zu verstehen. Was heißt das? Ist gemeint, daß ich den Begriff der Endlichkeit nicht verstehen könnte, ohne über den Begriff des kontradiktorischen Gegenteils zu verfügen? Aber dieses Verhältnis wäre symmetrisch und würde nicht zeigen, daß die Wahrnehmung des Unendlichen in mir der Wahrnehmung des Endlichen vorausgeht. Oder soll damit gemeint sein, daß ich nicht *erkennen* könnte, daß ich endlich bin, wenn ich nicht zum Vergleich die Idee des Unendlichen besäße? Das scheint falsch zu sein; reicht doch schon der Ver-

---

[1] Vgl. auch AT VII 52: „Gott, sage ich, eben jener, dessen Idee in mir ist, d. h. derjenige, der alle jene Vollkommenheiten hat, die ich nicht begreifen, aber doch auf irgendeine Weise mit dem Denken berühren kann [*attingere cogitatione*]".

gleich mit etwas, das *weniger* endlich ist als ich es bin – die Idee des Unendlichen müssen wir nicht bemühen. Nun spricht Descartes aber nicht nur von Endlichkeit ganz allgemein, er gibt auch zwei Beispiele für die Art von Endlichkeit, um die es geht, nämlich „daß ich zweifle oder begehre" (AT VII 46 f.) – wobei das Begehren, dessen sich der Meditierende gewiß ist, bislang in nichts anderem besteht als darin, daß „er sich wünscht, mehr zu wissen, [und] nicht getäuscht werden will" (AT VII 28). Wenn man sich auf diesen Zweifel bzw. den Wunsch, nicht getäuscht zu werden, konzentriert, ergibt sich eine weitere Interpretationsmöglichkeit. Die Idee des Unendlichen könnte eine Bedingung der Möglichkeit des begründeten Zweifelns sein. Zu Beginn des zweiten Gottesbeweises schreibt Descartes: „Wenn ich aber mein Sein von mir selbst hätte, dann würde ich weder zweifeln noch wünschen noch würde mir überhaupt irgendetwas fehlen; denn alle Vollkommenheiten, von denen irgendeine Idee in mir ist, würde ich mir gegeben haben, und so würde ich selbst Gott sein" (AT VII 48). Ich kann nur begründeterweise zweifeln, wenn der Maßstab meiner Meinungen eine Wirklichkeit ist, deren Existenz und Beschaffenheit von meinen Meinungen unabhängig ist. Vielleicht ist dieser Maßstab die gesuchte Idee des Unendlichen.

2. Könnte die Idee des Unendlichen nicht material falsch sein? Obwohl Ideen ‚im eigentlichen Sinn' weder wahr noch falsch sind, können wir einigen Ideen dennoch materiale Falschheit zuschreiben, wenn sie nämlich „so sind, daß sie dem Urteil Material zum Irrtum bieten" (AT VII 231). Das ist z. B. der Fall bei den Ideen von Wärme und Kälte. Auch sie bilden etwas ab, sie sind Ideen *von etwas*. Aber sie sind so dunkel und verworren, daß sie mir keine Informationen davon liefern, *wovon* sie Ideen sind – sie lassen das *Wesen* dessen, worauf sie sich beziehen, nicht erkennen. Material zum Irrtum liefern sie insbesondere dann, wenn sie tatsächlich intrinsische Eigenschaften besitzen, die den Urteilenden in die Irre führen – etwa „wenn die Ideen ein Nicht-Ding repräsentieren, als sei es ein Ding" (AT VII 43). Die Frage ist nun: Könnte nicht die Idee des Unendlichen ebenfalls material falsch sein, so daß sie mir ein Unendliches präsentiert, als ob es ein Ding wäre, obwohl es doch ein Nicht-Ding ist, etwas, das unabhängig von mir gar nicht selbständig existieren könnte? Descartes' Antwort lautet: Die Idee des Unendlichen kann nicht material falsch sein, da sie klar und deutlich ist und mir daher eine Einsicht in das *Wesen* dessen bietet, wovon sie eine Idee ist. Genau das ist es, was wir erwarten durften: Wir haben oben schon gesehen, daß eine Idee umso weniger objektive Realität hat, je dunkler und verworrener sie ist, so daß material falsche Ideen nur minimale objektive Realität besitzen. Wenn es umgekehrt eine Idee gibt, die ein unendliches Maß an objektiver Realität hat, dann muß sie maximale Klarheit und Deutlichkeit besitzen. Und tatsächlich: „da sie höchst klar und deutlich ist und mehr objektive Realität als irgendeine andere Idee enthält,

gibt es keine Idee, die von sich aus wahrer wäre und in der ein geringerer Verdachtsgrund der Falschheit zu finden wäre" (AT VII 46).

Hier gibt Descartes auch eine interessante neue Charakterisierung des Verhältnisses der Ideen endlicher Gegenstände zur Idee des Unendlichen: „Sie ist außerdem in höchstem Maße klar und deutlich; denn was auch immer ich klar und deutlich an Realem, Wahrem und an solchem, das irgendeine Vollkommenheit mit sich bringt, wahrnehme, ist ganz in ihr enthalten" (AT VII 46). Hier geht es nicht – wie oben – darum, daß die Idee des Unendlichen als Maßstab dient, um die Endlichkeit der anderen Ideen sichtbar werden zu lassen, sondern darum, daß die Idee des Unendlichen gleichsam der Stoff ist, aus dem die anderen Ideen durch Einschränkung gebildet werden. In diesem Sinn schreibt Descartes auch in einem Brief an Clerselier:

> Nun sage ich, daß der Begriff, den ich vom *Unendlichen* habe, in mir vor dem Begriff des *Endlichen* ist, weil, allein dadurch, daß ich das *Sein* begreife oder *was ist* – ohne daran zu denken, ob es endlich oder unendlich ist –, es das *unendliche* Sein ist, das ich begreife; aber damit ich ein *endliches* Sein begreifen kann, muß ich etwas von diesem allgemeinen Begriff des Seins abziehen, der infolgedessen vorhergehen muß. (AT V 356)

Die unendliche Idee hat insofern eine gewisse Ähnlichkeit mit der reinen Anschauung des Raums bei Kant – einer „unendliche[n] *gegebene[n]* Größe" (Kant 1988 [²1787], B 39), für die gilt, daß „das Mannigfaltige in ih[r] [...] lediglich auf Einschränkungen [beruht]" (*ibid.*, B 39).

3. Aber bin ich nicht doch in gewissem Sinn unendlich? „Ich erfahre nämlich nun, daß meine Erkenntnis allmählich anwächst; und ich sehe nicht, was dem entgegensteht, daß sie so mehr und mehr anwächst bis ins Unendliche" (AT VII 47). Bin ich also nicht unendlich *in potentia*? Und könnte das nicht hinreichen, um die Idee des Unendlichen zu bilden? Descartes verneint das: Erstens ist die gesuchte Idee des Unendlichen die Idee eines *aktual* Unendlichen, nicht eines potentiell Unendlichen; zweitens können wir diese Idee auch nicht dadurch gewinnen, daß wir uns den Endpunkt der unendlichen Progression vorstellen – einen solchen Endpunkt kann es nicht geben –; und drittens kann das potentielle Sein, das mir *fehlt*, selbst keine kausale Wirkung haben.

4.5 Versuch einer Erläuterung

Der cartesische Gottesbeweis hat nicht viele Anhänger gefunden. Der Atheist wird leugnen, daß sich eine derartige klare und deutliche Idee Gottes in ihm befindet; und selbst der Theist wird zögern, eine derartige *Wahrnehmung* Gottes für sich zu beanspruchen. Welche Argumente könnten dafür sprechen, daß wir tatsächlich eine solche Idee in uns haben, aus der sich zudem die gewünschten antiskeptischen Konsequenzen ergeben?

Nun könnte man einfach kurzen Prozeß machen und die Idee des Unendlichen mit der Idee der objektiven Welt identifizieren. Tatsächlich bestand der Zweifel in den *Meditationes* darin, daß Descartes nicht mit Sicherheit bestimmen konnte, welchen Wahrheitswert seine bisherigen Meinungen hatten; aber an keiner Stelle hat er daran gezweifelt, *daß* sie einen Wahrheitswert haben. Und wenn sie einen Wahrheitswert haben, dann gibt es auch eine von seinen Meinungen unabhängige objektive Welt, die ihnen ihren Wahrheitswert verleiht. Die Meinung „Es gibt eine objektive Welt" ist also vom Zweifel ausgenommen, ja ihre Wahrheit wird vom Zweifel vorausgesetzt. Descartes zweifelte auch nicht daran, daß er sich mit seinen Meinungen auf die objektive Welt *beziehen* konnte – denn könnte er es nicht, könnte er sich nicht *in Bezug auf sie* täuschen. Man sieht, daß die Idee der objektiven Welt kein schlechter Kandidat ist für eine vom Zweifel ausgenommene quasi-perzeptive Idee, die als Medium für alle weiteren Ideen dient, die die objektive Welt – wahr oder falsch – beschreiben (vgl. Mascarenhas 2002). Allerdings ist es nicht leicht, Gott in dieser Interpretation unterzubringen (wenn man Descartes nicht gerade eine pantheistische Position zuschreiben möchte). Insbesondere ist es schwer, den göttlichen Attributen der Güte und Wahrhaftigkeit hier eine bedeutsame Rolle zuzuweisen.

Man könnte das Argument etwas modifizieren, indem man Gott bzw. das Unendliche nicht mit der objektiven Welt selbst identifiziert, sondern mit dem Ursprung der Idee der objektiven Welt. Descartes könnte dann so argumentieren:
1. Meine Endlichkeit besteht darin, daß ich an allen Meinungen, deren Ursprung ich bin, begründeterweise zweifeln kann. Insofern besitzen sie nur endliche objektive Realität.
2. Nur Gott kann – kraft seiner Allwissenheit – nicht begründeterweise zweifeln an den Meinungen, deren Ursache er ist. Insofern besitzen seine Ideen unendliche objektive Realität.
3. Wenn es in mir Meinungen gibt, an denen ich nicht begründeterweise zweifeln kann, dann bin nicht *ich* Ursache dieser Meinungen, sondern Gott ist deren Ursache.
4. Nun gibt es in mir solche Meinungen – insbesondere die Meinung, daß es eine objektive Außenwelt gibt und daß ich in der Lage bin, auf sie Bezug zu nehmen.
5. Also ist Gott die Ursache dieser Meinung in mir.
6. Also existiert Gott – und zwar ein wahrhaftiger Gott, der mich an mindestens einer seiner Meinungen partizipieren läßt.

Allerdings macht Descartes – zumindest *expressis verbis* – nicht diesen Umweg über die Gewißheit, daß es eine objektive Außenwelt gibt. Es gibt aber vielleicht einen Hinweis darauf, daß Descartes nicht ohne einen solchen Umweg auskommt. Denn obwohl die Idee Gottes, wie er sagt, klar und deutlich ist, kann man sich über sie offenbar im Irrtum befinden. So schreibt er in Bezug auf „die Kanadier, Huronen und die übrigen wilden Völker" (AT VII 124): „Diejenigen, die aber leugnen, daß sie die Idee Gottes haben, sondern an ihrer Stelle irgendein Idol bilden etc., leugnen den Namen und geben die Sache zu" (AT VII 139). Aber inwiefern ‚geben [sie] die Sache zu', wenn sie Gott doch für etwas Endliches halten? Es scheint sich bei der Idee Gottes, von der Descartes seinen Ausgangspunkt nimmt, um eine Idee zu handeln, bei der es *nicht offensichtlich* ist, daß es sich um eine Idee Gottes (in Descartes' Sinn) handelt. Wenn man es jedoch verstanden hat, dann ist diese Identität dessen, was jeder bereits zugibt, mit der Idee Gottes, klar und deutlich.[2]

4.6 Zweiter Gottesbeweis

Descartes schließt an diese Überlegungen noch einen zweiten Gottesbeweis an. Ausgangspunkt ist nun meine Existenz, die ja seit der zweiten Meditation als gewiß feststeht. Zu zeigen ist, daß Gott die Ursache meiner Existenz ist. Wir werden noch sehen, daß der zweite Beweis vom ersten nicht unabhängig ist. Welche Funktion soll er dann erfüllen? Zum einen meint Descartes, der zweite Beweis sei faßlicher als der erste (AT VII 47). Aber das ist noch nicht alles: Denn wäre Gott *nur* die Ursache der Idee Gottes in mir, nicht jedoch Ursache meiner Existenz, könnte Descartes nicht schließen, daß ein guter und wahrhaftiger Gott mich so erschaffen hat, daß meine kognitiven Fähigkeiten verläßlich sind und insbesondere dafür gesorgt hat, daß alles, was ich klar und deutlich einsehe, auch wahr ist.

Daß Gott Ursache meiner Existenz ist, versucht Descartes durch ein Ausschlußverfahren zu beweisen. Ich habe entweder keine Ursache oder ich habe eine Ursache. Habe ich eine Ursache, dann bin ich entweder Ursache meiner selbst oder habe eine von mir verschiedene Ursache. Habe ich eine von mir verschiedene Ursache, dann ist diese Ursache entweder Gott oder etwas Geringeres

---

[2] Die Identität der Ausgangsidee mit der Idee Gottes ließe sich vielleicht so formulieren: Indem ich gewiß bin, daß p, erfasse ich *unmittelbar*, daß in mir eine nicht-endliche (also göttliche) Idee ist; ich nehme also implizit Gott wahr. Gott kommt somit nicht durch einen Schluß auf die beste Erklärung ins Spiel, sondern indem etwas explizit gemacht wird, das bereits implizit in der Gewißheit, daß p, lag (nämlich im Verstehen dessen, was ‚Gewißheit' heißt).

als Gott. Daraus ergeben sich drei Möglichkeiten, die Descartes in seinem Gottesbeweis der Reihe nach ausschließen muß. (1) Ich bin Ursache meiner selbst. (2) Ich habe keine Ursache. (3) Ich habe eine Ursache, die etwas Geringeres ist als Gott.

1. Ich bin nicht Ursache meiner selbst. Denn es gilt der Satz: Wer das Größere vermag, der vermag auch das Geringere (AT VII 166). Nun ist es aber etwas Größeres, sich aus dem Nichts in die Existenz zu bringen, als sich maximal vollkommene Eigenschaften zu geben. Hätte ich mich daher aus dem Nichts in die Existenz gebracht, dann hätte ich es auch vermocht, mir alle Vollkommenheiten zu geben, deren Idee in mir ist. In mir ist aber die Idee Gottes, des Wesens, das alle Vollkommenheiten besitzt. Und hätte ich es vermocht, mir alle Vollkommenheiten zu geben, hätte ich sie mir auch tatsächlich gegeben, denn „[d]er Wille eines denkenden Dinges wird [...] auf das von ihm klar erkannte Gut hingeleitet; so daß er, wenn er einige Vollkommenheiten erkannt hat, die ihm fehlen, sie sich sofort geben wird, wenn sie in seiner Macht stehen" (AT VII 166). Nun bin ich aber unvollkommen. Also bin ich nicht Ursache meiner selbst. Sollte es aber (wider Erwarten) doch schwieriger sein, meine Eigenschaften hervorzubringen, als mich als Substanz in die Existenz zu bringen, dann wüßte ich das. Denn die *res cogitans* ist sich transparent: Sie ist sich jeder ihrer Handlungen bewußt.[3] Sich zu erschaffen (und zu erhalten), es jedoch nicht fertig zu bringen, sich dabei alle Vollkommenheiten zu geben, wäre eine Handlung der *res cogitans*. Also müßte sie sich dessen bewußt sein, daß es leichter ist, sich zu erschaffen (und zu erhalten) als sich alle Vollkommenheiten zu geben – was aber nicht der Fall ist.

2. Ich bin aber auch nicht ohne Ursache. Man könnte meinen, diese Möglichkeit werde schon allein dadurch ausgeschlossen, daß nach Descartes alles eine Ursache hat. Im vorliegenden Fall beschäftigt sich Descartes aber zunächst mit einem Sonderfall: Ist es notwendig, daß es eine Ursache des *Beginns* meiner Existenz gibt? Antwort: Ja – wenn es denn einen Beginn gibt. Letzteres ist aber nicht notwendig. Es könnte sein, daß ich schon immer existiert habe. Und in

---

3 Für Descartes folgt die Transparenzthese daraus, daß ich wesentlich *nur* eine *res cogitans* bin, die vom Körper realiter verschieden ist: „Was das Folgende betrifft, daß ‚nichts in mir, d.h. in meinem Geist ist, dessen ich mir nicht bewußt [*conscius*] bin', so habe ich es in den Meditationen bewiesen, und zwar folgt es daraus, daß die Seele vom Körper verschieden ist und ihr Wesen darin besteht zu denken." (*Brief an Mersenne*, 31. Dezember 1640, AT III 273). Diese reale Verschiedenheit von Körper und Geist ist in der dritten Meditation noch nicht endgültig bewiesen. Daher drückt sich Descartes hier auch vorsichtig aus: „Denn da ich nichts anderes bin als eine denkende Sache – *oder da ich nun zumindest nur genau von diesem Teil meiner selbst, der eine denkende Sache ist, handle* –, wäre ich mir ohne Zweifel dessen bewußt, wenn eine solche Kraft in mir wäre" (AT VII 49; Hv. v. A. S.).

Ermangelung eines Beginns meiner Existenz könnte ich dann auch ohne Ursache sein. Um diese Möglichkeit auszuschließen, argumentiert Descartes nun folgendermaßen: Ich bin ein Aggregat aus zeitlichen Teilen, und die Frage nach der Ursache stellt sich für jeden dieser Teile neu. Descartes spricht sich also gegen eine ‚existentielle Trägheit' aus, der zufolge etwas, wenn es durch eine Ursache in die Existenz gebracht wurde, darin so lange verharrt, bis eine zweite Ursache es zerstört. Vielmehr benötigt jeder temporale Teil eine eigene Ursache seiner Existenz – in Bezug auf diese Teile ist ja die Möglichkeit, daß sie schon immer existiert haben, auszuschließen. Selbst wenn es also der Fall sein sollte, daß es keinen *ersten* Moment meiner Existenz gibt, da ich schon immer existiert habe, bedarf nichtsdestoweniger *jeder* zeitliche Teil meiner selbst einer Ursache, und es stellt sich nun die Frage, was diese Ursache ist. Ich kann nicht selbst die Ursache meiner zeitlichen Teile sein; denn in diesem Fall wäre ich eine *causa sui*, die sich kontinuierlich selbst in die Existenz bringt. Diese Möglichkeit wurde aber bereits oben ausgeschlossen.

3. Ich habe keine von mir verschiedene Ursache, die etwas Geringeres ist als Gott. Denn entweder ist die von mir verschiedene Ursache meiner Existenz Ursache ihrer selbst – dann ist sie identisch mit Gott. Oder sie ist nicht identisch mit Gott; dann ist sie nicht *causa sui*, sondern ihrerseits durch eine andere Ursache. Wenn aber *jede* dieser Ursachen wieder durch eine andere Ursache wäre, dann entstünde ein infiniter Regreß. Ein solcher infiniter Regreß wäre vitiös, und deshalb muß früher oder später die Reihe der Ursachen durch eine *causa sui* – also durch Gott – gestoppt werden.

Allerdings gibt es hier eine Komplikation: Nicht jeder Ursachenregreß ist nach Descartes vitiös. Manchmal scheint es so, als liege der Unterschied für Descartes in einem zeitlichen Faktor: Ein Ursachenregreß, der in die Vergangenheit führt, sei denkbar – etwa eine unendliche Generationenfolge –, nicht jedoch eine unendliche Reihe von Ursachen, die *simultan* mit der Wirkung ist (AT VII 111). Es ist aber nicht leicht, hier einen relevanten Unterschied zu erkennen. Eine andere Unterscheidung, auf die Descartes verweist, hilft weiter: die Unterscheidung zwischen einer *causa secundum fieri* und einer *causa secundum esse:* „So ist der Architekt die Ursache des Hauses und der Vater die Ursache des Sohnes nur in Hinsicht auf das Werden [*secundum fieri*], und daher kann das Werk, wenn es vollendet ist, ohne eine Ursache dieser Art bestehen bleiben; aber die Sonne ist die Ursache des von ihr ausgehenden Lichtes, und Gott die Ursache der geschaffenen Dinge nicht nur in Hinsicht auf das Werden, sondern auch in Hinsicht auf das Sein [*secundum esse*]; und deshalb müssen sie immer auf dieselbe Weise auf die Wirkung Einfluß ausüben, um sie zu erhalten" (AT VII 369). Es könne einen unendlichen Regreß in Bezug auf erstere geben, nicht jedoch in Bezug auf letztere (*ibid.*, 370). Vielleicht meint Descartes folgendes: Es gelte, daß alles einen zureichenden Grund hat. Nun könnte man einen Weltzustand W_n hinreichend erklären, indem man ihn nomologisch ableitet aus dem früheren Weltzustand W_{n-1}. Zwar stellt sich dann erneut die Frage, wie es zum Weltzustand W_{n-1} gekommen ist, und man wird auf einen noch früheren Weltzustand W_{n-2} rekurrieren etc. Aber das ist eine *neue* Frage; die *alte* Frage nach dem Weltzustand W_n wurde vollständig geklärt. In diesem Fall wäre der Satz vom zureichenden Grund mit einem unendlichen Regreß der Ursachen verträglich. Nun stellen wir uns vor, das *esse* aller kontingenten Dinge sei etwas von ihren sonstigen Bestimmungen Verschiedenes und bei allen Dingen numerisch ein und dasselbe: Alle kontingenten Dinge hätten also dasselbe *esse*. Wenn wir nun nach der Ursache des *esse* des Weltzustandes W_n fragen und es erklären durch die schöpferische Tätigkeit irgendeiner subalternen Untergottheit, dann stellt sich sofort die Frage, woher *diese* denn ihr *esse* hat. In diesem Fall – und anders als vorhin – stellt sich *dieselbe* Frage nochmals: Woher kommt das *esse*? Im ersten Fall können wir immer wieder, *ad infinitum*, eine hinreichende Erklärung für das jeweilige Explanandum liefern; im zweiten Fall haben wir überhaupt keine Erklärung geliefert, wir haben das zu Erklärende bereits vorausgesetzt. Einen hinreichenden Grund erhalten wir in diesem Fall erst, wenn wir zwei Seinsweisen unterscheiden: kontingente Existenz und notwendige Existenz, und etwas, das kontingenterweise existiert, erklären durch etwas, das notwendig existiert. Zu dieser Interpretation paßt auch, daß Descartes darauf hinweist, daß in Bezug auf die *causa secundum esse* nicht einmal eine *endliche* Ursachenreihe existieren könne: „ja ich möchte vielmehr hier auch hinzufügen, was ich jedoch vorher noch nicht geschrieben habe, daß man nicht einmal zu irgendeiner zweiten Ursache gelangt, sondern daß überhaupt die Ursache, die soviel Macht besitzt, daß sie eine außer sich befindliche Sache erhält, um so mehr sich selbst durch ihre eigene Macht erhält und somit durch sich ist" (AT VII 111).

Doch das zweite Argument für die Existenz Gottes ist noch nicht ganz zu Ende: Descartes führt nämlich im letzten Schritt auch die Prämisse ein, daß ich eine Idee Gottes habe. Welche Funktion hat diese Zusatzprämisse, da wir doch auch ohne sie auf die Existenz einer *causa sui* schließen können? Descartes gibt folgende Erklärung:

> Denn von diesem einen Punkt hängt die ganze Kraft meines Beweises ab: [...] es [ist] jene Idee [eines höchst vollkommenen Seienden], die mich nicht nur lehrt, daß es irgendeine Ursache von mir gibt, sondern außerdem auch, daß in jener Ursache alle Vollkommenheiten enthalten sind, und demnach, daß sie Gott ist. (AT VII 107 f.)

Zu zeigen, daß es eine *causa sui* geben muß, ist noch nicht hinreichend, um zu zeigen, daß Gott existiert. Descartes will offenbar folgendermaßen argumentieren: (1) Ich habe eine Idee Gottes. (2) Alle Eigenschaften, die mir zukommen, müssen bereits in meiner Ursache enthalten sein. (3) Also hat meine Ursache eine Idee Gottes. Nun ist meine Ursache aber, wie gerade gezeigt, eine *causa sui*. Und wenn etwas Ursache seiner selbst ist, dann gibt es sich notwendigerweise alle Vollkommenheiten, von denen es weiß. Da die *causa sui*, die mich erschaffen hat, eine Idee Gottes besitzt, weiß sie von allen Vollkommenheiten, die Gott besitzt. Also hat sie sich alle diese Eigenschaften gegeben und ist daher identisch mit Gott.

4.7 Ergänzende Bemerkungen

Abschließend geht Descartes noch auf verschiedene vermischte Probleme zum Thema ein:

1. Er erwägt die These, daß die Idee Gottes zusammengesetzt ist aus verschiedenen Ideen *einzelner* Vollkommenheiten, die, jede für sich, eine Ursache außerhalb meiner hat, aber nicht in einem göttlichen Wesen vereinigt sind. In diesem Einwand wird also zugestanden, daß Ideen von vollkommenen Eigenschaften in mir sind und daß ich selbst nicht die Ursache dieser Ideen sein kann – aber sie stammen vielleicht nicht von Gott, sondern aus anderen Quellen, etwa verschiedenen Wesen, die einzelne Vollkommenheiten besitzen, ohne daß ein Wesen alle Vollkommenheiten besäße. Die Idee Gottes wäre dann eine zusammengesetzte Idee, deren Einheit erst von mir hergestellt würde: Gott wäre eine Fiktion.

Descartes wendet dagegen ein, diese Einheit aller Vollkommenheiten sei selbst eine Vollkommenheit. Und wenn zugestanden ist, daß die Vollkommenheiten, die ich in der Idee Gottes vereinigt denke, nicht von mir her stammen, sondern von etwas von mir Verschiedenem, dann muß es außerhalb von mir auch tatsächlich ein Wesen geben, das über die nötige Einheit verfügt. Wenn der Opponent recht hätte, dürften diesem Wesen aber nicht sämtliche anderen Vollkommenheiten zukommen. Das, meint Descartes, ist jedoch unmöglich. Die Idee der Einheit Gottes ist so beschaffen, daß sie nicht *abtrennbar* ist von den Ideen der einzelnen (anderen) Vollkommenheiten, deren Einheit sie ist: Die Idee dieser Einheit *besteht* in nichts anderem als in der Wahrnehmung der notwendigen Kopräsenz aller Vollkommenheiten. Und daher muß das, was Ursprung der Idee der Einheit aller Vollkommenheiten ist, zugleich Ursprung der anderen Vollkommenheiten sein.

2. Danach geht Descartes auf die Frage ein, ob man nicht einfach sagen solle, meine Eltern seien Ursache meiner Existenz. Descartes antwortet darauf, daß meine Eltern *erstens* nicht Ursache meiner Erhaltung sind – wie bereits erläutert, ist nur Gott meine *causa secundum esse*. Aber meine Eltern sind – *zweitens* – nicht

einmal meine hinreichende *causa secundum fieri*. Denn ich bin ein denkendes Wesen; meine Eltern sind aber lediglich die Ursache meines Körpers und der Dispositionen meines Körpers, die es ermöglichen, daß ich, als denkendes Ding, in diesem Körper bin.

3. Descartes stellt sich dann die Frage „auf welche Weise ich von Gott diese Idee [Gottes] erhalten habe" (AT VII 51). Er greift zur Beantwortung dieser Frage wieder zurück auf die Einteilung der Ideen in angeborene Ideen, Ideen, die von außen kommen, und Ideen, die von mir selbst hervorgebracht werden. Dabei werden die von außen kommenden Ideen mit Ideen identifiziert, die durch die Sinne erworben wurden. Das ist natürlich bei der Idee Gottes nicht der Fall. Aber bloß ausgedacht ist sie auch nicht. Bleibt also nur noch, daß sie angeboren ist. Man beachte, daß dieses Ausschlußargument auf der Identifikation der von außen kommenden Ideen mit den sinnlich erworbenen Ideen beruht. Diese Identifikation ist nicht selbstverständlich, da ja auch die Idee Gottes, die ich nur durch den kausalen Einfluß Gottes auf mich besitze, letztlich eine Idee ist, die ‚von außen kommt'. Angeboren kann sie dann nur in dem Sinn sein, daß die Quasi-Wahrnehmung Gottes in mir ist, sobald ich als denkendes Wesen existiere; für Descartes ist sie „gleichsam das Kennzeichen des Handwerkers [...], das auf sein Werk [nämlich mich] gestempelt wurde" (AT VII 51), wobei aber in diesem Fall „jenes Kennzeichen [nicht] etwas vom Werk Verschiedenes sei" (AT VII 51). Die *idea Dei* ist von mir also nicht abtrennbar, sondern wesentlich für mich als von Gott geschaffene *res cogitans*.

Nach einer kurzen Zusammenfassung des ideentheoretischen Gottesbeweises schließt Descartes die dritte Meditation ab, indem er die Argumentation wieder in eine meditative Übung münden läßt. Er tut das, indem er die Idee Gottes mit der *visio beatifica* der Seligen vergleicht und ankündigt, er wolle „einige Zeit in der Kontemplation Gottes selbst verweilen, seine Attribute bei [sich] erwägen und die Schönheit seines immensen Lichtes anschauen, bewundern, anbeten" (AT VII 52).

4.8 Das Problem des cartesischen Zirkels

Die Beweise der Existenz Gottes, die uns Descartes liefert, sind natürlich alles andere als unproblematisch – aber selbst wenn man davon absieht, bleibt ein Problem. Nehmen wir an, die Beweise seien gelungen – ich nehme die Prämissen und Folgerungsbeziehungen der Gottesbeweise klar und deutlich wahr –, dann nehme ich am Ende der Beweise auch klar und deutlich wahr, daß Gott existiert. Aber das reicht nicht. Die Konklusion, daß Gott existiert, muß auch *wahr* sein und ich muß mir dessen gewiß sein, daß sie wahr ist. Und hier liegt ein Zirkelproblem. Denn:

1. Ich kann nur gewiß sein, daß das, was ich klar und deutlich wahrnehme, wahr ist, wenn ich mir vorher Gewißheit darüber verschafft habe, daß Gott existiert und mich nicht täuscht.
2. Aber ich kann mir nur gewiß sein, daß Gott existiert, wenn ich mir vorher Gewißheit darüber verschafft habe, daß das, was ich klar und deutlich wahrnehme, wahr ist.

Dieser Zirkeleinwand ist nicht neu. Er wurde bereits von Zeitgenossen erhoben, und Descartes hat bei mindestens drei Gelegenheiten dazu Stellung genommen. In zwei Passagen scheint er implizit (1) zu negieren; eine Stelle legt es nahe, daß er (2) in Frage stellt.

1. Strategie: Burman wendet gegen Descartes' Gottesbeweis ein: „[I]n der 3. Meditation beweist der Autor, daß Gott ist, durch Axiome, obwohl ihm noch nicht feststeht, ob er sich in ihnen nicht täusche" (AT V 148). Darauf antwortet Descartes: „Er beweist sie und weiß, daß er sich in ihnen nicht täuscht, weil er ja seine Aufmerksamkeit auf sie richtet; solange er aber dies tut, ist er sicher, daß er sich nicht täuscht, und gezwungen, ihnen zuzustimmen" (AT V 148). Solange ich meine Aufmerksamkeit auf einen klaren und deutlichen Gedanken richte und ihn als solchen wahrnehme, komme ich nicht umhin, ihm zuzustimmen. Auf diese Weise kann man die Schritte des Gottesbeweises klar und deutlich einsehen, ohne einen Grund zu haben, an ihnen zu zweifeln. Sobald ich einen Gedanken aber nicht mehr klar und deutlich wahrnehme, weil ich meine Aufmerksamkeit nicht mehr auf ihn richte, ist es möglich, mit Hilfe der Hypothese des Täuschergottes wieder an seiner Wahrheit zu zweifeln. Daher ist es nötig, den *gesamten* Gottesbeweis auf einmal zu erfassen: „Da [...] unser Denkakt [...] mehr als eines umfassen kann und nicht in einem Augenblick geschieht, ist es manifest, daß wir den vollständigen Beweis von Gott umfassen können. Solange wir dies tun, sind wir sicher, daß wir uns nicht täuschen, und so ist jede Schwierigkeit behoben" (*ibid*).

Aber man wird einwenden, daß ich mir nicht *ständig* den Gottesbeweis vor Augen führen kann. Wenn ich an etwas anderes denke, kann ich an der Existenz eines wahrhaftigen Gottes wieder zweifeln und die Hypothese des Täuschergottes steht wieder zur Verfügung. Diesen Einwand berücksichtigt Descartes in seiner Antwort an Arnauld. Auf dessen Einwand, er habe „sich eines Zirkelschlusses schuldig gemacht" (AT VII 214), antwortet Descartes:

> [D]as habe ich schon hinreichend [...] erklärt, indem ich nämlich das, was wir tatsächlich klar wahrnehmen, unterschied von demjenigen, bei dem wir uns erinnern, es vorher klar wahrgenommen zu haben. Zuerst nämlich steht uns fest, daß Gott existiert, weil wir unsere Aufmerksamkeit auf die Gründe richten, die das beweisen; danach aber genügt es, daß wir uns erinnern, irgend etwas klar erfaßt zu haben, um gewiß zu sein, daß es selbst wahr ist;

was nicht genügen würde, wenn wir nicht wüßten, daß Gott ist und uns nicht betrügt. (AT VII 245 f.)

Es geht hier nicht darum, daß die *Erinnerung* an vergangene klare und deutliche Einsichten ohne göttliche Garantie falsch sein könnte. Daß meine Erinnerung zuverlässig ist, wird von Descartes vorausgesetzt, wie aus seiner Antwort auf eine Frage Burmans hervorgeht: „Über das Gedächtnis habe ich nichts zu sagen, da jeder bei sich selbst herausfinden muß, ob er sich gut erinnert. Und wenn er daran zweifelt, sind schriftliche Aufzeichnungen und ähnliches, was ihm hilft, nötig" (AT V 148). Descartes' Idee scheint vielmehr folgende zu sein: Wenn ich mir den Gottesbeweis als ganzen klar und deutlich vor Augen führe, sehe ich ein, daß es keinen Täuschergott gibt. Ich kann diese Gelegenheit nun nutzen und die Hypothese des Täuschergottes ein für allemal aus dem Repertoire der vernünftigen Hypothesen streichen; ich kann den Glauben an einen wahrhaftigen Gott zu einer dauerhaften Disposition meines Geistes machen (vgl. Newman & Nelson 1999). In diesem Fall steht die Hypothese des Täuschergottes nicht mehr zur Verfügung, auch wenn das Evidenzerlebnis in Bezug auf den Gottesbeweis wieder verschwunden ist.

Aber wird damit das Zirkelproblem wirklich gelöst? Es kommt darauf an, wie man den Status von klaren und deutlichen Einsichten interpretiert. Die von Descartes in den oben zitierten Passagen vorgeschlagene Strategie wäre erfolgreich, wenn man davon ausgeht, daß es sich bei klaren und deutlichen Einsichten bereits um optimale Gewißheiten handelt, die nichts zu wünschen übrig lassen. Der Zweifel käme dann lediglich dadurch zustande, daß wir auf die metaphysischen Grundlagen der Gewißheit reflektieren und keine adäquate Erklärung dafür finden, *wieso* Klarheit und Deutlichkeit Wahrheit verbürgen sollten, ja sogar Gründe finden, daran zu zweifeln. Aber auch wenn wir dadurch in Zweifel gestürzt werden, hieße das nicht, daß die klaren und deutlichen Einsichten selbst epistemisch defizient wären und wir nicht völlig gerechtfertigt waren, als wir ihnen zustimmten. Durch den Gottesbeweis zeigt sich, daß es keinen Grund gibt, an der Wahrheit der klaren und deutlichen Einsichten zu zweifeln. Auf diese Weise wird die intellektuelle Dissonanz, in die uns die Reflexion stürzte, beseitigt; und wenn der Beweis selbst klar und deutlich ist, dann heißt das, daß ihm ebenfalls eine optimale Gewißheit zukommt, die nichts zu wünschen übrig läßt (vgl. Carriero 2008).

Anders sieht die Sache aber aus, wenn klare und deutliche Einsichten *ohne* die Gewißheit, daß Gott ihre Wahrheit garantiert, epistemisch defizient sind und ich daher *nicht* ganz und gar berechtigt war, ihnen zuzustimmen. In diesem Fall wäre die Strategie, die Descartes vorschlägt, eine Art selbst zugefügter Gehirnwäsche, die zwar die Zweifel zum Verschwinden bringen mag, aber nicht unbedingt zur Wahrheit führt.

Die erste Interpretation der klaren und deutlichen Einsichten hat also gewisse Vorteile – aber es ist unklar, ob sie wirklich Descartes' Position trifft. Klare und deutliche Einsichten ohne Gewißheit der göttlichen Garantie scheinen für Descartes durchaus epistemisch defizient zu sein. So schreibt er in der fünften Meditation, solange er Gott nicht erkenne, könne er „von keiner Sache jemals ein wahres und sicheres Wissen haben, sondern nur unstete und veränderliche Meinungen" (AT VII 69).

2. Strategie: Man könnte aber auch bestreiten, daß man, um die Existenz Gottes beweisen zu können, bereits Gewißheit darüber braucht, daß alles Klare und Deutliche auch wahr ist. Vielleicht gibt es nämlich besondere Ideen, deren Gewißheit die klaren und deutlichen Ideen noch *übertreffen* und daher – anders als sie – von vorneherein immun sind gegen die Möglichkeit, daß ein Täuschergott mich in die Irre führt. Eine Version dieser Strategie stützt sich darauf, daß Descartes immer wieder das *lumen naturale* als Rechtfertigungsgrund für die Prämissen der Gottesbeweise anführt, und vom *lumen naturale* heißt es: „was immer mir durch das natürliche Licht gezeigt wird – zum Beispiel, daß daraus, daß ich zweifle, folgt, daß ich bin, und ähnliches –, kann auf keine Weise zweifelhaft sein, weil es kein anderes Vermögen geben kann, dem ich in gleichem Maße vertraute wie diesem Licht und das mich lehren könnte, daß diese Dinge nicht wahr wären" (AT VII 38 f.). Wenn die Prämissen des Gottesbeweises *mehr* sind als klar und deutlich und Immunität gegenüber jeglichem Zweifel genießen, dann läßt sich mit ihrer Hilfe ein nicht-zirkulärer Gottesbeweis konstruieren (vgl. Jacquette 1995/96). Aber man fragt sich, *warum* die Lehren des *lumen naturale* diesen Sonderstatus genießen sollen und wie sie sich von Einsichten unterscheiden, die nur klar und deutlich sind.

Eine andere Version dieser Interpretationsstrategie könnte den epistemischen Ausnahmestatus für den *cogito*-Gedanken und die Idee Gottes reservieren. Zugunsten dieser Version könnte man sich auf Descartes' Antwort auf Mersenne und die anderen Autoren der zweiten Einwände berufen. Der Einwand lautete:

> Da du der Existenz Gottes noch nicht gewiß bist und dennoch sagst, daß du keiner Sache gewiß sein kannst oder nichts klar und deutlich erkennen kannst, wenn du nicht vorher gewiß und klar erkannt hast, daß Gott existiert, folgt, daß du noch nicht klar und deutlich weißt, daß Du ein denkendes Ding bist, da diese Erkenntnis deiner Meinung nach abhängt von der klaren Erkenntnis des existierenden Gottes, die du an jenen Stellen noch nicht bewiesen hast, wo du schließt, daß Du klar weißt, was du bist. (AT VII 124 f.)

Solange noch nicht bewiesen ist, daß Gott existiert und die Wahrheit der klaren und deutlichen Einsichten garantiert, so der Einwand, ist auch noch nicht sicher, daß ich wirklich existiere und eine *res cogitans* bin. Indirekt wird dadurch auch der Gottesbeweis tangiert: Denn für den Gottesbeweis wird die Prämisse benötigt, daß ich als denkendes und zweifelndes Wesen nur ein endliches Quantum an formaler Realität besitze. Descartes antwortet auf den Einwand folgendermaßen:

> Wo ich gesagt habe, man könne nichts mit Sicherheit wissen, wenn wir nicht zuvor erkennen, daß Gott existiert, da habe ich *expressis verbis* bezeugt, daß ich nur von dem Wissen [*scientia*] jener Konklusionen rede, deren Erinnerung wiederkehren kann, wenn wir nicht mehr auf die Gründe achten, aus denen wir sie hergeleitet haben. Denn die Kenntnis [*notitia*] der Prinzipien selbst pflegt von den Dialektikern nicht Wissen [*scientia*] genannt zu werden. Wenn wir aber bemerken, daß wir denkende Dinge sind, so ist das ein Grundbegriff [*prima notio*], der aus keinem Syllogismus erschlossen wird [...]. (AT VII 140 f.)

Diese Passage verlangt einige Erläuterungen. Descartes unterscheidet an anderer Stelle zwischen *cognitio* und *scientia:* Wenn ein Atheist eine klare und deutliche Idee hat ohne zu wissen, daß ihre Wahrheit durch göttliche Garantie verbürgt ist, dann verfügt er über *cognitio:* eine Einsicht, deren Wahrheit nachträglich, wenn das Evidenzerlebnis verschwunden ist, mit Hilfe der Hypothese des Täuschergottes bezweifelt werden kann. Wer dagegen versteht, daß diese Hypothese falsch ist und Gott die Wahrheit der klaren und deutlichen Erkenntnisse garantiert, hat *scientia*. Es gibt dann keinen Grund mehr, die Wahrheit der klaren und deutlichen Einsicht nachträglich in Frage zu stellen (s. AT VII 141).

Da nun in der zweiten Meditation Gott noch nicht erkannt wurde, müßte die Einsicht, daß ich existiere und ein denkendes Wesen bin, nur eine *cognitio*, nicht aber eine *scientia* sein; und damit müßte sie nachträglich bezweifelbar sein – so der Einwand. Das ist aber nicht der Fall. Descartes führt in seiner Antwort einen weiteren Terminus ein: *notitia*. Eine Einsicht, die den Status einer *notitia* hat, bedarf offenbar keiner Validierung durch eine Erkenntnis zweiter Stufe: Sie ist von vorneherein immun gegen die Hypothese des Täuschergottes – weswegen Descartes in der zweiten Meditation auch schreiben konnte: „möge er [sc. der Täuschergott] mich täuschen, soviel er kann, niemals wird er es dennoch bewirken, daß ich nichts bin, solange ich denken werde, daß ich etwas bin" (AT VII 25). Es *gibt* also bei Descartes Erkenntnisse, deren Gewißheit die der klaren und deutlichen Einsichten übertrifft. Die Frage ist nun, ob nicht auch der Idee Gottes dieses Privileg zukommen könnte. Der Text der dritten Meditation ist hier nicht eindeutig – als *notitia* wird die Idee Gottes hier zumindest *expressis verbis* nicht bezeichnet (s. aber AT VIII-1 26 und AT VIII-2 361). Allerdings haben wir gesehen, daß es sich um eine Idee handelt, deren Gegebenheitsweise recht außergewöhnliche Züge aufweist. Wenn die Idee Gottes den Status einer *notitia* hätte, dann wäre streng genommen auch kein Beweis der Existenz Gottes nötig. Was sich in der dritten Meditation in der Form eines Beweises präsentierte, wäre eher eine *phänomeno-*

logische Beschreibung einer Idee, deren epistemischer Sonderstatus auf diese Weise aufgezeigt würde.

Literatur

Carriero, J. 2008: The Cartesian Circle and the Foundations of Knowledge. In: J. Broughton & J. Carriero (Hg.): A Companion to Descartes, Malden, 302–318
Descartes, R. 2004 [1641]: Meditationen. Übers. v. A. Schmidt, Göttingen
Gueroult, M. 1953: Descartes selon l'ordre des raisons, vol. 1, Paris
Jacquette, D. 1995/96: Descartes' Lumen Naturale and the Cartesian Circle. In: Philosophy and Theology 9, 273–320
Kant, I. 1988 [^{2}1787]: Kritik der reinen Vernunft, Hamburg
Mascarenhas, V. 2002: Descartes' Cosmological and Ontological Proofs of God's Existence: A Refutation of Skepticism? In: Philosophical Investigations 25, 190–200
Menn, S. 1998: Descartes and Augustine, Cambridge
Newman, L. & Nelson, A. 1999: Circumventing Cartesian Circles. In: Noûs 33, 370–404

Lilli Alanen
5 The Metaphysics of Error and Will

5.1 The topic and the setting

A general worry about the reliability of reason was raised in the First Meditation. Could God have made me so that "I go wrong every time I add two and three or count the sides of a square, or in some even simpler matter, if that is imaginable"? It was set aside as incompatible with the idea of God's supreme goodness, which led to a new worry. For, if God is supremely good, how is it that his goodness "permits me to be deceived even occasionally" (AT VII 21, CSM II 14[1])?

The question is taken up in the Fourth Meditation though answering this theodical problem cannot be its only goal. Its subtitle is "Truth and Falsity", and the Synopsis of the *Meditations* suggests that its main purpose is to provide additional support for and clarity concerning the truth-rule introduced in the Third Meditation:

> In the Fourth Meditation it is proved that everything that we clearly and distinctly perceive is true, and I also explain what the nature of falsity consists in. These results need to be known both in order to confirm what has gone before and also to make intelligible what is to come later. (AT VII 15, CSM II 11)

The acceptance of the above-mentioned rule had led to an inquiry about the existence and nature of God: if he exists, and "whether he can be a deceiver" (AT VII 36, CSM II 25). Having eliminated all doubts on this issue, by proving, in the Third Meditation, the existence of a supremely perfect and infinite God (whose perfection rules out any deception), Descartes now faces the task of explaining why, nevertheless, I am so prone to error. Has God not given me, with all the other things I possess, the faculty of judgment that I experience within me? If so, it cannot as such contain any defects. In so far as it is a positive power, it is not a power to go wrong, at least not when I use it well (AT VII 54, CSM II 37–38). These considerations prompt an examination of the nature of the faculty of judgment and the conditions of its good use, a topic Descartes would have dis-

---

[1] Although I mostly use my own translation, I always refer to the corresponding passage in "The Philosophical Writings of Descartes", vol. I and II (1985), translated by J. Cottingham, R. Stoothoff, D. Murdoch, (CSM I and CSM II) and "The Philosophical Writings of Descartes. The Correspondence" (1991), translated by J. Cottingham, R. Stoothoff, D. Murdoch, A. Kenny (CSMK) for orientation.

cussed independently of any theodical concerns.[2] Yet because of the way the problem is set up, the investigation takes the form of a theodicy where the evil to be explained is not sin, but the cognitive error that "occurs in distinguishing truth from falsehood" (AT VII 15, CSM II 11).[3]

The ensuing discussion is thick with metaphysical ideas some of which have been defended previously, some of which are merely assumed. The meditation opens with a summary of those which Descartes has already argued for and considers as established. The first concerns the order of knowledge: "there is very little about corporeal things that is truly perceived, whereas much more is known about the human mind, and still more about God" (AT VII 52–53, CSM II 37). This is the result of the meditative exercises undertaken in the previous *Meditations* and designed to habituate the mind to turn away from the senses. It is a reminder of the general anti-Aristotelian methodology adopted by Descartes and of the truths that have already been discovered without relying on sensory experience. This does not mean that experience is not appealed to at all, but that the experience invoked does not depend on the bodily senses or corporeal phantasms. It is an inner experience that depends on exercising the capacity of thinking in reflecting on whatever thoughts or ideas the thinker finds in himself. It is also in part a spiritual or metaphysical experience of being a thinking and doubting finite thing, who discovers within himself the idea of an independent and complete being.[4] From this fact that he exists as incomplete and doubting yet having this idea of a perfect being within him, Descartes argues he can "evidently infer that God also exists, and that every single moment of my entire existence depends on him" (AT VII 53, CSM II 37).

This additional argument for God's existence emphasizes the finitude of my nature as a thinker: that I am doubting and incomplete and dependent, which is

---

[2] For a fuller discussion of this see John Carriero (2009, 289–290).

[3] Here as elsewhere Descartes is careful to avoid matters of faith and, he adds in the Synopsis, prompted by Arnauld's objections (AT VII 215–216, CSM II 151): "But here it should be noted in passing that I do not deal at all with sin, i.e. the error which is committed in pursuing good and evil, but only with the error that occurs in distinguishing truth from falsehood. And there is no discussion of matters pertaining to faith or the conduct of life, but simply of speculative truths which are known solely by means of the natural light" (AT VII 15, CSM II 11). There can be little doubt however that Descartes thought the same solution applied to the question of moral conduct and evil.

[4] "[T]he idea I have of the human mind, in so far as it is a thinking thing, which is not extended in length, breadth or height and has no other bodily characteristics, is much more distinct than the idea of any corporeal thing. And when I consider the fact that I have doubts, or that I am a thing that is incomplete and dependent, then there arises in me a clear and distinct idea of a being who is independent and complete, that is, an idea of God" (AT VII 53, CSM II 37).

contrasted to the perfection and completeness of the being I find myself depending on. The enquiries about truth, falsity, error and true judgment undertaken in the Fourth Meditation, can thus also be seen as continuing the general exploration of the nature of the mind as a thinking thing started in the First. In investigating the mental endowments he discovers in himself, Descartes is not just concerned with securing the truth-rule and clarifying the conditions of its good use (as the passage quoted from the Synopsis suggests). He is concerned with the nature of the mind more generally and its status as a rational agent on the general scale of perfections. One aspect of thinking which has been mentioned several times but not discussed at any length earlier is the will. For the thinking thing whose being is now established is also a willing thing that already asserted "its own freedom" in the Second Meditation, when supposing "the non-existence of all the things about whose existence it can have even the slightest doubt" (AT VII 12, CSM II 9). In the Fourth Meditation, where Descartes examines the conditions of rational thought and of our responsibility as truth-seeking beings, the focus is on the nature and freedom of the will and its relation to the intellect, and this is also the topic on which my discussion here will center. Some things have first to be said about the general metaphysics of error and of mind in which his account of judgment is embedded.

5.2 Error, nature and non-being

In the framework of ancient conceptions of rationality, reality, and perfection as well as truth and goodness converge. It is not merely that truth is a normative notion, something that by their nature rational beings tend to and are guided by in their strivings. In the Augustinian tradition, whose influence is nowhere more visible than in the Fourth Meditation, truth, being, and goodness are one. If truth is identified with being, falsity is non-being. God, as the supreme being, "must also be supremely good and true, and it would therefore be a contradiction that anything should be created by him which positively tends towards falsehood" (AT VII 144, CSM II 103), that is towards non-being. Whatever faculties or powers we have been given are, qua bestowed by God, real and true. Hence, the faculty we have for distinguishing truth and falsehood tends, naturally and necessarily, to the discovery of truth, which is its highest goal and perfection. If it were to end up with falsity while aiming for truth without recognizing it as such, God would indeed be a deceiver, something that is impossible for one whose very being itself is truth (AT VII 144, CSM II 103). Descartes has to look for the cause of falsity in the bad use we make of our faculties, and to this extent his account of falsity echoes Augustine's explanation of evil. Some commentators have gone as far as seeing it as simply an application of Augustine's general solution of the problem of evil to the special problem of error (Menn 1998, 302ff.). Yet Descartes departs both from Augustine and from traditional scholastic theories in his analysis of judgment, since he treats the intellect as wholly passive and assigns all action to the will, which is given a unique and puzzling role in the exercise of our cognitive powers.

That I doubt and am prone to countless errors is something I know by experience. But I also understand, by using my reason, that the faculty of judgment that I received from God cannot contain any defects in itself. My proneness to error, hence, must be due to my own incompleteness and imperfection:

> [I]n looking for the cause of these errors, I find that I possess not only a real and positive idea of God, or a being who is supremely perfect, but also what may be described as a negative idea of nothingness, or of that which is farthest removed from all perfection. I realize that I am, as it were, something intermediate between God and nothingness, or between supreme being and non-being: my nature is such that in so far as I was created by the supreme being, there is nothing in me to enable me to go wrong or lead me astray; but in so far as I participate in nothingness or non-being, that is, in so far as I am not myself the supreme being and am lacking in countless respects, it is no wonder that I make mistakes. (AT VII 54, CSM II 38)

Error, as it turns out, is "not something real which depends on God, but merely a defect". I need not suppose any special God given faculty to explain it: it is a defect due to the finitude of my nature, more specifically, to the limited nature of my faculty for making true judgments (AT VII 54, CSM II 38).

A defect is not pure nothingness, not a mere negation. A defect presupposes some property normally belonging to one's nature, which one should have as a thing characterized by this particular set of interconnected capacities. As thinking things we are cognizers: knowledge and truth are what we naturally seek and aim at. This much Descartes can claim to know by experience (an experience that is limited to his own particular case as he cannot at this point infer anything by comparison with other similar beings). But stronger assumptions are at work here. In calling error a privation Descartes describes it as the lack of knowledge that he ought to have or that is due to him (... *non enim error est pura negatio, sed privatio, sive carentia cujusdam cognitionis, quae in me quodammodo esse deberet*, AT VII 54–55, CSM II 38). How is this to be understood?

In so far as my intellect is finite, I cannot by nature be omniscient. But I should not consider knowledge I cannot have as a privation. In being subject to error, on the one hand, I miss out on the truth I was looking for and thought I had found. I am, as it were, deprived of true beliefs I could have. That you know very little about, say, the conditions of global warming, may indicate your ignorance, or merely that you don't care. On the other hand, your being mistaken, in believing, for instance, that this phenomenon has nothing at all to do with human energy consumption and pollution, indicates that you lack some knowledge one might think you should have, some information that is not only available but also vital for the choices you make as an energy consumer.

But Descartes's argument is stronger, for he reasons in terms of degrees of perfection (or reality), and in using the language of debt he seems to be talking not only about what the thinking being pursues as his natural end, but about what he, *qua* thinking, is *entitled to* by nature.[5] My maker is the most perfect of all beings. He created me as a mind or thinking thing, providing me with an intellect and the ambitions that come with it: I care about truth and desire knowledge – I, *qua* thinker, was created with this desire and seeking its satisfaction is my natural end. Why, then, am I created such that my natural desire is so often frustrated?

Before considering Descartes's answer to this question it is worth noting how different his treatment of the mind (thinking nature) is from that of the body (extended nature). Ends and powers are not allowed at all as explanatory principles in Descartes's account of the physical world, which should be in strict conformity with his ideal of a mathematico-mechanistic science. This does not hold for mind or thinking nature (Cf. Carriero 2009, 237–240). Even though Descartes, departing from the dominating Platonist-Aristotelian views of the soul as composed of three parts or faculties, argues that the mind is one and undivided, he follows the tradition in describing it as having a set of different, interconnected faculties or powers defined by their functions and ends, which may be realized with more or less excellence or perfection. It is worth dwelling a bit on this contrast, even though this means we have to anticipate on what will be established only later, in the Fifth and Sixth Meditation.

Descartes seems to have no qualms using nature as a standard of perfection, when talking about the mind, although nature is said to be merely an "extraneous label" when applied to the mechanically operating body (AT VII 85, CSM II 59). There are no internal standards of perfection in the world of extended physical nature: no natural system considered in itself can be said to work well or badly since whatever motions it undergoes and in its turn causes, happen according to the same laws of nature, that in Descartes's physics are laws of motion (*Principles*, Part Two, art. 37–40, AT VIII-1 62–65, CSM I 240–242). It is only from the point of view of its maker and his ends which are extrinsic with respect to the system, that one can say of something that it works well or badly. Thus a clock,

---

[5] For an interesting discussion of this see André Gombay (2003).

constructed to show the time, works well or badly according to how well it indicates the time it is supposed to measure. Physical things have no ends or natures of their own (AT VII 85, CSM II 58–59). Here, in the Fourth Meditation, Descartes reminds us that we should not expect to understand the reasons for some of God's actions, or "why or how certain things were made by him" (AT VII 55, CSM II 38–39). He goes on to explain why enquiring about final causes is banished from physics:

> For since I now know that my own nature is very weak and limited, whereas the nature of God is immense, incomprehensible and infinite, I also know without more ado that he is capable of countless things whose causes are beyond my knowledge. And for this reason alone I consider the customary search for final causes to be totally useless in physics; there is considerable rashness in thinking myself capable of investigating the ‹impenetrable› purposes of God. (AT VII 55, CSM II 39)

These remarks come as an afterthought right after a paragraph where Descartes seems to be doing precisely what he says one should not do, namely speculating about God's reasons in not making (as he undoubtedly could have) my faculties more perfect:

> And when I concentrate on the nature of God, it seems impossible that he should have placed in me a faculty which is not perfect of its kind, or which lacks some perfection which it ought to have. The more skilled the craftsman the more perfect the work produced by him; if this is so, how can anything produced by the supreme creator of all things not be complete and perfect in all respects? There is, moreover, no doubt that God could have given me a nature such that I was never mistaken; again, there is no doubt that he always wills what is best. Is it then better that I should make mistakes than that I should not do so? (AT VII 56, CSM II 39)

Why would enquiring about reasons or final causes that are not allowed in physics be acceptable in investigating the nature of mind? The difference, presumably, has to do with the epistemological implications of Descartes's dualism, more particularly, with the kind of experience the thinker has immediate access to in reflecting on his own nature, but which cannot be extended to external, corporeal things. Qua thinking, rational agents, we know what ends we are pursuing and we also have immediate knowledge of the reasons for which we act. In deciding to suspend belief or even to treat all his former beliefs as false, accepting only distinctly perceived ideas, the thinking thing already has experience of deliberating and pursuing ends that he is committed to pursue. The very concept of action – what distinguishes action and rational activity from the mere expression of brute force or mechanical motion – is that of an end-governed activity.[6] Hence, having discovered, in the Second Meditation, that he *qua* thinking is a thing that doubts, understands, wills, imagines and experiences sensations of various kinds (AT VII 28, CSM II 19), and in the Third, that he also is a thing that "affirms or denies, understands a few things and ignores a lot, that wills, and is unwilling, and that imagines also and senses" (AT VII 34, CSM II 24), the thinker has already experienced himself both as a patient, undergoing various states, and as an agent, exercising different kinds of activities that presuppose corresponding powers or capacities.[7]

There is then a sense in which Descartes's thinker can claim to know through his own experience that he has various powers exercised for various ends, for instance, producing reasons for doubt and then arguments to overcome them. He knows what it is to deliberate about and act for ends from immediate inner experience. Later on, in the Sixth Meditation, once the existence of body in general and his own body in particular has been proved, the thinker reverts to his experience again when inferring not only that the faculty of sensation and feeling belong to his nature as a mind-body composite, but also that they have been given for an end, which is the well-being and survival of the body. Here the experience is based on inner and external sensory perceptions and is referred to in the Sixth Meditation as teachings of nature. Nature, (taking nature now in the sense of our natural endowment as mind-body composites), teaches us, for instance, what is beneficial or harmful for us, and we have nothing else but this experience to rely on here (AT VII 80 – 81, CSM II 56).

Descartes reasons about the mind and the mind-body union in the way the Aristotelians reason about natural, physical things or substances: through observing their acts and properties and then postulating powers and ends to explain them. He sees no problem with using traditional style teleological explanations deemed worthless in physics in the context of his cognitive and moral psychology.[8]

---

[6] Actions, at this stage, where bodily actions are not considered, need be nothing beyond the "purely" intellectual intentional acts and the reasoning staged in the *Meditations*, even though physical experiments like holding up and heating a piece of wax in order to observe its transformations have been performed too.

[7] The two last-mentioned, imagination and sensation, need not occupy us here, since their exercise is dependent on bodily organs, and Descartes has not yet, at this stage of his reasoning, proved that there are bodies or that the thinking thing, as it turns out in the Sixth Meditation, is most intimately united to a body.

[8] I discuss this more extensively in L. Alanen (2008b).

Not only does Descartes invoke divine purposes to explain the functions of the mind or of the mind-body union, he goes further to speculate about the perfection of God's works in ways that have been seen as anticipating Leibniz (Descartes 1967, 459n1). For he goes on to observe that in evaluating their perfection one should consider not one thing in particular but "the whole totality of things" (*omnem rerum universitatem*), since what may appear as imperfect considered apart may seem very perfect in its nature when seen as a part of the universe or the totality of things (AT VII 55–56, CSM II 39).

The argument itself is familiar from the Platonist tradition and echoes one used by Augustine in his account of evil. All things taken together are very good even if some things taken individually and measured against the standard of superior things can be found defective.[9] I will return to the question of how it can be better for the totality of things that I make mistakes than it would be were I always to hit the truth in my judgments.

5.3 The nature of judgment: intellect and will

When turning to scrutinize his errors – the only sign of some imperfection in him – Descartes finds that they depend on two concurring causes: the power of cognition (*facultas cognoscendi*) and the power of choice (*facultas eligendi*), or what he also calls the freedom of decision (*libertas arbitrii*), that is "of the intellect, and at the same time of the will" (*voluntas*) (AT VII 56, CSM II 39). Notice that choice, freedom of decision, and will are here offered as different descriptions of the same power.

The intellect, or faculty of cognition, is a passive power of perception: it enables me to perceive (conceive, or understand) the ideas about which I can make judgments (AT VII 56, CSM II 39). The intellect as such does not (as added in the French translation) affirm or deny these ideas (AT IX-1 45, CSM II 39) – it does not make any judgments. According to the Third Meditation, ideas, when considered in themselves alone, cannot be false "properly speaking" (AT VII 37, CSM II 26). Here one needs to distinguish the two senses of the term 'idea' as Descartes uses it (AT VII 8, CSM II 7). Considered as mental acts, i.e., as actualizations of my capacity of thinking, ideas are always true, "for whether it is a goat or a chimera that I am imagining, it is just as true that I imagine the former as the latter" (AT VII 37, CSM II 26). What holds for the act of conceiving holds for acts of will and

---

[9] See e.g. Augustine (1993): De libero Arbitrio III, v, 12; see also Stephen Menn's account in *Descartes and Augustine* (1998, 172, 178).

for emotions: considered as mental acts they cannot be false, "for even if the things I may desire are wicked or even non-existent, that does not make it any less true that I desire them". Considered as objects of the mental act, on the other hand, ideas cannot be false to the extent that they are clearly conceived and not "referred" to something else, i.e., "to things located outside me". Descartes traces error and falsity to the act of judging (AT VII 37, CSM II 26) and stresses that "falsity in the strict sense, or formal falsity, can occur only in judgements" (AT VII 43, CSM II 30). He argues that judgment is the product of the joint operation of the intellect and the will, which affirms or denies what the (passive) intellect presents to it (AT VII 57, CSM II 40; AT VIII-1 18, CSM I 204). It is here, with the act of affirming or negating an idea (i.e., accepting its content or what it represents as true), that falsity creeps in. In ascribing the ability to affirm (*affirmare*) or deny (*negare*) to the will, Descartes departs from the standard view he himself followed in his early writings, according to which it is a function of the intellect (AT X 421, CSM I 45).[10] Thus, if judgment is the locus of falsity and requires the will that depends on us, he can declare that falsity and error depend on us, on the misuse we make of faculties which in themselves cannot be said to have any fault or defect. The intellect or faculty of understanding is not defective in itself even though it is "extremely slight and finite" (AT VII 57, CSM II 39–40). I have no right, as a finite created being, to complain about the limited nature of my intellect. Nor can I can complain about the will because I experience it as unrestricted to the point that I cannot even form an idea of a will that would be greater or more perfect:

> It is only the will, or freedom of choice, which I experience within me to be so great that the idea of any greater faculty is beyond my grasp; so much so that it is above all in virtue of the will that I understand myself to bear in some way the image and likeness of God. (AT VII 57, CSM II 40)

---

10 Cf. Alanen (2003, 151 ff. and 211 n. 47). Compare the *Principles of Philosophy*, where Descartes classifies thoughts under two general headings – operations or modes of the intellect and operations or modes of the will: "Sensory perception, imagination and pure understanding are simply various modes of perception; desire, aversion assertion, denial and doubt are various modes of willing" (AT VIII-1 17, CSM I 204). In *The Passions of the Soul* the first are called passions or passive functions of the soul, because "it is often not our soul which makes them such as they are" and they are always received "from the things that are represented by them", whereas the latter modes of thinking are active, because "we experience them as proceeding directly from our soul and as seeming to depend on it alone" (AT XI 342, CSM I 335). The distinction between what depends on the mind itself and what does not is important here.

Descartes argues that although the will of God, who is infinite, omniscient and omnipotent, "is incomparably greater than mine" through both his knowledge (it ranges over a greater number of objects) and his power (which makes it firmer and more efficacious), "it does not seem any greater than mine when considered as will in the essential and strict sense". It is therefore through my will and not through my intellect that I am made in the likeness of God (AT VII 57–58, CSM II 40).

This doctrine is surprising, not least because Descartes holds what Leibniz sees as an irrational, even incoherent view of God's power. In God, will, intellect, and power are all one. This conception, again, is Augustinian, but the way Descartes spells it out is unheard of (Alanen 2008a). As he understands it, God's power is not restricted by any prior rational laws or principles, for God in willing makes the laws of logic too: he could even have made contradictories true together (To Mesland, May 2, 1644, AT IV 118, CSMK 235). This is not the place to discuss this controversial view, but it is good to keep it in mind in trying to understand what it is about the human will that makes Descartes describe it a particular mark of its creator.[11]

What then is the will in its "essential and strict sense"? Descartes writes:

> [T]he will simply consists in our ability to do or not do something (that is, to affirm or deny, to pursue or avoid); or rather, it consists simply in the fact that when the intellect puts something forward for affirmation or denial or for pursuit or avoidance, our inclinations are such that we feel determined by no external force. (AT VII 57, CSM II 40)

The account is confusing and invites conflicting interpretations. It puts forward two descriptions of the power that is analyzed, offering the latter as a clarification of the former. Yet the two descriptions seem to be pointing in different directions. The latter defines the will as a power to affirm what reason represents as true and to elect and pursue what it represents as good. The first, on the other hand, defines it as a two-way power, or a power of choice between opposites, which strictly speaking can be understood as a power to do or not to do some-

---

[11] Descartes recognizes many differences between the divine and the human will, not least in the fact that the supreme indifference of God's will entails that "it is impossible to imagine that anything is thought of in the divine intellect as good and true [...] prior to the decision of the divine will to make it so". There is no "priority of order, or nature, or rationally determined reason [...] such that God's idea of the good impelled him to choose one thing rather than another." Whereas "for man, since he finds that the nature of all goodness and truth is already determined by God, and his will cannot tend to anything else, it is evident that he will embrace what is good and true all the more willingly, and hence more freely, in proportion as he sees it more clearly" (Sixth Set of Replies, AT VII 432, CSM II, 291–292).

thing even when reason recommends it: nothing else than the free decision of the will itself would determine which of two opposites it chooses. Had Descartes not made a point of adding the explication introduced by "or, rather" (*vel potius*) in the above quote, he could be seen as taking the freedom of the will in its essence to consist in the kind of radical two-way power defended by Duns Scotus and other late medieval "voluntarists". These thinkers read Aristotle's theory of action and rational deliberation in the light of Augustine rather than of Thomas Aquinas, whose position threatened the kind of freedom of will they saw as a condition of moral responsibility.[12]

I will call the Thomist position "rationalist" here by contrast to the "voluntarism" defended by the Scotists. Because of its freedom, the will, as the voluntarists see it, is a genuine self-mover: nothing exterior to the will determines its acts. The will, therefore, is prior (in nature) also to the intellect in decision-making. In the passage above Descartes picks up on the terminology used in this tradition, and he too speaks elsewhere of the will as a self-determining power (see, e. g., Letter to Mesland, 9 February 1645, AT IV 173–174, CSMK 245). Like his predecessors, he refers to an irrefutable inner experience of free choice (See Alanen, 2003, Chapter 7). Here, however, having begun to define free choice of the will in terms of a two-way power, Descartes immediately goes on to explicate it more in line with the ethical doctrine he endorses in the *Discourse on the Method* (AT VI 28, CSM I 125) and characterizes as "the common doctrine of the school" (AT I 366, CSMK 56). According to it freedom consists in the ability to always follow the intellect, more precisely, in the ability to act on the inclination to the true and the good that is a natural endowment of a rational mind. The will on this view is always determined by the intellect:

> In order to be free, there is no need for me to be inclined both ways; on the contrary, the more I incline in one direction – either because I clearly understand that reasons of truth and goodness point in that way, or because of a divinely produced disposition of my inmost thoughts – the freer is my choice. (AT VII 57–58, CSM II 40)

Freedom here does not seem to presuppose a two-way power, at least not if that power is taken to require that the will has a prior inclination in two directions, i.e., both to do something and not to do something. Being inclined in opposite directions is to be in a state of indifference that Descartes characterizes as the lowest degree of freedom.[13] This account conforms indeed to the common ratio-

---

12 For discussion and references see Alanen (2003, Chapter 7).
13 The passage quoted above continues: "Neither divine grace nor natural knowledge ever diminishes freedom; on the contrary, they increase and strengthen it. But the indifference I feel

nalist doctrine of the school – at least partly. For, when pressed on the issue, Descartes distinguishes two senses of indifference. The first is the one here mentioned as the lowest degree of freedom – a state of being equally inclined in two or several directions without any preference for one or the other. It does not belong to the essence of freedom. But there is a second sense of indifference which is part of its essence: when taken "as a positive faculty of determining oneself to one or the other of two contraries, that is to say, to pursue or avoid, to affirm or deny" (To Mesland, 9 February 1645, AT IV 173, CSMK 245).

We need not discuss the problem of how to fit these two characterizations of freedom and of indifference together here.[14] But we need to separate the two different cases of exercising the will that Descartes runs together in the Fourth Meditation account. The first is the case of judgment, as an exercise of the cognitive power, and the second is that of action or moral agency as an exercise of practical reason or rational deliberation. Although the focus here is on judgment and not on practical action or moral choice, Descartes treats them as analogous, and considers affirmation and denial as acts of will similar to those of pursuing the good or avoiding evil.

But are the acts of affirming or denying exercised in judgment really comparable to those of choosing or deciding between opposite courses of action or between good and evil? Is there any place for choice at all in the case of judgment or belief?

Traditional accounts take the mind or intellect, as the highest part of the soul, to be equipped with a desire of its own, which is ordered to the truth that is the object of the intellect. This means that understanding comes with affirmation or negation – it does not take a separate act of an independent will to assent to a truth presented to the intellect. Thus when in the presence of an evi-

---

when there is no reason pushing me in one direction rather than another is the lowest grade of freedom; it is evidence not of any perfection of freedom, but rather of a defect in knowledge or a kind of negation. For if I always saw clearly what was true and good, I should never have to deliberate about the right judgement or choice; in that case, although I should be wholly free, it would be impossible for me ever to be in a state of indifference" (AT VII 58, CSM II 40).
14 Descartes makes an attempt at reconciling them by distinguishing freedom "in the acts of will either before they are elicited, or after they are elicited". The second sense of indifference (or freedom) according to the Letter to Mesland, which corresponds to the first characterization of freedom of the will as a two-way power, is at work before the act is elicited, but is not operative after the choice – once the act of will is being exercised in affirmation or denial, pursuit or avoidance. Once it has been elicited, the freedom of the act of will is greater the stronger the inclination is. See the Letter to Mesland (AT IV 173–174, CSMK 245). For recent discussions of Descartes's doctrine and its consistency see Alanen (2003, 240–246), Ragland (2006), Newman (2008) and Carriero (2009).

dent truth, assent is produced by the intellect automatically. There is no perception or conception of truth or goodness that is not accompanied by an immediate act of affirmation. Judgment, hence, is a wholly cognitive affair, a function of the intellect alone: seeing that something is thus and so, for instance, seeing that I think and that I exist, is judging that I think and that I exist, and there is nothing further for the will to add to make this judgment true. In cases of non-evident perceptions however, an act of assent could be produced also when a proposition is perceived as merely probable. But again, this is because assent is always given to what is most likely true. In classifying assent and denial as functions of an independent and active will, Descartes differs from most of his Scholastic predecessors. In his most radical statements, which do not figure in the Fourth Meditation, Descartes asserts that the will is unconditioned in its capacity to affirm or assent and deny.[15] This is also the point that his critics had most difficulties with.

The two-way power Descartes invokes is problematic enough in the context of practical deliberation, but at least it is grounded in a widely shared experience of moral conflict and choice where the will is not necessarily oriented to the good. It is hard to say what, if any, intuitions could be appealed to in the case of judgment. One may wonder if Descartes actually needs a very radical account of the freedom of the will to get what he wants here: a theory of judgment according to which we would be ourselves accountable for our false judgments? Is it not sufficient for the purposes of the Fourth Meditation to separate the intellect and the will as two independent powers? To the extent that the will operates independently of the intellect, it does not automatically conform to what the intellect perceives. Even when it is naturally inclined by the perceptions of the intellect, the will must be determined into active willing, or rather, it must determine itself, through its (free) power to elicit or not elicit its own acts: it can, as it were, actualize or not actualize its natural inclinations.[16] Thus, whether or not it affirms what the intellect clearly and distinctly perceives depends on the will it-

---

15 AT VIII-1 18–19, CSM I 205; AT XI 360–395; AT IV 173, CSMK 245. For a fuller discussion of this doctrine one must take account also of the temporal order in decision making, and the two kinds of indifference Descartes appeals to in his attempts to clarify his position. There is no room for a two-way power once the choice has been made. But Descartes seems to suggest there is room in deliberating, before decision has been reached, for exercising a more radical kind of freedom (of indifference) – one that is not reducible to indifference in the sense of being equally inclined in opposite directions, but is undetermined with respect to any prior inclination, including the natural inclination to the good.
16 The terminology is used, e.g., by Duns Scotus, who holds the natural inclination of the will to be passive and traces the action to the (free) power of the will to elicit or not elicit its acts, but Duns Scotus does not apply this theory to judgment.

self and not on the intellect. A proper use of our freedom is to align our will with what the intellect fully understands and, in all other cases, suspend judgment by not eliciting any act of affirmation or denial. Whatever we clearly and distinctly perceive is true, so we could never go wrong if we would restrict ourselves to affirming only clear and distinct perceptions.

Descartes's account depends on a distinction between two modes of cognition or two kinds of cognitive acts: conceiving or understanding on the one hand and judging on the other. The first is an operation or act of the (passive) intellect, so depends on external causes, while the second depends on us to the extent that it is the joint product of the operation of the passive intellect and the active will. Merely conceiving or entertaining true ideas in one's mind does not contain any falsity, nor does it count as genuine knowledge or understanding. Only the second mode of cognition, judgment, can be false, and only judgment, when well-formed, constitutes knowledge or true belief. If Descartes often speaks of perceiving clear and distinct ideas as understanding or knowing, it must be because he treats such clear and distinct perception as involving affirmation. It may be possible, in theory if not in practice, to consider or entertain clear and distinct perceptions without affirming them – this at least is what the systematic doubt staged in the first two Meditations purports to show. It is not possible however to focus on such true perceptions for any length of time and not assent to them:

> For example, during these past few days I have been asking whether anything in the world exists, and I have realized that from the very fact of my raising this question it follows quite evidently that I exist. *I could not but judge that something which I understood so clearly was true*; but this was not because I was compelled so to judge by any external force, but because a great light in the intellect was followed by a great inclination in the will, and thus the spontaneity and freedom of my belief was all the greater in proportion to my lack of indifference. (AT VII 58–59, CSM II 41, *italics added*)

Clear and distinct perception entails affirmation – the only way to resist affirming here is to turn one's attention to other things – for instance, to the idea of an evil genius. By contrast, assent can easily be withheld when a perception is not distinct or clear enough:

> But now, besides the knowledge that I exist, in so far as I am a thinking thing, an idea of corporeal nature comes into my mind; and I happen to be in doubt as to whether the thinking nature which is in me, or rather which I am, is distinct from this corporeal nature or identical with it. I am making the further supposition that my intellect has not yet come upon any persuasive reason in favour of one alternative rather than the other. This obviously implies that I am indifferent as to whether I should assert or deny either alternative, or indeed refrain from making any judgement on the matter. (AT VII 59, CSM II 41)

5.4 Weakness and perfection of the will

Belief or judgment is often analyzed as consisting of a propositional content plus an epistemic attitude taking it to be true or false, probable or doubtful. Descartes, as we have seen, makes a similar distinction, but unlike most other theories, he holds that such attitudes are voluntarily chosen. Thus, commenting on the passage just quoted, Descartes explains that affirming or denying would be making a bad use of one's freedom of choice (*libertate arbitrii*), whereas suspending one's judgment would be acting correctly (AT VII 59, CSM II 41). False beliefs and error are matters of free choice.

One line of criticism, voiced by contemporary commentators, suggests that Descartes, when speaking of judgment as the locus of falsity, is simply confounding falsity and error. What he should say is that error arises in judgment, but truth and falsity belong to the propositional contents of ideas that are the objects of judgment (Wilson 1978). Qua propositional, ideas must come with a truth-value of their own.[17]

Descartes speaks of contents of thought in terms of ideas, not propositions, but in so far as ideas are objects of possible judgments they are or can be spelled out as propositional. Clear and distinct ideas are true in themselves, a view Descartes defends already in the unpublished Rules for the Direction of the Mind (*Regulae ad Directionem Ingenii*, AT X 423, CSM I 47). Any thought is of something, a thing represented, and this object, qua represented, contains, at least when it is clear and distinct, some reality, i.e., with the terminology introduced in the Third Meditation, it has objective reality, and as such, it also must have, although Descartes does not spell this out, some propositional or pre-propositional structure. The content of confused ideas on the other hand is defective; they do not represent any thing distinctly and are characterized as materially false (AT VII 43, CSM II 30). Falsity in the strict sense, formal falsity, always arises with judgment, when assent is given to ideas that do not meet the criterion of clarity and distinctness required.[18]

Descartes's own contemporaries had difficulties with his voluntarist account of judgment. Hobbes points out that affirmation and denial, in refuting or defending propositions, are acts of the will, but not the inner assent to a true

---

17 For recent discussions of this see e.g., Rosenthal (1986, 405–434), Newman (2007, 339) and Carriero (2009, 265–266) all of whom reject, for different reasons, Wilson's criticism.
18 But see Carriero who thinks that truth too for Descartes is a property of judgments – not of ideas (thoughts, perceptions or propositions) – and judgments, as bearers of truth values, are or fail to be in conformity with the world (2009, 298).

proposition: "If something is proved by valid arguments [...] we then believe it whether we want to or not" (AT VII 192, CSM II 134). Since Descartes holds that the will is naturally inclined to the true or the good, he brushes off the qualification as inappropriate: we cannot both will and not will the same thing, e. g., knowing the truth (AT VII 193, CSM II 135).[19] Gassendi, in his Objections to the Fourth Meditation, points out that the scope of the intellect cannot be narrower than that of the will, "since the will never aims at anything which the intellect has not already perceived" (AT VII 314, CSM II 218). On the contrary, it must be even wider, for the apprehension of the intellect always precedes the pursuit or avoidance of something by the will. Moreover, things which are only poorly understood are neither judged nor pursued, because they leave the will indifferent. The will cannot extend to things that escape the intellect: it always presupposes and follows some perceptions of the intellect. If it goes wrong, it is not the will, but the imperfect perceptions of the intellect which are at fault. We cannot therefore really guard against error, for we always go for what at the time seems the more likely or true to us. We can only guard, Gassendi argues, against "persisting in error", and if we want to use our judgment correctly, we should "not so

---

[19] The argument is not spelled out, but it could go as follows: the will of a rational mind, having a natural inclination to truth, cannot *not* will the knowledge of it. It cannot have two contrary inclinations at once. It cannot, as a will, be inclined in opposite ways at once, though it can have conflicting inclinations successively (Cf. *Passions of the Soul*, AT XI 323–488, CSM I 325–404). Descartes describes the inclination of the will as irresistible in many contexts, where he speaks about the good as its natural end e. g., in the Second Replies: "The will of a thinking thing is drawn voluntarily and freely (for this is the essence of the will), but nevertheless inevitably, towards a clearly known good" (AT VII 166, CSM II 117). What role then does assent play? In these contexts, I argue, Descartes considers the will as exercising its freedom in the pursuit of the good already accepted as its final end, i. e., when the inclination of the will to the good has been elicited. Once the choice has been made freedom equals absence of external determination (AT VII 57ff., CSM II 40).

The two-way power still remains, if not for withholding assent from a truth that is clearly and distinctly perceived, at least from keeping that truth in focus, turning one's attention to other things. This power is not emphasized in the *Meditations*, where the task at hand is the acquisition of knowledge (AT VII 149, CSM II 106). But it is discussed in the letter to Mesland quoted above, and it is presupposed in the *Principles* I art. 37 (AT VIII-1 18–19, CSM I 205), where acting voluntarily (by free choice) is described as the supreme perfection of man, and where assenting to or "embracing the truth voluntarily" is said to be "much more to our credit than would be the case if we could not do otherwise" (AT VIII-1 19, CSM I 205). The natural inclination to the true requires an act of assent in order to become elicited or actualized, and it is only because this act is free that I can be both free and determined in acting on my natural impulse. My inclination to affirm is determined but the act whereby I affirm is not. I discuss this more in detail in Alanen (2003, Chapter 7).

much restrain our will as apply our intellect to develop a clearer awareness, which the judgement will always then follow" (AT VII 317, CSM II 220).

But would we be able to guard against persisting in error if whatever the intellect happens to perceive most clearly always determined the will? If the will were to turn from falsity to truth, that could be only "purely by chance [...], because the intellect presents the truth to it" (AT VII 378, CSM II 260). This very fact that we do assent to many things we do not know, Descartes argues, shows that the will is involved. If one followed Gassendi in judging that the mind is a rarefied body, which is false, one would have assented to something one does *not* clearly and distinctly understand (to wit, that the mind, which is thinking, is the same thing as a body, which is extended). One would have willed beyond the limits of one's intellect or understanding. To take another example, if you judge that an apple that unbeknownst to you has been poisoned is good and nutritious merely on account of its looks, smell or taste, you extend your will beyond the limits of what your intellect perceives: "You simply want to believe it, because you have believed it before and do not want to change your view" (AT VII 376–377, CSM II 259). Descartes agrees that *some* perceptions have to precede any act of the will, but he rejects Gassendi's proposal that the perceptions determine the will and that the will and intellect therefore are of equal scope:

> Concerning any object whatever, we can will very many things, but there are only very few things about it of which we can have knowledge (*possumus enim de eadem rem velle permulta, et perpauca tantum cognoscere*). (AT VII 377, CSM II 259)

The will can actively pursue things that are not objects of clear and distinct cognition, but not because it is determined, as Gassendi suggests, by whatever appears as the most probable or as the greatest good. The will determines itself for there is nothing – no perception distinct enough – in the intellect to determine it.

Descartes holds on to his intuition of free choice of the will that he takes to be a self-evident fact of experience (See, e. g., AT VII 191, 374–375, CSM II 134, 257–258), and he resists all views which threaten to undermine the autonomy of the human mind and the responsibility that goes with it. Error is not the same as weakness of the will, which is always in the end explicable as a defect in the cognitive power. We are ourselves accountable for our errors: we are fallible not because of a defect of nature, but because of the way we act in making bad use of our God-given free power of choice. We misuse our supreme perfection, our power of acting "freely and voluntarily" that constitutes the sole ground for moral praise or blame (*Principles* I art. 37–38, AT VIII-1 18–19, CSM I 205).

Returning to the question left unanswered above, we are now in a position to see why Descartes thinks it is better, all things considered, that our cognitive powers are fallible, when they could be infallible. This has to do with the strong sense of freedom he sees as a ground of responsibility and with rational action as opposed to mechanically caused states or events. The cognitive agent alone bears responsibility for his false judgments. Falsity arises in two ways: when a true idea is negated (perhaps because it was not inspected carefully enough) or, in the more ordinary case, when something that was not perceived distinctly enough is affirmed. An example of the first case would be the atheist denying God's existence, of the latter, the Aristotelian philosopher or the badly tutored layman taking the sensory qualities he perceives to be likenesses of the external things that cause them. The cognitive agent is at fault in both cases, no matter how strong his inclinations to do what he did, because he could have acted differently.[20]

The privation which is the essence of error and evil lies in the incorrect use of the will. More precisely, it lies in the imperfection of the action that I freely caused: that of affirming or denying some idea or thought-content in the absence of sufficient reason or evidence. Not only is God absolved from responsibility for my errors, but the world he created, considered in its totality, is a better place since it includes beings perfect enough to be able to act as they should act *not* because they could not refrain from so doing, but because they can do it voluntarily, through their own power of decision or free choice. What makes me liable to error also gives me the means to perfecting myself. For in spite of my weakness and inability to focus on what I truly know, "by attentive and repeated meditation I am nevertheless able to make myself remember it as often as the need arises, and thus get into the habit of avoiding error" (AT VII 62, CSM II 43). The perfection – the freedom of the will – that is the mark in thinking beings of their creator, places a heavy burden on them, that of paying constant attention to what they perceive or understand distinctly and separating it out from what is more obscure and confused. Because of the freedom of his will, it is the individual thinking being alone who bears the responsibility for his cognitive failures, commitments and endorsements.

---

[20] "If, however [...] in cases where I do not perceive the truth with sufficient clarity and distinctness [...] I either affirm or deny, then I am not using my free will correctly. If I go for the alternative which is false, then obviously I shall be in error; if I take the other side, then it is by pure chance that I arrive at the truth, and I shall still be at fault since it is clear by the natural light that the perception of the intellect should always precede the determination of the will." (AT VII 59–60, CSM II 41)

Bibliography

Alanen, Lilli (2003): Descartes's Concept of Mind, Cambridge, Mass.
— (2008a): Omnipotence, Modality and Conceivability, in: Janet Broughton and John Carriero (eds.), A Companion to Descartes, Malden, Mass., 353–371
— (2008b): Cartesian Scientia and the Human Soul, in: Dominik Perler (ed.), Transformations of the Soul: Aristotelian Psychology 1250–1650, Special offprint of Vivarium, Leiden, 418–442
Augustine (1993): On the Free choice of the Will (De libero arbitrio), transl. by Thomas Williams, Indianapolis
Carriero, John (2009): Between Two Worlds – A Reading of Descartes's Meditations, Princeton
Descartes, René (1967): Oeuvres Philosophiques, Tome II, edited by Ferdinand Alquié, Paris
— (1985): The Philosophical Writings of Descartes, transl. by John Cottingham, Robert Stoothoff, Dugland Murdoch, vol. I and II, Cambridge (CSM)
— (1991): The Philosophical Writings of Descartes, transl. by John Cottingham, Robert Stoothoff, Dugland Murdoch, Anthony Kenny, vol. III –" The Correspondence", Cambridge (CSMK)
Duns Scotus, John (1986): On the Will and Morality, sel. and transl. by Allan B. Wolter, Washington, D. C.
Gombay, André (2001): Descartes, Malden, Mass.
Menn, Stephen (1998): Descartes and Augustine, Cambridge, UK
Newman, Lex (2008): Descartes on Will in Judgment, in: Janet Broughton and John Carriero (eds.), A Companion to Descartes, Malden, Mass., 334–352
Ragland, Clyde Prescott (2006): Is Descartes a Libertarian?, in: Daniel Garber and Steven Nadler (eds.), Oxford Studies in Early Modern Philosophy, vol. 3, Oxford, 57–90
Rosenthal, David M. (1986): Will and the Theory of Judgment, in: Amélie Oksenberg Rorty (ed.), Essays on Descartes' Meditations, Berkeley, Los Angeles, London, 405–434
Wilson, Margaret D. (1978): Descartes, London

Tobias Rosefeldt
6 Descartes' ontologischer Gottesbeweis

6.1 Eine Übersicht

Mit dem Ende der vierten Meditation hat der Denker alle Zweifel an der Annahme ausgeräumt, daß dasjenige, was er sehr klar und deutlich einsieht, wahr ist. In der dritten Meditation hatte er einen Beweis dafür vorgelegt, daß Gott existiert und daß es mit dessen Vollkommenheit unvereinbar ist, uns täuschen zu wollen. In der vierten Meditation hatte er erklärt, wie dieses Ergebnis damit verträglich ist, daß wir uns dennoch manchmal täuschen, und festgestellt, daß Täuschung allein dadurch entsteht, daß wir ein Urteil über eine Sache fällen, obwohl wir diese Sache nicht hinreichend klar und deutlich erkannt haben. Der Denker kann sich nun also daran machen, das Gebäude seiner Annahmen über materielle Gegenstände, das er durch die Zweifelsgründe in der ersten Meditation zum Einsturz gebracht hatte, auf sicheren, d. h. gegen diese Zweifelsgründe immunen, Grundlagen neu zu errichten, und zwar indem er sich auf das beschränkt, was er bezüglich materieller Gegenstände klar und deutlich erkennt. Bevor er in der sechsten Meditation zeigt, daß und wie wir Erkenntnis von der *Existenz* materieller Gegenstände haben können, will er in der fünften Meditation untersuchen, worin das *Wesen* bzw. die *Natur* solcher materieller Gegenstände besteht. Dieser Frage widmet er sich im ersten Teil der Meditation (Abschnitte 1 bis 6). Das Ergebnis, zu dem der Denker hinsichtlich dieser Frage kommt, läßt sich folgendermaßen zusammenfassen: Der Materie bzw. der *res extensa* insgesamt ist es wesentlich, in drei räumlichen Dimensionen ausgedehnt zu sein. Den Teilen der Materie, d. h. den einzelnen materiellen Gegenständen, ist es neben ihrem Ausgedehntsein zudem wesentlich, eine bestimmte Größe, Gestalt und Lage zu haben und sich für eine bestimmte Zeit auf eine bestimmte Weise zu bewegen. Darüber hinaus haben besondere Ausformungen dieser Bestimmungen (z. B. die Gestalt eines Dreiecks oder die Anzahl 5) ihrerseits bestimmte wesentliche Eigenschaften (z. B. die Eigenschaft, eine Winkelsumme von 180 Grad zu haben, oder die Eigenschaft, größer als 4 zu sein). Im ersten Teil argumentiert der Denker zudem für zwei weitere Thesen: erstens die These, daß uns die Ideen von den wesentlichen Eigenschaften materieller Gegenstände angeboren sind, zweitens die These, daß materielle Gegenstände auch dann ein Wesen haben können und wir dieses auch dann erkennen können, wenn die materiellen Gegenstände gar nicht wirklich, d. h. außerhalb unseres Denkens, existieren.

Die Annahme, daß wir Dingen wahrheitsgemäß wesentliche Eigenschaften zuschreiben können, ohne dazu voraussetzen zu müssen, daß diese Dinge wirklich existieren, bringt den Denker zum zweiten Hauptthema der fünften Meditation, nämlich zu seinem erneuten Versuch, die Existenz Gottes zu beweisen (Abschnitt 7 bis 12).[1] Die Grundidee dieses Beweises ist die folgende: Wir erkennen, daß es zur Natur Gottes – als des allervollkommensten Wesens – gehört, sämtliche Vollkommenheiten zu haben, wobei Gott, wie gesagt, prinzipiell Eigenschaften wesentlich sein könnten, ohne daß er dazu existieren muß. In einem zweiten Schritt nehmen wir an, daß Existenz eine Vollkommenheit ist, und können dann folgern, daß es Gott wesentlich ist zu existieren, und also, daß er tatsächlich existiert. Der Denker nennt selbst einige naheliegende Einwände gegen dieses Argument und versucht sie dann zu entkräften.

Im dritten Teil der fünften Meditation (Abschnitt 13 bis 16) geht es um die Frage, inwiefern und inwieweit ein Beweis der Existenz Gottes die Gewißheit anderer, bislang vom Denker bezweifelter Überzeugungen nach sich ziehen kann. Der Denker stellt hier die folgende Überlegung an, die auch für die systematische Stellung des Gottesbeweises in der dritten Meditation relevant ist: Bevor wir uns der Existenz Gottes gewiß sind, ist selbst das, was wir höchst klar und deutlich einsehen – zum Beispiel das Ergebnis eines geometrischen Beweises –, nur in dem eingeschränkten, psychologischen Sinne unbezweifelbar, daß es uns nicht gelingt, es nicht zu glauben, solange wir den Beweis vor Augen haben. Sobald dies nicht mehr der Fall ist, können wir das Ergebnis eines solchen Beweises anzweifeln, indem wir uns bewußt machen, daß die psychologische Unbezweifelbarkeit prinzipiell mit der Falschheit der entsprechenden Überzeugung vereinbar ist. Erst nach dem Beweis der Existenz eines allgütigen Gottes können wir uns sicher sein, daß das, was wir klar und deutlich einsehen, auch wahr ist.

Obwohl alle drei Teile der fünften Meditation interessante exegetische und systematische Fragen aufwerfen,[2] werde ich mich hier auf den zweiten be-

---

[1] Aus dem Text läßt sich nicht entnehmen, weshalb Descartes es für nötig erachtet hat, die Existenz Gottes noch ein zweites Mal zu beweisen. Ein Motiv könnte gewesen sein, daß der Gottesbeweis der dritten Meditation auf relativ starken kausalitäts- und ideentheoretischen Prinzipien beruht. Dem Autor der *Meditationen* mag geschwant haben, daß das natürliche Licht, das ihn diese Prinzipien erkennen läßt, vielleicht nicht bei allen Lesern so hell leuchtet wie bei ihm.

[2] An der Argumentation im dritten Teil scheint zum Beispiel problematisch, daß die Gewißheit, die der Denker für die Konklusion des Gottesbeweises in Anspruch nehmen darf, selbst nur die psychologische des Nicht-nicht-glauben-Könnens sein kann, diese aber nach seiner eigenen Auskunft mit der Falschheit des für gewiß Gehaltenen vereinbar ist. Das cartesische Projekt der Erkenntnisfundierung durch einen Gottesbeweis hat deswegen den Anschein der Zirkularität (für einen Überblick über die Thematik des sogenannten *Cartesischen Zirkels* vgl. Loeb (1992)).

schränken und genauer untersuchen, was es für Descartes heißt, daß etwas zum Wesen eines Gegenstands gehört, daß Existenz zum Wesen Gottes gehört und daß sich die Existenz Gottes daraus, daß sie zu seinem Wesen gehört, beweisen läßt.

6.2 Wesen und Existenz Gottes – ein erster Versuch

In Abschnitt 5 spezifiziert der Denker, inwiefern wir wahre Aussagen über das Wesen bestimmter Dinge machen können, auch wenn diese Dinge selbst nicht existieren:

> Ich finde in mir unzählige Ideen gewisser Dinge, von denen man, auch wenn sie außerhalb meiner vielleicht nirgendwo existieren, dennoch nicht sagen kann, sie seien nichts; und obwohl sie von mir in gewisser Weise nach Belieben gedacht werden [franz. Fassung: obwohl es in meiner Freiheit liegt, sie zu denken oder nicht zu denken], so werden sie dennoch nicht von mir erfunden, sondern haben ihre eigenen wahren und unveränderlichen Naturen. Wenn ich mir zum Beispiel ein Dreieck einbilde, dann gibt es, auch wenn vielleicht eine derartige Gestalt außerhalb meines Denkens nirgendwo auf der ganzen Welt existiert und niemals existiert hat, dennoch wirklich eine gewisse bestimmte Natur oder Wesenheit oder Form des Dreiecks, die unveränderlich und ewig ist, und die weder von mir hervorgebracht wurde, noch von meinem Geist abhängig ist; was sich daran zeigt, daß verschiedene Eigenschaften von diesem Dreieck erwiesen werden können – zum Beispiel daß seine drei Winkel gleich zwei rechten sind [...] –, die ich nun klar erkenne, ob ich will oder nicht, selbst wenn ich vorher in keiner Weise an sie gedacht habe, als ich mir das Dreieck einbildete, und daher wurden sie von mir auch nicht hervorgebracht. (AT VII 64)[3]

Was der Denker hier sagt, scheint auf den ersten Blick sehr plausibel. Selbst wenn nirgends in der Welt Dreiecke existieren sollten, könnten wir uns doch durchaus Dreiecke vorstellen und an dem, was wir uns dann vorstellen, gewisse Eigenschaften entdecken, die ihm unabhängig von uns zukommen. So können wir zum Beispiel beweisen, daß die Eigenschaft, eine Winkelsumme von 180 Grad zu haben, notwendigerweise allen Dreiecken zukommt, ohne dabei annehmen zu müssen, daß irgendwelche Dreiecke existieren. Dreiecke scheinen ein bestimmtes Wesen haben zu können, ohne dazu existieren zu müssen. Diese These ist auf den zweiten Blick allerdings durchaus verwunderlich. Man fragt sich: Wie kann etwas,

---

[3] Ich orientiere mich in diesem Aufsatz an der Übersetzung von Andreas Schmidt in Descartes (2004), weiche aber in einigen Details davon ab. Passagen aus den *Einwänden und Erwiderungen*, die nicht in die Erläuterungen zu dieser Ausgabe aufgenommen sind, habe ich selbst übersetzt.

das gar nicht existiert, ein Wesen haben? Muß ein Ding nicht existieren, um überhaupt irgendwelche Eigenschaften zu haben?[4]

Eine Möglichkeit, der These, daß es zum Wesen von Dreiecken gehören kann, eine Winkelsumme von 180 Grad zu haben, auch wenn gar keine Dreiecke existieren, etwas von ihrer Merkwürdigkeit zu nehmen, besteht darin, sie im Sinne der Annahme zu verstehen, daß notwendigerweise alle Dreiecke eine Winkelsumme von 180 Grad haben. Das bedeutet, daß keine Dreiecke existieren *könnten*, die keine Winkelsumme von 180 Grad haben, und dies kann offensichtlich wahr sein, ohne daß es irgendwelche Dreiecke gibt. Dieser Rekonstruktion zufolge wäre eine bestimmte Eigenschaft einer bestimmten Art von Gegenständen genau dann wesentlich, wenn notwendigerweise alle Gegenstände dieser Art die in Frage stehende Eigenschaft haben bzw. wenn keine Gegenstände dieser Art existieren könnten, die die Eigenschaft nicht haben.

Der Denker müßte folglich nicht behaupten, daß Dreiecke Dinge sind, die ein Wesen haben, ohne zu existieren. Er würde sich nur darauf verpflichten, daß für den Fall, daß Dreiecke existieren, diese Dreiecke auf jeden Fall die-und-die Eigenschaften haben müssen.

Fassen wir diese Auffassung über das Wesen von Dingen in der folgenden Definition zusammen:

> Definition von „Wesen" – erster Versuch:
> Eine Eigenschaft G gehört genau dann zum Wesen von Gegenständen der Art F, wenn notwendigerweise alle Fs G haben (d.h. genau dann, wenn es keine Fs geben könnte, die G nicht haben).[5]

Der Vorschlag, Descartes eine Auffassung des Wesens von Dingen im Sinne dieses ersten Definitionsversuchs zuzuschreiben, hat allerdings den entscheidenden Nachteil, daß Descartes' Versuch, aus Betrachtungen über das Wesen Gottes dessen Existenz abzuleiten, auf sehr offensichtliche Weise scheitern würde. Existenz könnte nämlich zum Wesen Gottes gehören, ohne daß Gott deswegen existieren müßte. Dies wird klar, wenn man sich die einzelnen Schritte des Gottesbeweises ansieht. Betrachten wir hierzu zunächst Abschnitt 7. Dort behauptet der Denker folgendes:

---

4 Ich werde mich hier nicht mit der umgekehrten Frage beschäftigen, ob ein Wesen oder eine Eigenschaft für Descartes existieren kann, ohne daß es Gegenstände gibt, die sie haben. Zur Frage, wie „platonisch" Descartes' Rede vom Wesen ist, vgl. Schmaltz (1991) und Chappell (1997).
5 Formal ließe sich das *definiendum* dieser Definition folgendermaßen formulieren: „F∀x(Fx → Gx)".

> Gewiß finde ich die Idee Gottes, d. h. eines höchst vollkommenen Seienden, nicht weniger in mir als die Idee einer beliebigen Gestalt [...]; und daß es zu seiner Natur gehört, immer zu existieren, verstehe ich nicht weniger klar und deutlich, als ich verstehe, daß das, was ich von irgendeiner Gestalt [...] beweise, zur Natur dieser Gestalt [...] gehört [...]. (AT VII 65)

Entsprechend heißt es in Abschnitt 8, „daß die Existenz vom Wesen Gottes ebenso wenig getrennt werden kann wie vom Wesen des Dreiecks der Umstand, daß die Größe seiner drei Winkel gleich zwei rechten ist" (AT VII 66). Die Grundidee des Gottesbeweises besteht also darin, daß im Falle Gottes die Existenz eines Gegenstandes, von der das Wesen dieses Gegenstands ja erst einmal unabhängig sein sollte, selbst zum Wesen des Gegenstandes gehört.[6] Der Grund dafür scheint zu sein, daß es Gott wesentlich ist, ein „höchst vollkommenes Seiendes" zu sein, d. h. ein Ding, dem alle Vollkommenheiten zukommen. Unter einer Vollkommenheit ist dabei eine Eigenschaft zu verstehen, durch die ein Gegenstand besser ist, als er es ohne sie wäre (vgl. z B. AT VII 166). Wissen zum Beispiel ist eine Vollkommenheit, weil es für ein Wesen in der Regel besser ist, wenn es etwas weiß, als wenn es dies nicht weiß. Ein höchst vollkommenes Seiendes ist ein Wesen, das alle solche Vollkommenheiten in ihrer höchsten Steigerungsform hat (z. B. allwissend, allmächtig usw. ist). Der Denker nimmt an, daß einem Wesen, das alle Vollkommenheiten hat, auch die Eigenschaft zukommt zu existieren, und zwar einfach deswegen, weil Existenz selbst eine Vollkommenheit ist (vgl. Abschnitt 11), d. h. daß Gegenstände in einem gewissen Sinne besser dran sind, wenn sie existieren, als wenn sie dies nicht tun. Der Beweis hat also die folgende Struktur: Alle Vollkommenheiten gehören zum Wesen Gottes. Existenz ist eine Vollkommenheit. Also gehört es zum Wesen Gottes zu existieren. Also existiert Gott.

---

[6] Descartes ist sich durchaus bewußt, daß diese These nicht leicht zu schlucken ist, und macht in den Abschnitten 8 bis 10 deutlich, daß natürlich normalerweise Aussagen über das Wesen eines Gegenstands nicht dessen Existenz implizieren, sondern nur dann, wenn es die Eigenschaft der Existenz ist, die zum Wesen eines Gegenstandes gehört. In den Erwiderungen auf die ersten und die zweiten Einwände spezifiziert Descartes, daß *mögliche* Existenz zum Wesen eines jeden klar und deutlich erkannten Gegenstandes gehört, *notwendige* Existenz aber nur zum Wesen Gottes (vgl. AT VII 116 und AT VII 166). Man sollte beachten, daß die letztere Behauptung nicht identisch ist mit der in den *Meditationen*, daß *tatsächliche* Existenz zum Wesen Gottes gehört und Gott deswegen notwendigerweise zukommt. (Diese These vertritt er aber auch in den Erwiderungen auf die ersten Einwände, so daß nicht klar ist, ob Descartes selbst der Unterschied bewußt ist; vgl. AT VII 117.) In der zeitgenössischen Philosophie vertritt Alvin Plantinga einen Gottesbeweis, in dem Gottes Existenz daraus gefolgert wird, daß es zu seinem Wesen gehört, notwendigerweise zu existieren. Unter der Voraussetzung einer bestimmten Modallogik folgt daraus zusammengenommen mit der Annahme, daß Gott möglicherweise existiert, Gottes tatsächliche Existenz (vgl. Plantinga (1974)).

Der letzte Schritt dieses Arguments – der Schritt von der Annahme, daß es zum Wesen Gottes gehört zu existieren, zu der Annahme, daß er tatsächlich existiert – scheint auf den ersten Blick trivial. Würde man den obigen ersten Definitionsversuchs des Begriffs des Wesens zugrunde legen, dann wäre dieser Schritt allerdings nicht gerechtfertigt. Das Argument wäre dann nämlich folgendermaßen zu rekonstruieren:

Gottesbeweis – erster Versuch:

(i) Bezüglich jeder Vollkommenheit V gilt: Es könnte keinen Gott geben, der V nicht hat.

(ii) Existenz ist eine Vollkommenheit.

(iii) Also: Es könnte keinen Gott geben, der nicht existiert.

(iv) Also: Gott existiert.

Der Schluß von (iii) auf (iv) ist offensichtlich nicht gültig. Daraus, daß es keinen Gott geben könnte, der nicht existiert, folgt genauso wenig, daß er tatsächlich existiert, wie es daraus, daß der Mond nicht aus Käse sein könnte, wenn er nicht aus Käse wäre, folgt, daß er tatsächlich aus Käse ist.[7] Der Fehler, der dem Gottesbeweis in der fünften Meditation gemäß dem ersten Rekonstruktionsversuchs zugrunde liegen würde, wäre meiner Ansicht nach zu offensichtlich, als daß Descartes ihn übersehen haben könnte. Ich halte es deswegen für exegetisch unhaltbar, ihm eine Auffassung des Wesens von Gegenständen zuzuschreiben, die durch den obigen ersten Definitonsversuch wiedergegeben wird.

6.3 Wesen und Existenz Gottes – ein zweiter Versuch

Die Motivation für den ersten Definitionsversuch von „Wesen" bestand darin, daß er es uns ermöglicht, die folgenden beiden Annahmen miteinander zu vereinbaren: (a) Wir können wahre Aussagen über das Wesen von Dingen machen, ohne daß diese Dinge dazu existieren müssen. (b) Wir müssen nicht behaupten, daß es Dinge gibt, die ein Wesen haben, aber nicht existieren. Annahme (b) schien willkommen, weil es *prima facie* einleuchtend erscheint, daß Gegenstände existieren müssen, um überhaupt irgendwelche Eigenschaften zu haben. Ein etwas

---

[7] Vgl. zu diesem Einwand und zur Grundidee der im folgenden Abschnitt präsentierten Lösung Forgie (1990, 81–84).

genauerer Blick in den Text zeigt jedoch, daß Descartes in diesem Punkt anderer Meinung ist. In dem Zitat aus Abschnitt 5 hatte der Denker gesagt, er fände in sich „unzählige Ideen gewisser Dinge, von denen man, auch wenn sie außerhalb [s] einer vielleicht nirgendwo existieren, dennoch nicht sagen kann, sie seien nichts". Die Dinge, von denen wir Ideen haben, sind selbst dann, wenn sie nicht wirklich existieren und *nur* Gegenstände unserer Ideen sind, nicht nichts, d. h. sie haben selbst dann eine bestimmte Art von Sein. Dieses Sein scheint ihnen zu erlauben, selbst dann Eigenschaften und ein Wesen zu haben, wenn sie nicht existieren.[8]

Die Unterscheidung zwischen zwei verschiedenen Arten von Sein – Sein außerhalb des Verstandes und Sein im Verstand – ist ein wesentlicher Aspekt von Descartes' Ideentheorie. Sie spielt für den Gottesbeweis in der dritten Meditation eine entscheidende Rolle und ist dem Leser der *Meditationen* seit dem Vorwort bekannt. Dort heißt es, daß eine gewisse „Äquivokation im Wort ‚Idee' vorhanden ist. Es kann nämlich entweder material genommen werden für eine Tätigkeit des Verstandes [...] oder objektiv für das Ding, das durch diese Tätigkeit repräsentiert wird [...] – auch wenn nicht vorausgesetzt wird, daß es außerhalb des Verstandes existiert" (AT VII 8). In den Erwiderungen auf die Einwände von Caterus erläutert Descartes diese Passage folgendermaßen: „Sollte aber gefragt werden, was die Idee der Sonne ist, und würde man antworten, daß sie die gedachte Sache ist, sofern sie objektiv im Verstand ist, [...] so wird ‹objektiv im Verstand sein› [...] bedeuten, [...] im Verstand in der Weise zu sein, wie es seine Objekte zu sein pflegen, so daß die Idee der Sonne, die im Verstand – zwar nicht formaliter, wie am Himmel, aber objektiv, d. h. in der Weise, wie die Objekte im Verstand zu sein pflegen – existierende Sonne selbst ist" (AT VII 102 f.). Auch wenn vieles an diesen Bemerkungen zweifellos interpretationsbedürftig ist,[9] scheint das folgende doch sicher Descartes' Meinung zu sein: Dinge wie die Sonne können auf zwei verschiedene Weisen existieren – auf objektive Weise im Verstand und auf formale Weise außerhalb des Verstandes. Zu sagen, daß die Sonne auf formale Weise existiert, heißt wohl nichts anderes als das, was man normalerweise damit meint, wenn man sagt, daß die Sonne überhaupt existiert. Sie existiert formal, wenn sie tatsächlich am Himmel steht. Damit die Sonne auf objektive Weise existiert bzw. objektives Sein hat, reicht es dagegen aus, daß irgend jemand eine Idee von der

---

8 In der zeitgenössischen Diskussion über den Begriff der Existenz würde Descartes' Position deswegen am ehesten der von Philosophen in der Tradition von Alexius Meinong entsprechen (vgl. z. B. Parsons (1980)). Auf den Meinongianischen Charakter des Existenzbegriffs im Gottesbeweis der fünften Meditation hat besonders A. Kenny hingewiesen (vgl. Kenny (1968, Kap. 7)).
9 Vgl. dazu z. B. Kemmerling (2005), Perler (1996) und Grüne (2009).

Sonne hat. Die Sonne existiert dann auf objektive Weise im Verstand, selbst wenn es nirgends in der Welt eine Sonne gibt.

Die Unterscheidung zwischen objektiver und formaler Existenz erlaubt es, Descartes' Aussagen über Wesen und Existenz in der fünften Meditation so zu interpretieren, daß die vorige Schwierigkeit vermieden werden kann. Daß wir wahre Aussagen über das Wesen von Dreiecken machen können, auch wenn keine Dreiecke existieren, kann man nun folgendermaßen verstehen: Dreiecke können auch dann Eigenschaften haben und wir können also auch dann ihre Eigenschaften erkennen, wenn sie nicht formal, sondern bloß objektiv existieren. In dem Zitat aus Abschnitt 5 hieß es: „Wenn ich mir [...] ein Dreieck einbilde, dann gibt es, auch wenn vielleicht eine derartige Gestalt außerhalb meines Denkens nirgendwo auf der ganzen Welt existiert und niemals existiert hat, dennoch wirklich eine gewisse bestimmte Natur oder Wesenheit oder Form des Dreiecks [...]; was sich daran zeigt, daß verschiedene Eigenschaften dieses Dreiecks erwiesen werden können" (AT VII 64). Die Ausdrücke „Natur *des Dreiecks*" und „Eigenschaften *dieses Dreiecks*" machen deutlich, daß der Denker nicht nur behaupten will, daß es das Wesen eines Dreiecks selbst dann gibt, wenn keine Dreiecke (formal) existieren, sondern außerdem, daß es in diesem Fall auch das Dreieck gibt, das dieses Wesen hat, nur daß dieses Dreieck eben nicht formal, sondern bloß objektiv existiert. Es liegt deswegen nahe, wesentliche Eigenschaften einer bestimmten Art von Gegenständen als Eigenschaften zu verstehen, die alle Gegenstände – unabhängig davon, ob sie formal oder bloß objektiv existieren – haben müssen, um zu dieser Art zu gehören. Daß die Eigenschaft, eine Winkelsumme von 180 Grad zu haben, Dreiecken wesentlich ist, hieße also, daß diese Eigenschaft notwendigerweise allen Dreiecken zukommt, und zwar auch solchen Dreiecken, die nur objektiv, d. h. bloß als Gegenstände von Ideen, existieren. Fassen wir dieses neue Verständnis des Wesens einer Sache in einer neuen Definition zusammen:

> Definition von „Wesen" – zweiter Versuch:
> Eine Eigenschaft G gehört genau dann zum Wesen von Gegenständen der Art F, wenn notwendigerweise alle Fs, die objektiv oder formal existieren, G haben (d. h. genau dann, wenn es keine – sei es objektiv oder formal existierenden – Fs geben könnte, die G nicht haben).[10]

---

[10] Führt man „$E!_f$" als Prädikat für formale Existenz und „$E!_o$" als Prädikat für objektive Existenz ein, ließe sich das *definiendum* dieser Definition formal folgendermaßen formulieren: „$F\forall x((E!_f x \vee E!_o x) \wedge Fx \to Gx)$".

Es ist klar, daß es beim Beweis der Existenz Gottes um den Beweis der *formalen* Existenz Gottes geht. *Objektive* Existenz hat Gott ja schon allein dadurch, daß wir eine Idee von Gott haben. Die Grundidee des Beweises in der fünften Meditation – Existenz gehört zum Wesen Gottes – ließe sich dann folgendermaßen formulieren: Gott könnte nicht einmal objektiv existieren, wenn er nicht auch formal existieren würde. Der Beweis wäre vollständig folgendermaßen zu rekonstruieren:

Gottesbeweis – zweiter Versuch:

(i) Bezüglich jeder Vollkommenheit *V* gilt: Es könnte keinen – sei es formal oder objektiv existierenden – Gott geben, der *V* nicht hat.

(ii) Formal zu existieren ist eine Vollkommenheit.

(iii) Also: Es könnte keinen – sei es formal oder objektiv existierenden – Gott geben, der nicht formal existiert.

(iv) Es gibt einen objektiv existierenden Gott.

(v) Also: Es gibt einen formal existierenden Gott.

Der zweite Rekonstruktionsversuch des Gottesbeweises hat gegenüber dem ersten den Vorteil, daß er den Beweis als formal gültiges Argument darstellt. Unabhängig von der Frage, wie gut die einzelnen Prämissen begründet sind, kann man gegen ihn allerdings den folgenden sehr generellen Einwand erheben: Wenn sich mit Hilfe dieses Argumentes die Existenz Gottes tatsächlich beweisen ließe, dann ließe sich auch die Existenz vieler anderer Dinge auf die gleiche Weise beweisen, bezüglich deren ein solcher Beweis aber absurd wäre. Caterus hat diesen Einwand in den ersten Erwiderungen folgendermaßen formuliert:

> Der Komplex *existierender Löwe* beinhaltet sowohl *Löwe* als auch *Existenz*, und zwar beinhaltet er diese beiden Dinge seinem Wesen nach, denn wenn man einen der beiden Teile wegnähme, wäre es nicht mehr derselbe Komplex. Aber erkennt Gott dieses zusammengesetzte Ding nicht seit Ewigkeit klar und deutlich? Und enthält nicht die Idee dieses Zusammengesetzten, als eines Zusammengesetzten, jeden seiner beiden Teile wesentlich? Das heißt: Gehört Existenz nicht zum Wesen des zusammengesetzten Dinges *existierender Löwe*? Dennoch erzwingt Gottes deutliche Erkenntnis nicht, daß einer der beiden Teile dieses zusammengesetzten Dinges existiert [...]. (AT VII 99 f.)

Caterus' Einwand wäre tatsächlich berechtigt, wenn der zweite Rekonstruktionsversuch des Gottesbeweises und die dieser Rekonstruktion zugrundeliegende Definition von „Wesen" Descartes' Überlegungen richtig wiedergäben. Machen wir uns dies zuerst kurz anhand eines anderen „Komplexes" deutlich, des Komplexes *blauer Löwe*. Das folgende ist zweifellos wahr:

(1) Notwendigerweise gilt: Alle blauen Löwen, die objektiv oder formal existieren, sind blau.

Nach der zweiten Definition von „Wesen" folgt aus (1) der Satz (2):

(2) Die Eigenschaft, blau zu sein, gehört zum Wesen blauer Löwen.

Dieselbe Überlegung läßt sich nun anstellen, wenn man statt der Eigenschaft, blau zu sein, die Eigenschaft, formal zu existieren, betrachtet. Satz (3) ist wahr, und aus ihm folgt nach der zweiten Definition von „Wesen" Satz (4):

(3) Notwendigerweise gilt: Alle formal existierenden Löwen, die objektiv oder formal existieren, existieren formal.

(4) Die Eigenschaft, formal zu existieren, gehört zum Wesen formal existierender Löwen.

Die Wahrheit von Satz (4) wäre für Descartes zweifellos eine sehr unschöne Konsequenz, schließlich soll wesentliche Existenz ja eine metaphysische Besonderheit Gottes sein – eine Besonderheit, durch die er sich von endlichen Wesen wie Löwen unterscheidet. Zudem ließe sich auf der Basis der zweiten Definition von „Wesen" zeigen, daß formale Existenz auch zum Wesen von Dingen gehört, die nicht einmal *de facto* formal existieren, so etwa zum Wesen von formal existierenden blauen Löwen oder formal existierenden geflügelten Pferden. Da für Descartes daraus, daß formale Existenz zum Wesen von Dingen einer bestimmten Art gehört, folgt, daß Dinge dieser Art formal existieren, müßte er also akzeptieren, daß blaue Löwen und geflügelte Pferde formal existieren. Diese Konsequenzen der zweiten Definition von „Wesen" scheinen zu naheliegend, als daß sie Descartes entgangen sein könnten. Es ist deswegen auch im Falle dieser Definition mehr als fragwürdig, ob sie Descartes' Auffassung vom Wesen eines Gegenstandes richtig wiedergibt.

6.4 Wesen und Existenz Gottes – ein dritter Versuch

In der Antwort auf Caterus, wie auch schon in der Replik auf die Einwände, die sich der Denker in den Abschnitten 8 bis 11 der fünften Meditation selbst macht, betont Descartes wiederholt, daß die Tatsache, daß eine bestimmte Winkelsumme zum Wesen von Dreiecken gehört und Existenz zum Wesen Gottes, nicht darauf beruht, daß wir die Ideen von dieser Winkelsumme und die von Dreieckigkeit oder die von Existenz und die von Gott willkürlich miteinander kombiniert haben. Sein

Gottesbeweis beruhe auch nicht darauf, daß wir das Wort „Gott" so verwenden, daß damit ein Wesen mit allen Vollkommenheiten, inklusive der der Existenz, gemeint ist (vgl. AT VII 115). Genau hierin bestehe der Unterschied zu einer Idee wie der von einem formal existierenden Löwen. In der Antwort auf Caterus heißt es:

> Ideen, die keine wahren und unveränderlichen Naturen enthalten, sondern nur erdichtete und vom Verstand zusammengesetzte, können durch diesen selben Verstand zerlegt werden [...], so daß die Dinge, die der Verstand so nicht zerlegen kann, ohne Zweifel nicht von ihm zusammengesetzt worden sind. Wenn ich zum Beispiel ein geflügeltes Pferd, einen aktuell existierenden Löwen oder ein einem Quadrat eingeschriebenes Dreieck denke, so verstehe ich leicht, daß ich mir auch umgekehrt ein Pferd ohne Flügel, einen Löwen, der nicht existiert, oder ein Dreieck ohne Quadrat und dergleichen denken kann, und daß sie daher keine wahren und unveränderlichen Naturen haben. Wenn ich dagegen an ein Dreieck denke [...], dann werde ich sicher alles, was ich in der Idee des Dreiecks enthalten finde, wie, daß seine drei Winkel gleich zwei rechten sind usw., von dem Dreieck mit Wahrheit behaupten [...]. Denn obwohl ich ein Dreieck begreifen kann, wenn ich davon abstrahiere, daß seine drei Winkel gleich zwei rechten sind, so kann ich dies dennoch nicht in einer klaren und deutlichen Tätigkeit von ihm negieren [...]. (AT VII 117 f.)

Es ist fraglich, ob der Rekurs auf die Zerlegbarkeit von Ideen, durch den Descartes hier den Unterschied zwischen den Ideen von einem Dreieck und von Gott einerseits und den Ideen von in Quadraten eingeschriebenen Dreiecken und existierenden Löwen andererseits explizieren will, hilfreich ist. Man könnte folgendes einwenden: Es ist durchaus richtig, daß man sich zwar ein Dreieck ohne ein Quadrat drumherum, aber kein Dreieck ohne eine Winkelsumme von 180 Grad denken kann. Aber ganz in Analogie dazu kann man sich auch kein *in ein Quadrat eingeschriebenes* Dreieck ohne Quadrat denken, während andererseits ein *Vieleck* ohne eine Winkelsumme von 180 Grad durchaus vorstellbar ist. Diesem Einwand zufolge würden sich die Idee von dem einem Quadrat eingeschriebenen Dreieck, die Idee von dem Dreieck und die Idee von dem Enthaltensein in einem Quadrat genauso zueinander verhalten wie die Idee von einem Dreieck, die Idee von einem Vieleck und die Idee des Besitzens einer Winkelsumme von 180 Grad. Da sich die drei Ideen in diesen beiden Fällen *in puncto* Kombinierbarkeit bzw. Zerlegbarkeit genau gleich zueinander verhalten, läßt sich der von Descartes in Anschlag gebrachte Unterschied zwischen Ideen von wahren und unveränderlichen Naturen und Ideen, die vom Verstand gemacht sind, nicht aufrechterhalten (vgl. Wilson 1978, 173).[11] Ebenso könnte man argumentieren, daß sich zwar die Idee der

---

11 Edelberg (1990) macht einen Vorschlag, wie Descartes angesichts der Einwände von Wilson

Existenz nicht von der Idee Gottes trennen ließe, daß man sich aber die Nichtexistenz eines Wesens vorstellen könnte, das alle Vollkommenheiten Gottes außer der der Existenz hat, so wie man sich zwar einen nicht-existierenden Löwen, aber keinen nicht-existierenden existierenden Löwen denken kann.

Auch wenn der zuletzt genannte Einwand gegen Descartes' Explikation des Unterschieds zwischen gemachten Ideen und solchen, die wahre und unveränderliche Naturen enthalten, berechtigt ist, hat Descartes mit seinen Beispielen doch einen Unterschied getroffen, der ihm tatsächlich helfen kann, seinen Gottesbeweis zu vertreten, ohne analoge Löwen- oder Flügelpferdbeweise akzeptieren zu müssen. Intuitiv scheint es richtig zu sein, daß einem Dreieck, das in ein Quadrat eingeschrieben ist, die Eigenschaft, in einem Quadrat eingeschrieben zu sein, nicht wesentlich ist, die Eigenschaft, eine Winkelsumme von 180 Grad zu haben, aber schon, obwohl es sowohl notwendigerweise wahr ist, daß alle einem Quadrat eingeschriebenen Dreiecke einem Quadrat eingeschrieben sind, als auch notwendigerweise wahr, daß alle Dreiecke eine Winkelsumme von 180 Grad haben. Ein weiteres Beispiel macht dies noch deutlicher. Es ist notwendigerweise wahr, daß alle Löwen, die einen blauen Farbklecks hinter dem rechten Ohr haben, einen blauen Farbklecks hinter dem rechten Ohr haben. Aber keinem Löwen, der *de facto* einen blauen Farbklecks hinter dem rechten Ohr hat, ist es wesentlich, daß er dort diesen Fleck hat. Es ist ihm nicht wesentlich, weil er auch ohne diesen Fleck existieren könnte. Die Eigenschaft, ausgedehnt zu sein, dagegen ist Löwen wesentlich. Ein Löwe könnte ohne diese Eigenschaft nicht existieren.

Fassen wir das diesen Überlegungen zugrundeliegende Verständnis vom Wesen einer Sache in einem vorläufigen dritten Definitionsversuch zusammen.[12] Vorläufig ist dieser Versuch, weil er noch nicht Descartes' Unterscheidung zwischen objektiver und formaler Existenz berücksichtigt.

---

die genannte Unterscheidung aufrecht erhalten kann, der sich von der Interpretation, die ich im folgenden vorschlagen werde, unterscheidet.

12 ... der im übrigen die gegenwärtige Standardauffassung zu wesentlichen Eigenschaften wiedergibt.

Definition von „Wesen" – vorläufiger dritter Versuch:
Eine Eigenschaft G gehört genau dann zum Wesen eines Gegenstandes x, wenn notwendigerweise gilt: Wenn x existiert, dann hat x G (d. h. genau dann, wenn x nicht existieren könnte, ohne G zu haben).
Eine Eigenschaft G gehört genau dann zum Wesen von Gegenständen der Art F, wenn es notwendig ist, daß für alle x, die F sind, notwendigerweise gilt: Wenn x existiert, dann hat x G (d. h. genau dann, wenn notwendigerweise für alle x, die F sind, gilt, daß x nicht existieren könnte, ohne G zu haben).[13]

Daß es einem Quadrat eingeschriebenen Dreiecken nicht wesentlich ist, einem Quadrat eingeschrieben zu sein, wohl aber wesentlich, eine Winkelsumme von 180 Grad zu haben, zeigt sich gemäß dieser Definition daran, daß nur der folgende Satz (5.b), nicht aber der Satz (6.b) wahr ist – und das, obwohl sowohl Satz (5.a) als auch Satz (6.a) wahr sind:

(5.a)   Notwendigerweise gilt: Alle Dreiecke haben eine Winkelsumme von 180 Grad.

(5.b)   Notwendigerweise gilt für alle Dreiecke, daß sie nicht existieren könnten, ohne eine Winkelsumme von 180 Grad zu haben.

(6.a)   Notwendigerweise gilt: Alle Dreiecke, die einem Quadrat eingeschrieben sind, sind einem Quadrat eingeschrieben.

(6.b)   Notwendigerweise gilt für alle Dreiecke, die einem Quadrat eingeschrieben sind, daß sie nicht existieren könnten, ohne einem Quadrat eingeschrieben zu sein.[14]

---

13 Formal ließe sich das *definiendum* des zweiten Teils dieser Definition folgendermaßen formulieren: „□∀x(Fx → □(E!x → Gx))". Der Notwendigkeitsoperator am Anfang ist nötig, um auszuschließen, daß beliebige solcher Sätze wahr werden, bei denen „F" für eine Art steht, unter die *de facto* nichts fällt. Ohne den ersten Notwendigkeitsoperator würde ansonsten z. B. folgen, daß es zum Wesen blauer Löwen gehört, grün zu sein. Ein Vergleich der formalen Notation mit der des *definiendums* der ersten Definition – „□∀x(Fx → Gx)" (vgl. Anm. 5) – zeigt den Vorteil der dritten Definition gegenüber der ersten: G-sein ist Dingen, die F sind, nicht schon dann wesentlich, wenn Dinge, die F sind, nicht *F sein* könnten, ohne G zu sein, sondern erst dann, wenn Dinge, die F sind, nicht *existieren* könnten (sei es als Fs oder als Nicht-Fs), ohne G zu sein.
14 Mit den Sätzen (5.a) und (6.a) wird eine sogenannte „de dicto"-Notwendigkeit behauptet (d. h. gesagt, daß *das mit dem Satz hinter dem Doppelpunkt Gesagte* notwendigerweise wahr ist), in den Sätzen (5.b) und (6.b) eine sogenannte „de re"-Notwendigkeit (d. h. es wird *von bestimmten Dingen* behauptet, daß ihnen eine bestimmte Eigenschaft notwendigerweise zukommt).

Daß (6.b) falsch ist, sieht man zum Beispiel daran, daß eine Zeichnung, die ein einem Quadrat eingeschriebenes Dreieck darstellt, immer noch dasselbe Dreieck darstellen würde, wenn man das gezeichnete Quadrat wegradieren würde.[15]

Bevor wir zurück zu Caterus' Einwand und Descartes' Replik darauf kommen, müssen wir die dritte Definition von „Wesen" allerdings noch modifizieren. In der vorläufigen Version ist sie nämlich offensichtlich nicht für die Zwecke eines Beweises der Existenz Gottes geeignet. Der Grund ist, daß nach der vorläufigen dritten Definition Existenz zum Wesen *eines jeden* Gegenstandes gehören würde, schließlich gilt für jeden Gegenstand, daß er nicht existieren könnte, ohne zu existieren.[16] Diese Konsequenz ist für Descartes sicher nicht hinnehmbar. Außerdem würde, ähnlich wie beim ersten Rekonstruktionsversuch des Gottesbeweises, daraus, daß es zum Wesen Gottes gehört zu existieren, nicht mehr folgen, daß er tatsächlich existiert. Um diese Mängel zu beheben, muß man die Definition um die cartesische Unterscheidung zwischen objektiver und formaler Existenz anreichern. Naheliegenderweise kann man eine wesentliche Eigenschaft eines Gegenstands im Rahmen dieser Unterscheidung als eine Eigenschaft verstehen, die der Gegenstand haben muß, um formal oder objektiv zu existieren. So ergibt sich die folgende Definition:

> Definition von „Wesen" – dritter Versuch:
> Eine Eigenschaft G gehört genau dann zum Wesen eines Gegenstandes x, wenn notwendigerweise gilt: Wenn x formal oder objektiv existiert, dann hat x G (d.h. genau dann, wenn x ohne G weder formal noch objektiv existieren könnte).
> Eine Eigenschaft G gehört genau dann zum Wesen von Gegenständen der Art F, wenn es notwendig ist, daß für alle formal oder objektiv existierenden x, die F sind, notwendigerweise gilt: Wenn x formal oder objektiv existiert, dann hat x G (d.h. genau dann, wenn für alle formal oder objektiv existierenden x, die F sind, gilt, daß sie ohne G weder formal noch objektiv existieren könnten).[17]

---

15 Es ist wichtig, daß es in Satz (5.b) um eine notwendige Eigenschaft einer bestimmten Form (nämlich eines Dreiecks) geht, nicht um eine notwendige Eigenschaft von Dingen, die diese Form haben. Ein Dreieck könnte nicht existieren, ohne drei Ecken zu haben, über einen Hut aber läßt sich nicht sagen: „er hat drei Ecken und hätt' er nicht drei Ecken, dann wär' er nicht ein Hut".

16 Unter den zeitgenössischen Autoren hat vor allem Kit Fine dafür argumentiert, daß man auf Grund dieser Konsequenz die dem dritten Definitionsversuch zugrundeliegende Auffassung vom Wesen einer Sache aufgeben sollte (vgl. Fine (2005)).

17 Der Vollständigkeit halber auch hier die formale Notation des Definiendums des zweiten Teils der Definition: „$F \forall x((E!_f x \vee E!_o x) \wedge Fx \to F((E!_f x \vee E!_o x) \to Gx))$".

Diese dritte Definition gibt meines Erachtens am besten das wieder, was Descartes unter dem Wesen eines Gegenstandes versteht. Anders als die zweite Definition erlaubt sie es nämlich, anzunehmen, daß Existenz zum Wesen Gottes gehört, und zugleich zu bestreiten, daß Existenz zum Wesen existierender Löwen gehört. Nehmen wir an, wir stellen uns vor, daß ein Löwe formal existiert. Dann haben wir die Idee von einem formal existierenden Löwen. Nach dem, was wir bislang über objektive Existenz angenommen haben, hat dies zur Folge, daß nun auf objektive Weise ein formal existierender Löwe existiert. Aber dieser Löwe hat nicht die Eigenschaft, daß er ohne formale Existenz weder formal noch objektiv existieren könnte. Wir können uns nämlich von eben diesem Löwen vorstellen, daß er nicht formal existiert, etwa wenn wir uns vorstellen, daß er stirbt. Und das hieße, daß eben derselbe Löwe nun auf objektive Weise existierte, ohne die Eigenschaft zu haben, formal zu existieren. Das folgende ist also wahr:

(7) Es gibt einen objektiv existierenden Gegenstand, der ein formal existierender Löwe ist, und für den *nicht* gilt, daß er ohne die Eigenschaft, formal zu existieren, weder formal noch objektiv existieren könnte.

Gemäß der dritten Definition von „Wesen" heißt das, daß formale Existenz nicht zum Wesen von formal existierenden Löwen gehört.

Was Gott betrifft verhält sich die Sache laut Descartes anders. Daß Existenz zu seinem Wesen gehört, hieße gemäß der dritten Definition folgendes:

(8) Ohne die Eigenschaft, formal zu existieren, könnte Gott weder formal noch objektiv existieren.

Wenn wir eine Idee von Gott als einem Wesen haben, das alle Vollkommenheiten hat und also auch formal existiert, dann können wir uns nicht vorstellen, daß eben derselbe Gott auch nicht formal existieren könnte und bloß objektiv weiterexistiert. Was auch immer wir uns da vorstellen würden, wäre nicht der Gegenstand unserer ursprünglichen Idee; es wäre nicht nur nicht mehr der formal existierende Gott, es wäre gar nicht mehr Gott[18] – ganz anders als in dem Fall, in dem wir uns ein und denselben Löwen einmal mit und einmal ohne formale Existenz vorstellen können. So jedenfalls scheint Descartes zwischen den beiden Fällen unterscheiden zu wollen.

Der Gottesbeweis wäre gemäß der dritten Wesensdefinition dann folgendermaßen zu rekonstruieren:

---

18 Vgl. dazu auch die folgende Passage aus Descartes' Erwiderung auf die fünften Einwände: „Eine Idee repräsentiert das Wesen einer Sache, und wenn irgend etwas hinzugefügt oder weggenommen wird, ist die Idee sogleich die einer anderen Sache" (AT VII 371).

Gottesbeweis – dritter Versuch:

(i) Bezüglich jeder Vollkommenheit V gilt, daß Gott ohne V weder formal noch objektiv existieren könnte.

(ii) Formal zu existieren ist eine Vollkommenheit.

(iii) Also: Gott könnte ohne die Eigenschaft, formal zu existieren, weder formal noch objektiv existieren.

(iv) Gott existiert objektiv.

(v) Also: Gott existiert formal.

So wollte Descartes meines Erachtens seinen Gottesbeweis in der fünften Meditation verstanden wissen.

Es stellt sich an dieser Stelle allerdings die Frage, ob das Problem, das Caterus mit seinem Beispiel des formal existierenden Löwen aufwirft, durch Descartes' Unterscheidung zwischen wesentlichen und nicht-wesentlichen Eigenschaften wirklich entkräftet ist. Gestehen wir zu, daß einem formal existierenden Löwen anders als Gott die formale Existenz nicht wesentlich ist. Dennoch scheinen wir die formale Existenz eines solchen Löwen immer noch aus der Tatsache, daß wir eine Idee von ihm haben, beweisen zu können, und zwar auf die folgende Weise:

Löwenbeweis:

(i) Es gibt einen formal existierenden Löwen, der objektiv existiert.

(ii) Alle formal existierenden Löwen existieren formal.

(iii) Also: Es gibt einen formal existierenden Löwen, der formal existiert.

Die Wahrheit von Satz (i) scheint durch die Tatsache garantiert zu sein, daß wir eine Idee von einem formal existierenden Löwen bilden können, und Satz (ii) ist eine Trivialität. Nun ist die Konklusion (iii) zwar *de facto* wahr, aber ihre Wahrheit sollte sich nicht einfach daraus ergeben, daß wir eine Löwenidee haben. Zudem ist wiederum leicht zu sehen, daß sich ähnliche Existenzbeweise auch für nicht-existierende Dinge wie blaue Löwen und Flügelpferde formulieren ließen.

Descartes' Antwort auf diesen Einwand würde meines Erachtens darin bestehen, eine Annahme zu bestreiten, die ich in meiner Darstellung bislang stillschweigend vorausgesetzt habe. Die erste Prämisse des Löwenbeweises basiert auf der Annahme, daß die bloße Idee von einem formal existierenden Löwen die objektive Existenz eines formal existierenden Löwen garantiert, so wie die Idee von einem blauen Löwen die objektive Existenz eines Löwen, der blau ist, garantiert. Das allgemeine Prinzip hinter diesen Annahmen lautet: Wenn wir eine Idee von einem *F* mit den Eigenschaften E_1, E_2, ... , E_n haben, dann existiert auf objektive Weise ein *F*, das E_1, E_2, ... , E_n hat. Nennen wir dieses Prinzip das *uneingeschränkte Komprehensionsprinzip objektiv existierender Gegenstände*. Die Textbasis spricht relativ klar dagegen, daß Descartes dieses Prinzip tatsächlich vertreten hat. Zu Beginn von Abschnitt 7 der fünften Meditation heißt es, daß „schon allein daraus, daß ich die Idee irgendeiner Sache aus meinem Denken entnehmen kann, folgt, daß alles, von dem ich klar und deutlich wahrnehme, daß es zu einer Sache gehört, ihr wirklich zukommt" (AT VII 65). Das klingt auf den ersten Blick so, als dürfe jemand, der die Idee von einem blauen Löwen hat, annehmen, daß der objektiv in seinem Geist existierende Löwe wirklich blau ist, schließlich scheint man doch klar und deutlich wahrnehmen zu können, daß ein blauer Löwe blau ist. Daß die Passage nicht so gemeint ist, zeigt die entsprechende Parallelstelle aus Descartes' Antwort auf Caterus. Dort formuliert Descartes das Prinzip, auf das er sich bei seinem Gottesbeweis stützt, folgendermaßen: „Das, wovon wir klar und deutlich verstehen, *daß es zur wahren und unveränderlichen Natur oder Wesenheit oder Form einer Sache gehört*, das kann von dieser Sache mit Wahrheit behauptet werden" (AT VII 115; Hervorhebung von mir, T. R.). Descartes behauptet also, daß etwas *zum Wesen* eines objektiv existierenden Dinges gehören muß, damit wir es diesem Ding überhaupt zuschreiben dürfen.[19] Er vertritt also nur das folgende *eingeschränkte* Komprehensionsprinzip objektiv existierender Gegenstände: Wenn wir eine Idee von einem *F* mit den Eigenschaften E_1, E_2, ... , E_n haben und einsehen, daß diesem *F* die Eigenschaften E_1, E_2, ... , E_n wesentlich sind, dann existiert auf objektive Weise ein *F*, das E_1, E_2, ... , E_n hat.[20] Daß Descartes nur dieses eingeschränkte Komprehensionsprinzip für ob-

---

[19] Diese Konsequenz ist durchaus damit verträglich, daß Descartes in den zweiten Erwiderungen schreibt: „[W]as auch immer wir perzipieren, als sei es in den Objekten der Ideen, ist in eben diesen Ideen auf objektive Weise" (AT VII 161). An dieser Stelle wird nicht behauptet, daß alles, was wir so perzipieren, als sei es in den Objekten der Ideen, tatsächlich *in diesen Objekten* auf objektive Weise ist – was sollte das auch heißen? –, sondern daß es *in den Ideen von diesen Objekten* auf objektive Weise ist. Wenn jemand die Idee eines blauen Löwen hat, dann existiert auf objektive Weise (d. h. in der Idee) also sowohl der Löwe als auch die Eigenschaft des Blauseins, der erstere hat aber nicht unbedingt die letztere. Die Idee von einem blauen Löwen und die von einem grünen Löwen unterscheiden sich also nicht dadurch, daß sie die objektive Existenz zweier verschiedenfarbiger Löwen implizieren, sondern daß sie neben der objektiven Existenz eines Löwen noch die objektive Existenz einer jeweils anderen Farbe implizieren.
[20] Eine andere Möglichkeit, das Komprehensionsprinzip für objektiv existierende Gegenstände so einzuschränken, daß die erste Prämisse des Löwenbeweises nicht daraus folgt, bestünde darin, einen fundamentalen Unterschied zwischen der Eigenschaft formaler Existenz und „normalen" Eigenschaften wie der des Blauseins oder der Allwissenheit zu postulieren und anzu-

jektiv existierende Gegenstände vertreten hat, folgt genau genommen bereits aus der Formulierung in Abschnitt 7 der fünften Meditation („alles, von dem ich klar und deutlich wahrnehme, daß es zu einer Sache gehört, kommt ihr wirklich zu"). Denn nur von wesentlichen Eigenschaften eines Gegenstandes können wir klar und deutlich erkennen, daß sie dem Gegenstand zukommen. Das ergibt sich aus Descartes' Auffassung klarer und deutlicher Erkenntnis, die beinhaltet, daß wir etwas genau dann klar und deutlich einsehen, wenn wir einsehen, daß sein Gegenteil unmöglich ist (vgl. z. B. AT VII 36). Wir sehen mithin nicht klar und deutlich ein, daß der vorgestellte blaue Löwe blau ist oder der vorgestellte existierende Löwe existiert, denn in beiden Fällen können wir uns das Gegenteil – d. h. daß der Löwe nicht blau ist bzw. nicht existiert – durchaus vorstellen.

Das eingeschränkte Komprehensionsprinzip berechtigt uns nicht dazu, dem objektiv existierenden Gegenstand der Idee von einem blauen Löwen die Eigenschaft, blau zu sein, zuzuschreiben, denn das Blausein gehört nach der oben favorisierten Auffassung vom Wesen einer Sache *nicht* zum Wesen des vorgestellten Löwen. Und es berechtigt uns nicht dazu, dem objektiv existierenden Gegenstand der Idee von einem formal existierenden Löwen die Eigenschaft, formal zu existieren, zuzuschreiben, da auch formale Existenz nicht zum Wesen des vorgestellten Löwen gehört. Die erste Prämisse des Löwenbeweises ist also nicht begründet, und Descartes kann seinen Gottesbeweis vertreten, ohne parallele Beweise für Löwen oder Flügelpferde akzeptieren zu müssen.[21]

---

nehmen, daß das Komprehensionsprinzip für objektiv existierende Gegenstände nur für „normale" Eigenschaften an der Stelle von E_1 bis E_n gilt. Diesen Ausweg aus dem genannten Problem wählen Meinongianer in der Regel, um ihre Theorie nicht-existierender Gegenstände vor der absurden Konsequenz möglicher Existenzbeweise für alles und jedes zu bewahren (vgl. Parsons (1980, 22ff.)). Die Annahme, daß (formale) Existenz eine Eigenschaft ganz besonderer Art ist, liegt auch Kants berühmter Kritik des von ihm „cartesisch" bzw. „ontologisch" genannten Gottesbeweises zugrunde (vgl. *Kritik der reinen Vernunft* A 598 f./B 626 f.). Descartes steht diese Lösung des Problems freilich nicht offen, weil sein Gottesbeweis ja gerade voraussetzt, daß formale Existenz genau wie andere Eigenschaften zum Wesen eines objektiv existierenden Gegenstands gehören kann.

21 Es ist eine exegetisch interessante Frage, ob Descartes mit der Einschränkung des Komprehensionsprinzips nur darauf hinweisen wollte, daß wir Gegenständen, von denen wir bloß wissen, daß sie objektiv existieren, nichts anderes als ihre wesentlichen Eigenschaften *zuschreiben* dürfen und uns also hinsichtlich ihrer kontingenten Eigenschaften agnostisch verhalten sollten, oder ob er noch einen Schritt weiter gehen und sagen wollte, daß Gegenstände, die bloß objektiv existieren, überhaupt nur diejenigen Eigenschaften *haben*, die ihnen wesentlich sind. Letzteres scheint eine Stelle aus der Antwort auf Caterus nahezulegen, in der es heißt, daß wir nicht hinreichend unterscheiden zwischen „dem, was zur wahren und unveränderlichen Natur einer Sache gehört, und dem, was dieser Sache nur durch eine Erdichtung unseres Verstandes zugeteilt wird" (AT VII 116). Das klingt nach einer vollständigen Disjunktion: Entweder etwas kommt einer objektiv existie-

6.5 Resümee

Ziel der bisherigen Überlegungen war es, zu zeigen, daß man Descartes so interpretieren kann, daß er auf konsistente Weise die folgenden drei Dinge behaupten kann: (i) Wir können wahre Aussagen über das Wesen von Gegenständen machen, ohne ihre (formale) Existenz voraussetzen zu müssen. (ii) Daraus, daß formale Existenz zum Wesen Gottes gehört, folgt, daß Gott tatsächlich formal existiert. (iii) Wir können annehmen, daß Existenz zum Wesen Gottes gehört und er deswegen existiert, ohne dies für beliebige andere Dinge annehmen zu müssen. Damit ist allerdings nur gezeigt, daß bestimmte Einwände gegen Descartes' Argument abgewiesen werden können; es ist nicht entschieden, ob die Prämissen des Beweises selbst plausibel sind. Ich möchte abschließend drei Dinge anführen, die zumindest *prima facie* gegen die Überzeugungskraft des Beweises sprechen:

(a) Wie gezeigt, funktioniert der Beweis nur, wenn man Descartes' Unterscheidung zwischen objektiver und formaler Existenz akzeptiert und annimmt, daß es Gegenstände gibt, die allein deswegen auf eine bestimmte Weise existieren, weil jemand eine Idee von ihnen hat. Die Annahme, daß es solche Gegenstände gibt, ist alles andere als unkontrovers und wird heute von den meisten Philosophen abgelehnt.

(b) Der Beweis basiert auf der Annahme, daß (formale) Existenz eine Vollkommenheit ist. Wer nicht an die Unterscheidung zwischen objektiver und formaler Existenz glaubt, wird diese Annahme ohnehin absurd finden und einwenden, daß ein Gegenstand ohne Existenz nicht weniger vollkommen ist als mit Existenz, sondern daß er ohne Existenz gar keine Eigenschaften hat.[22] Aber selbst unter Voraussetzung der Unterscheidung zwischen objektiver und formaler Existenz scheint die These intuitiv merkwürdig. Eine Weise, das Unbehagen daran zu artikulieren, bestünde in der folgenden Überlegung: Es liegt nahe, die These, daß ein objektiv existierender Gegenstand tatsächlich allwissend, allmächtig, allgütig usw. ist, im Sinne der Aussage zu verstehen, daß es eine Idee von einem

---

renden Sache wesentlich zu oder es ist ihr nur angedichtet und kommt ihr also gar nicht – auch nicht akzidentell – zu. Vielleicht wäre in diesem Sinne auch eine ansonsten eher merkwürdige Passage aus einem Brief an einen unbekannten Empfänger von 1645 oder 1646 zu erklären, in der Descartes zu behaupten scheint, daß es schlicht das Wesen eines Gegenstandes (und nicht der Gegenstand selbst) ist, das auf objektive Weise existiert: „Wir verstehen unter dem Wesen die Sache, insofern sie objektiv im Verstand ist, unter der Existenz aber dieselbe Sache, insofern sie außerhalb des Verstandes ist" (AT IV 350).

22 Wie etwa Gassendi in den fünften Einwänden (vgl. AT VII 323); Descartes geht auf diesen Einwand und die damit zusammenhängende Existenzkonzeption in seiner Antwort nur sehr oberflächlich ein (vgl. AT VII 383).

allwissenden, allmächtigen und allgütigen Gegenstand gibt und diese Idee ihren Gegenstand als auf bestimmte Weise beschaffen repräsentiert. Wenn man sich auf dieselbe Weise verdeutlichen wollte, was es heißt, daß dieser objektiv existierende Gegenstand auch noch die Eigenschaft formaler Existenz hat, müßte man sagen, daß die Idee den Gegenstand eben auch als formal existierenden Gegenstand repräsentiert. Mit der These, daß ein objektiv existierender Gegenstand auch formal existiert, will man aber gerade mehr sagen, als daß etwas in einer Idee als formal existierend repräsentiert wird.[23] Man will sagen, daß es auch unabhängig von der Idee existiert. Das aber scheint zu implizieren, daß Eigenschaften wie Allwissenheit und Allgüte von fundamental anderer Art sind als die der formalen Existenz. Formal zu existieren scheint (ebenso wie objektiv zu existieren) eher so etwas wie eine Weise zu sein, auf die man Eigenschaften haben kann, und nicht selbst eine Eigenschaft, die ein objektiv existierender Gegenstand haben kann.

(c) Der Beweis basiert auf der Annahme, daß wir klar und deutlich erkennen, daß es zum Wesen Gottes gehört, formal zu existieren. Es ist aber gar nicht selbstverständlich, daß wir dies klar und deutlich erkennen. Nehmen wir an, wir bilden die Idee von einem Ding, dem alle Vollkommenheiten, inklusive der der formalen Existenz, zukommen. Damit formale Existenz *zum Wesen* dieses Dinges gehört, müßten wir klar und deutlich einsehen, daß es unmöglich ist, daß eben dieses durch die Idee repräsentierte Ding nicht formal existiert. Aber weshalb sollten wir dies klar und deutlich einsehen können? Weshalb sollte ich mir zum Beispiel nicht von dem Ding, von dem ich mir vorstelle, daß es *de facto* formal existiert, vorstellen können, daß es nicht formal existiert? Die Antwort kann nicht lauten, daß ein solches Wesen nicht mehr alle Vollkommenheiten besäße und also nicht mehr Gott wäre, wenn ihm die formale Existenz fehlte, denn auch ein blauer Löwe wäre kein blauer Löwe mehr, wenn er nicht mehr blau wäre, und dennoch ist – wie oben gezeigt – das Blausein einem blauen Löwen nicht wesentlich. In seiner Replik auf Caterus versucht sich Descartes in einer über diese Antwort hinausgehenden Begründung: Gott sei es wesentlich zu existieren, weil er als allmächtiges Wesen die Kraft habe, sich selbst formale Existenz zu verleihen, und ein Wesen, das diese Kraft hat, auch von ihr Gebrauch mache (vgl. AT VII 119). Aber auch diese Begründung ist sonderbar: Wenn wir nur voraussetzen, daß Gott *als objektiv existierendes Wesen* allmächtig ist, ist nicht zu sehen, wie er sich als solches formale Existenz verleihen könnte. Denn schließlich scheint aus Descartes' Annahmen über Ursachen und Wirkung in der dritten Meditation zu folgen, daß eine formal existierende Substanz die Ursache für eine objektiv existierende Substanz sein kann, aber nicht umgekehrt (vgl. AT VII 42–44). Wenn man

---

23 Vgl. für einen ähnlichen Einwand Forgie (1990, 92f.).

als Prämisse des Gottesbeweises aber voraussetzen muß, daß Gott *als formal existierendes Wesen* allmächtig ist, ist dieser Beweis zirkulär.

Die drei genannten Schwierigkeiten machen deutlich, daß die Überzeugungskraft von Descartes' Gottesbeweis in der fünften Meditation begrenzt ist, auch wenn sich dieser Beweis auf plausiblere Weise interpretieren läßt, als dies einige der dagegen vorgebrachten Einwände nahelegen.[24]

Literatur

Chappell, Vere 1997: Descartes's Ontology, in: Topoi 16, 111–127
Descartes, René 2004: Meditationen, eingeleitet, übersetzt und erläutert von Andreas Schmidt, Göttingen
Edelberg, Walter 1990: The Fifth Meditation, in: The Philosophical Review 99, 493–533
Fine, Kit 2005: Necessity and Non-Existence, in: ders., Modality and Tense – Philosophical Papers, Oxford, Kap. 10
Forgie, J. William 1990: The Caterus objection, in: Philosophy of Religion 28; 81–104
Grüne, Stefanie 2009: Descartes über Ideen als repräsentierende und repräsentierte Entitäten, in: Perler, Dominik (Hrsg.). Ideentheorien in der frühen Neuzeit, Berlin, New York
Kant, Immanuel ^{1}1781, ^{2}1787: Kritik der reinen Vernunft, Königsberg.
Kemmerling, Andreas 2005: Ideen, in: ders., (Hrsg.). Ideen des Ichs. Frankfurt/M., 21–92.
Kenny, Anthony 1968: The Ontological Argument, in: ders., Descartes – A Study of His Philosophy, New York, Kap. 7
Loeb, Louis 1992: The Cartesian Circle, in: Cottingham, John (Hrsg.). The Cambridge Companion to Descartes, Cambridge, 200–235
Parsons, Terence 1980: Nonexistent Objects, New Haven
Perler, Dominik 1996: Repräsentation bei Descartes, Frankfurt/M.
Plantinga, Alvin 1974: The Nature of Necessity, Oxford
Schmaltz, Tad M. 1991: Platonism and Descartes' View of Immutable Essences, in: Archiv für Geschichte der Philosophie 73, 129–170
Wilson, Margaret Dauler 1978: Descartes, London

---

[24] Ich danke Katharina Felka, Peter Fritz und Stefanie Grüne für einige sehr hilfreiche Anregungen und Kommentare zu einer früheren Fassung dieses Textes.

Gary Hatfield
7 The Sixth Meditation: Mind-Body Relation, External Objects, and Sense Perception

7.1

The Sixth Meditation brings Descartes' initial presentation of his metaphysical system to a completion. The *Meditations* as a whole was cleverly constructed by Descartes to engage its readers in a systematic process of suspending their previous beliefs, finding something that remains indubitable, thereby discovering how knowledge may be obtained, and then achieving some new knowledge. In that sequence, the Second Meditation allowed the discovery of a thinking thing, but did not secure its essence as a substance; the Third Meditation demonstrated the existence of God; the Fourth Meditation described a method for gaining truth and avoiding falsehood, by restricting one's judgments to what is perceived clearly and distinctly; and the Fifth Meditation revealed the essence of material things as being geometrical extension, but left open whether material things exist (while offering a further proof for the existence of God). The Sixth Meditation now promises results concerning "the existence of material things, and the real distinction between mind and body" (AT VII 71).[1]

The announced topics, the mind-body distinction and the existence of material things, fill two paragraphs about one-third of the way into the Sixth Meditation (which is the longest of the six), taking up about one-seventh of its entire length. So what is the rest of the Meditation about? What did Descartes hope to achieve?

A first place to seek answers to these questions is Descartes' own synopsis of the *Meditations*. There, he lists five or six items of importance:

> [I]n the Sixth Meditation, the intellect is distinguished from the imagination; the criteria for this distinction are explained; the mind is proved to be really distinct from the body, but is shown, notwithstanding, to be so closely joined to it that the mind and the body make up a

---

[1] As is explained in the frontmatter to this volume, citations to Descartes (1964–76) use the abbreviation "AT" plus volume and page number. For the *Principles of Philosophy*, I cite only the Part and article numbers (as in *Princ.* II.4). In general, I follow the translations in Descartes (1984–91), which show the pagination in AT in the margins. Where I alter the translation, I add an asterisk (*).

https://doi.org/10.1515/9783110571806-008

kind of unit; there is a survey of all the errors which commonly come from the senses, and an explanation of how they may be avoided; and, lastly, there is a presentation of all the arguments which enable the existence of material things to be inferred. (AT VII 15)

Descartes' description lists the mind-body distinction and the existence of material things as two topics among several others. The additional topics partly pertain to the various cognitive faculties that a seeker after knowledge must employ: senses, imagination, and intellect. They also concern the mind-body relation: not only is it to be shown that mind and body are distinct, but also that they are "closely joined" together. The joining of mind to body contributes to explanations of the cognitive faculties, for such a joining is, in Descartes' view, necessary for the operation of sense and imagination, whereas the exercise of the intellect in the pursuit of metaphysical results – as in his argument for mind-body distinctness – takes place without the mind interacting with the body.

The fact that Descartes allots only two paragraphs to the allegedly primary topics of the Sixth Meditation still needs explaining. The explanations differ for the two cases. Descartes has done some groundwork for his argument for mind-body distinctness in the Second Mediation, through the investigation of the "I." For that reason, once he has shown that clear and distinct perception can be trusted to deliver the truth, he can present the argument briskly. By contrast, he allots little space to proving the existence of material things, or bodies, because he does not really consider the belief that bodies exist to be problematic. As he says in the Synopsis, "the great benefit of these arguments is not, in my view, that they prove what they establish – namely that there really is a world, and that human beings have bodies and so on – since no sane person has ever seriously doubted these things" (AT VII 15–16). I take Descartes at his word here. But when he continues by saying that the real benefit of the Sixth Meditation is to show that the arguments about bodies "are not as solid or as transparent as the arguments which lead us to knowledge of our own minds and of God, so that the latter are the most certain and evident of all possible objects of knowledge for the human intellect," I don't fully believe him.

Why don't I believe him? Because elsewhere he reveals that the intended subject matter of the whole *Meditations* extends significantly beyond those things to which he draws attention in the titles to the individual Meditations. In two letters that Descartes wrote to Mersenne while the two of them were collecting the Objections, Descartes confided to his correspondent that he had covered topics in the *Meditations* that he did not want his readers to be aware of until after they had studied the work. In the second of these letters, Descartes lists the titles to the Second, Third, Fifth, and Sixth Meditations, emphasizing the points about the soul and God. He then continues:

These are the things that I want people mainly to notice. But I think I included many other things besides; and I may tell you, between ourselves, that these six Meditations contain all the foundations of my physics. But please do not tell people, for that might make it harder for supporters of Aristotle to approve them. I hope that readers will gradually get used to my principles, and recognize their truth, before they notice that they destroy the principles of Aristotle. (AT III 297–298)

Descartes did not put all the important points in the titles. Nor did he hide them all away. He described several of the important points in the Synopsis. Accordingly, if we demote proving the existence of the body because "no sane person" could doubt that, there remain: an account of the cognitive faculties; the mind-body distinction and union; and the theory of the senses and of sensory error. The proof for the existence of bodies may then be seen as preparing for the account of sense perception and sensory error.

Descartes does not explicitly say in the *Meditations* that he is out to "destroy the principles of Aristotle." But the main points in the Sixth Mediation concerning mind, body, their relation, the cognitive faculties, and the theory of sense perception all run contrary to the common form of Aristotelianism that Descartes was taught by the Jesuits at La Flèche and also studied later on.[2] Consequently, in examining the main points of the Meditation one by one, in each case we will consider how Descartes' positions depart from standard Aristotelian positions. At the same time, we will also consider Descartes' arguments on their own terms, apart from how they respond to Aristotelianism. In the end, Descartes' purpose was not specifically to destroy the principles of Aristotle but rather to

---

2 Writing to Mersenne on 30 September 1640, Descartes mentioned that he wanted to reread the philosophy of the Jesuits, which he had not read for twenty years (AT III 185), that is, since about 1620 (not long after he undertook his quest for a new philosophy). He remembered works by the Coimbra commentators (who included Pedro da Fonseca and Emmanuel de Goes), Francisco de Toledo, and Antonio Rubio (all Jesuits). He also mentioned an "abstract" of scholastic philosophy, by Eustace of St. Paul, a Feuillant (in the Cistercian Order). The works of the Jesuit Francisco Suárez would also have been influential at La Flèche; Descartes' first recorded mention of Suárez comes in the Fourth Replies (AT VII 235). The Jesuits, for whom the works of Aristotle formed the core of the curriculum, had a special relation to the philosophy of Thomas Aquinas, without officially adopting his philosophy as they did Aristotle's (Ariew 1992, 64; Secada 2000, 28). Descartes traveled with a copy of Aquinas' *Summa theologiae* (AT II 630). There were many philosophical differences among scholastic philosophers in the medieval and early modern periods. Such complexity did not worry Descartes: "I do not think that the diversity of the opinions of the scholastics makes their philosophy difficult to refute. It is easy to overturn the foundations on which they all agree, and once that has been done, all their disagreements over detail will seem foolish" (AT III 232). Hatfield (1998) summarizes positions commonly held by the above-mentioned as well as other scholastic Aristotelian philosophers.

discover the true metaphysics, which so happened, in his view, to be contrary to Aristotelian metaphysics.

7.2

Descartes starts the Sixth Meditation by reviewing a result from the Fifth Meditation: that material things are capable of existing, or are metaphysically possible existents, insofar as they have the properties described by "pure mathematics" (AT VII 71). In effect, he is reaffirming his conclusion that the essence of material things is extension, an important metaphysical result that runs counter to the Aristotelian metaphysics in ways that we will consider below. He also asks whether material things in fact do exist and sketches a brief argument for their existence, based on the fact that he possesses a faculty of imagination: "when I give more attentive consideration to what imagination is, it seems to be nothing else but an application of the cognitive faculty to a body which is intimately present to it, and which therefore exists" (AT VII 71–72). This argument depends on a comparison between the imagination and the "pure" intellect, and so Descartes here begins his examination of the cognitive faculties.

Descartes' argument concerning the role of the body (more specifically, the brain) in imagination relies crucially on phenomenal considerations. He directs the reader to attend carefully to the difference between imagining a geometrical figure and understanding it with the intellect or "pure understanding" (without an image). When thinking of a triangle or a pentagon, Descartes indicates that the reader will be able both to imagine and to understand those figures; that is, the reader will be able to imagine them in a spatially determinate way, with three sides or five sides, and will also be able to understand their geometrical definitions. With figures having many sides, things are different: "if I want to think of a chiliagon, although I understand it is a figure consisting of a thousand sides just as well as I understand the triangle to be a three-sided figure, I do not in the same way imagine the thousand sides or see them as if they were present before me" (AT VII 72). Even if we imagine some figure or other when we think of the chiliagon, our image would not differ from the one we might have while thinking of a myriagon or another figure with very many sides. With the triangle or the pentagon, the difference between merely understanding those figures and also imagining them is manifest: "I notice quite clearly that imagination requires a peculiar effort of mind which is not required for understanding; and this additional effort of mind clearly shows the difference between imagination and pure understanding" (AT VII 72–73). In exercising the "pure understanding" or pure intellect, the mind "inspects one of the ideas which are within it," that is, one of the innate ideas of geometrical things described in the Fifth Meditation. In imagining, the mind "turns toward the body and intuits something in the body that conforms to an idea understood by the mind or perceived by the senses" (AT VII 73*).

Descartes immediately labels this argument a mere "probable conjecture" and does not rest his case for the existence of material things on it. So why does he include it? Because the distinction between imagination and pure intellect (or pure understanding) is absolutely fundamental to his philosophy, and this is the first place in the *Meditations* in which he establishes that pure intellect can be used not only to perceive God or the soul (immaterial beings), but also to perceive the essence of material things. This claim is important in two contexts: it is directly contrary to standard Aristotelian theories of cognition, and it is crucial for his own metaphysical arguments about mind, body, and the senses.

Among medieval philosophers, there was ongoing discussion of the role of the intellect in attaining knowledge. The main differences concerned whether the intellect is able to operate independently of the senses in perceiving intelligible forms or the like (Hatfield 1998). Some philosophers followed a more Platonic and Augustinian path, and affirmed that God, the soul, and perhaps other essences can be perceived by the intellect alone, operating independently of the senses. The majority position, and the one found in the Aristotelianism familiar to Descartes, followed Aristotle in declaring that there is no thought without an image. This meant that the intellect always requires an image or a "phantasm" for the operation of abstracting "intelligible species," such as, for instance, the intelligible form of a geometrical figure, or the "substantial forms" of the substances or natural kinds that inhabit the universe. In this Aristotelian account, the external senses perceive the sensible forms of things (including shape and color); these are collected in the imagination or "phantasy"; and the intellect then finds the "common natures" that constitute the essences of things (for Aquinas' account, see Pasnau 2002, chs. 6, 9–10; 2007). Accordingly, on this account, the knower might affirm "that I had nothing at all in the intellect which I had not previously had in the senses" (AT VII 75*).

Descartes' theory of cognition went contrary to this Aristotelian account. Indeed, one might see aspects of the previous Meditations as Descartes' attempting to woo his contemporary readers, immersed in an Aristotelian theory, away from the notion that all knowledge depends on the senses. The skeptical withdrawal from the senses in the First Meditation and the contemplation of the thinking thing in the Second Meditation, of the idea of God in the Third, and of the innate ideas of geometrical forms in the Fifth, are steps in this process. Now, at the beginning of the Sixth Meditation, Descartes consolidates this result by claiming that readers should be able to detect for themselves the difference between a purely intellectual act and a cognitive act that involves an image, and that they should be able to do so even in the case of thinking about extended figures such as those in geometry.

In this way, Descartes affirmed an epistemological stance that was closer to Plato and Augustine than to Aristotle. In fact, however, he was not a Platonist or neo-Platonist, for he denied that the human mind grasps separately existing Forms or even archetypes in the mind of God, or that it contemplates God directly. According to Descartes, the intellect comes supplied with innate ideas that are adjusted to the realities of things: ideas of God, of the soul, and of matter as extended. Just as the mind understands God and the soul without turning toward images (AT VII 52–53), so too it can understand the extension that constitutes the essence of matter. God has supplied the human mind with these innate ideas (AT VII 51, 68, 375, 380–382). In the case of created things, Descartes held that God creates their essences by a free act of will (AT I 145, 149, 151; AT VII 380, 432). Accordingly, the innate ideas of created things that God implants in the human mind do not reflect eternal truths that obtain independently of God or even that obtain because they reflect God's being and hence are eternally present in God's intellect; rather, they reflect the set of essences that God chose to bring into being and to conserve eternally (Hatfield 1993).

Descartes relies heavily on the pure intellect for establishing his metaphysical conclusions. The considerations by which he seeks to convince readers that they can understand God, the soul, and matter independently of the senses and imagination are crucial for him. The innate idea of God belongs to the Third and Fifth Meditations. In the opening paragraphs of the Sixth Meditation, Descartes has the reader consider geometrical objects as examples of things that are grasped independently of the senses and imagination. In the Fifth Replies, he further explains that we could not derive the ideas of geometrical forms from the senses, because there are no straight lines among sensible objects (AT VII 381–382). We do not, in his view, abstract such figures from imperfect exemplars. Rather, "the idea of the true triangle was already in us" (AT VII 382), as an idea of the pure intellect. To make sense of this claim, we need to comprehend what it means to understand a triangle or other geometrical object without an image. Does this mean simply contemplating the definition of a triangle, or pentagon, or chiliagon? Does it mean thinking of algebraic formulas describing each figure? Thinking of a definition is something that one might plausibly claim to do without entertaining an image. Is that all Descartes has in mind?

It seems not, for Descartes claims that we grasp "continuous quantity" as the essence of material things (AT VII 63). One may understand this claim by thinking of the object of geometry as classically understood: as volumes, planes, and lines with spatial extent, but which lack color and other sensory qualities, and are such that the lines and planes have no thickness. If it is plausible to suppose that we grasp such extension without an image, then we can understand what Descartes has in mind when he claims to perceive geometrical objects through the pure intellect. There is of course some distance between understanding what Descartes is claiming here and being convinced of his further metaphysical conclusions about the essences of matter or of mind.

7.3

Following his effort to reveal and elucidate the pure intellect, Descartes embarks on an investigation of the senses, beginning with his reasons for doubting them. His investigation of the reliability of the senses occupies the remainder of the Sixth Meditation, through its final paragraph. Descartes embeds several other arguments within this investigation, including the argument that mind and body are distinct substances.

In the body of the Sixth Meditation itself, Descartes does not explicitly describe mind and body as types of substance that are really distinct from one another. That he intended his argument to support this conclusion seems clear from the title of the Meditation, which foretells "the real distinction between mind and body," and from descriptions in the Replies, which portray the argument as showing that mind and body are distinct kinds of substance that share no properties (AT VII 121, 153, 170, 223). Hence, he intended his argument not merely to show that the mind is distinct from the body in the way that one material thing, such as a rock, can be distinct from another, such as the air; rather, it must show that mind is distinct from body in general, because mind and body are distinct types of substance that do not possess any properties in common (save the generic attributes of duration, number, and being substances, AT VII 44).[3]

Descartes presents his argument in a single paragraph. The argument starts from our ability to understand mind and body as distinct things that can exist apart, and it concludes that things that can exist apart as independent and complete beings really are distinct from one another. The entire argument is shown here, divided into sections for convenience:

---

[3] Henceforth, I omit this qualification concerning generic attributes, which the reader may supply as needed.

[A] First, I know that everything which I clearly and distinctly understand is capable of being created by God so as to correspond exactly with my understanding of it. Hence the fact that I can clearly and distinctly understand one thing apart from another is enough to make me certain that the two things are distinct, since they are capable of being separated, at least by God. The question of what kind of power is required to bring about such a separation does not affect the judgment that the two things are distinct.

[B] Thus, simply by knowing that I exist and seeing at the same time that absolutely nothing else belongs to my nature or essence except that I am a thinking thing, I can infer correctly that my essence consists solely in the fact that I am a thinking thing.

[C] It is true that I may have (or, to anticipate, that I certainly have) a body that is very closely joined to me. But nevertheless, on the one hand I have a clear and distinct idea of myself, insofar as I am simply a thinking, non-extended thing; and on the other hand I have a distinct idea of body, insofar as this is simply an extended, non-thinking thing. And accordingly, it is certain that I am really distinct from my body, and can exist without it (AT VII 78).

Depending on how the various assertions in these sections are interpreted, different reconstructions of the argument result. For instance, if one interprets (A) as asserting that God can do anything, then it might seem that Descartes is simply arguing that because God can do anything, he can hold mind and body in existence separately, and so they are distinct.

I prefer a reading that does not rely on supernatural intervention but that invokes God only as the source of metaphysical possibility (that is, as the source of what can and cannot come to exist or what can and cannot occur in the universe). Accordingly, (A) asserts three important tenets: that the clear and distinct perception of the human intellect is a guide to what is metaphysically possible; hence, that if the intellect clearly and distinctly perceives that two things can exist apart, they really can exist apart; and that if two things can exist apart, they are really distinct. Notice that, thus far, a numerical distinction between two rocks, or a distinction between a rock and the air, might be established on these premises (assuming the various items can be perceived clearly and distinctly). Passage (B) invokes a clear and distinct perception of the mind, in which Descartes claims to be able to know that his mind exists and to notice or "see" that nothing belongs to its existence except thought, from which he infers that the essence of his mind consists solely in thought. Does this mean that Descartes (or his reader) can now infer that the mind is distinct from body? That presumably depends on whether matter can think, that is, on whether an essentially thinking thing might nonetheless also be a complex material structure or process. Descartes endeavors to rule out this possibility in (C). There he claims to perceive (intellectually) that he is a "thinking, non-extended thing" and that body is an "extended, non-thinking thing." From this he concludes that (his) mind is distinct from body, a conclusion that he intends should hold for all minds.

This argument goes directly against the Aristotelian conception that the soul is the form of the body. In the Aristotelianism Descartes knew best, substances were things capable of existing on their own – a conception that Descartes accepted (AT VII 222). But their conceptions of what is needed to make a substance differed. Aristotelians held that, for natural bodies on the earth, substances are composed of form and matter. The most basic sort of matter, called "prime matter," is only potentially a substance: it cannot exist on its own. In order to become a substance, prime matter must be joined to or "informed by" a form or active principle. Each type of substance has its own form: for the primary element earth, the qualities cold and dry are the form; each type of mineral has its own form, as does each type of plant and animal. The form directs the characteristic activities of the substance. For earth, that activity includes seeking the center of the universe. For a magnet, it means attracting iron. For a plant, the activity involves the "vegetative" powers of nutrition, growth, and reproduction. For a rabbit, the activity involves the vegetative powers and also the sensory and motor activities of the rabbit's "sensitive soul." In a human being, the rational soul is the substantial form; it contains within itself all the powers of the human being as a living animal, including the vegetative, sensitive, and rational powers. The soul of the human being is not naturally able to exist on its own, distinct from the body; rather, its essence includes that it is the form of the human body, so that a genuine substance arises only when the matter of the body is properly informed by the soul.[4] (After death, the soul might persist through the agency of God.)

---

4 Some scholastic Aristotelians differed from the position just summarized: they held that the human body (or other animal body) possesses various organic forms, and perhaps a "form of corporeity," which enables the body to exist as a human body apart from the informing rational soul (a position associated with Duns Scotus). Eustace of St. Paul (1638, III, 185–8), by contrast with the Jesuit philosophers mentioned in n. 1, endorsed such a plurality of forms. (Aquinas held that subsidiary forms are incorporated into the substantial form: Pasnau 2002, 126–30.) The fact that some scholastic Aristotelians embraced this and other positions concerning "body" and "matter" within a form/matter ontology has led some scholars (e. g., Lagerlund 2007) to claim (exaggeratedly) that the mind–body distinction was common prior to Descartes. However, most or all scho-

Descartes sought to replace both the conception of matter and of mind or soul. Contrary to his Aristotelian teachers, he contended that matter can exist as a substance without any substantial form. It can exist with the sole essence of extension. That violates the notion that all substances are informed by active principles that guide their characteristic activities, according to an end or "telos." Further, Descartes denied that the human mind naturally or essentially must be conjoined to the body in order to form a substance. Although he believed that the human being is essentially composed of two distinct types of substance, mind and body, so that in the natural state every human being has both, he nonetheless regarded the two components as independent substances. That is the conclusion he claimed to support through his clear and distinct perception of the mutually exclusive essences of mind and body.

Descartes' objectors wondered whether distinctly perceiving two separate properties was enough to conclude that there are two substances, and they also wondered how one could be sure that the two properties (in this case, thought and extension) had been clearly perceived as separate. As an example of the first problem, the first objector raises the notion of a "formal distinction," which does not yield a real distinction:

> The distinction between God's justice and his mercy is of this kind. For, says Scotus, "The formal concepts of the two are distinct prior to any operation of the intellect, so that one is not the same as the other. Yet it does not follow that because justice and mercy can be conceived apart from one another they can therefore exist apart." (AT VII 100)

Descartes replies that we must distinguish things that merely can be understood separately from one another from things that can be understood as capable of existing on their own as complete beings (AT VII 120–121). Justice and mercy can be understood separately from one another, he grants, but we cannot conceive them distinct from a person who is just and who is also capable of mercy. Similarly, shape and motion each can be understood on its own, but we cannot understand a thing that moves without also realizing that it must have some shape. By contrast, he claims, he has shown that mind and body each can be understood as capable of existing on its own without the properties of the other: extended body can exist as non-thinking and a thinking thing can

---

lastic philosophers would not allow that matter could exist as a full and proper substance and possessing only the properties of geometrical extension accorded to it by Descartes; some form, whether a form of corporeity or another, was required. Hence, Descartes' distinction between mind as a complete substance and bare passive extended matter as a complete substance distinguishes his position from that of his scholastic predecessors and contemporaries.

exist without being extended. The notion of a "complete being" is just the notion of a substance. Descartes has not added to his argument, but he has clarified it. He claims directly to perceive that mind and body are each capable of existing as substances and that each lacks the properties of the other.

As to the second problem, the second and fourth objectors asked Descartes how he could be sure that his perception of mind as thinking was sufficient to exclude the possibility that its thinking activity was in fact the product of a body. The fourth objector, who was the philosopher and theologian Antoine Arnauld, used the example of a right triangle. Someone might perceive that a triangle was right and at the same time deny that the square of the hypotenuse equals the sum of the squares of the other two sides (AT VII 201–202). Similarly, perhaps Descartes simply fails to perceive that minds really are the products of material properties or at least possess material properties. Descartes replies that Arnauld's deficient geometer does not have a clear and distinct perception of the right triangle; it is his lack of clear and distinct perception that allows him to deny the Pythagorean character of the right triangle. Descartes' argument depends on having a clear and distinct perception of mind as capable of existing apart from body. He is not arguing from the mere fact that he can doubt the existence of body and cannot doubt the existence of mind; rather, he is arguing from a clear perception of the very essences of mind and body (AT VII 224–225).

On the reading I have offered, Descartes' argument relies heavily on what he claims to perceive is possible (that mind can exist on its own, distinct from body). Recent philosophers also frequently argue from "conceivability." The arguments are constructed by claiming to conceive one thing or another by imagining it, from which it is concluded that such a thing is really possible. One popular argument relies on conceiving that individuals with identical brains might nonetheless have different phenomenal experiences or qualia, as in the inverted-spectrum argument (Tye 1995, chs. 5, 7). But we needn't stop there. If imaginability equals conceivability equals metaphysical possibility, then the limit on possibility is just the limit on human imagination. I can imagine that the moon could disappear in an instant, without a trace. I can imagine that the speed of light exceeds the constant c. Are these things then possible? What are the limits on what we can imagine? Is imagining the moon to disappear simply a matter of having an image of the moon and then imagining black space where the moon was before? Do we need to know anything about real metaphysical possibilities in order to constrain our imaginations, or does the ability to form the succession of images, as with the disappearing moon, suffice to establish the real possibility?

These more recent cases of imagination and conceivability are too unconstrained from Descartes' point of view. He would deny that the mere fact that we can imagine something suffices to make it metaphysically possible. In the inverted-spectrum argument, Descartes would not accept the outcome unless the purveyor of the thought experiment could show that color sensations are not determined (according to fixed laws) by brain states. Descartes would maintain that merely imagining two brain states as being the same, and then imagining two different color sensations to result, does not establish this possibility. The acts of imagination may do nothing more than illustrate the imaginer's ignorance of the psychophysiological relations between brain states and color sensations.

While we might agree with Descartes that mere imagination is no guide to real possibility, there remains the question of whether we agree with him that the clear and distinct intellectual perceptions of the human mind constitute genuine insights into metaphysical possibility. Descartes subscribed to a picture of how this might work: in that picture, God creates the essences of things and implants in the human mind innate ideas that represent those essences. In effect, God adjusts the clear and distinct perceptions of the human mind to the real possibilities. If we don't accept that part of his picture, it is hard to know how we would explain the presumed power of the human mind to discern the metaphysical structure of possibilities. Innate ideas, explained through Darwinian selection, wouldn't help, short of an argument that survival has been facilitated not merely by practically efficient perceptual capacities but by metaphysically sufficient innate concepts. But that seems far-fetched, since human beings can't agree on the limits of metaphysical possibility. Taking another tack, one might suppose that we can discern the structure of possibilities by extrapolating from empirical science. But then our imaginations would be guided by our knowledge and wouldn't provide an independent test for metaphysical possibility.

It seems that if Descartes' claims for the power of clear and distinct perception are placed in question, then his main metaphysical results are in danger of collapsing. However, even if some of his conclusions are at best dubious and uncertain, his overall set of problems and solutions may remain valuable.

7.4

Immediately following his demonstration of mind-body distinctness, Descartes continues to examine the mind and its faculties, by returning to imagination and sense perception. This discussion leads on to further results: a proof of the existence of bodies (to be discussed in section 7.5.), and a more detailed exploration of mind-body union (this section) and of the function of the senses (section 7.6.).

Descartes' discussion of imagination and sense perception reinforces an important conclusion concerning the nature of the mind: that it is fundamentally an "intellectual substance." This has two implications. First, in the *Meditations* and also in the *Principles* (I.32), Descartes assigns the mind two fundamental powers: perception, or intellection, and will. Yet here he makes the intellect primary, presumably because the will requires the intellect in order to function. Second, Descartes explains that even imagination and sense perception are intellectual powers, on the grounds that "there is an intellectual act included in their essential definition" (AT VII 78). He is not here rescinding his distinction between the pure intellect and the imagination as based on the fact that imagination requires the body and pure intellect does not. Rather, he is saying that imagination and sense perception are both intellectual powers that depend for their operation on the presence of a body. They are powers that result when an intellectual substance is affected by a body (however we may analyze mind-body interaction).

What intellectual act is included in sense perception and imagination? Is it consciousness? As it happens, Descartes does believe that all mental states partake of basic awareness (AT VII 246). But it is possible that he believes this to be true because he holds that mind has a more fundamental attribute that underlies both consciousness and its other powers. That attribute is perception, or the power of representation (Hatfield 2003, 122–125, 325–326). In the *Principles* (I.32), Descartes defines intellection as perception. In the Third Meditation, he says that all ideas are "as it were of things" (AT VII 44), which I take to mean that all ideas represent, or possess objective reality (AT VII 161). That is another way of saying that all ideas are representations. Unfortunately, however, Descartes does little to explain what constitutes the representational relation. (On Descartes' ideas as intrinsically presentative, or representational, see Chappell 1986.)

I return to the presentational nature of Cartesian sense perception in section 7.6. For now, let us consider the other side of his point about sense perception and imagination: these powers inhere in an intellectual substance, but they only come into play because that substance is conjoined to a body. The union of mind to body results in various sensations, both internal and external. Descartes establishes his point about union by describing internal sensations:

> Nature also teaches me, by these sensations of pain, hunger, thirst and so on, that I am not merely present in my body as a sailor is present in a ship, but that I am very closely joined and, as it were, intermingled with it, so that I and the body form a unit. If this were not so,

> I, who am nothing but a thinking thing, would not feel pain when the body was hurt, but would perceive the damage purely by the intellect, just as a sailor perceives by sight if anything in his ship is broken. (AT VII 81)

The fact that we feel hungry, rather than merely perceiving in a detached way that the body is in need of food, is taken by Descartes as a sign of mind-body union. The mind is not lodged in the body like a sailor in a ship, riding along and observing its vessel as something apart from it, but is truly conjoined with the body to form a single human being, essentially comprising both mind and body (AT VII 88, 228; III 508).

The combination of substance dualism and mind-body union raised difficulties for Descartes. Having spent some effort to reject the scholastic notion that the human soul is intrinsically the form of the human body, which, in informing the body, renders the product into a human being, he was now faced with the problem of getting mind and body back together again. Some of his early readers wanted to know how an unextended, immaterial mind could be united with or interact with an extended, material body, since according to Descartes' own argument the two substances share nothing in common. In response to early questions from Pierre Gassendi and others, Descartes observed that in the *Meditations* he had not "at all" dealt with "an explanation of the union between the soul and the body" (AT IX-1 213).

Princess Elisabeth of Bohemia pressed a particularly astute line of questioning on this topic in letters she wrote after reading the *Meditations* (Shapiro 2007). Descartes tried to put her off by comparing mind-body union to the operation of gravity in making bodies tend downward (AT III 667). When Elisabeth observed that Descartes did not believe in such a force but explained the downward tendency of objects through direct contact (impact) between bodies and the ether, he knew he needed a better response (AT III 693). Ultimately, he confessed that the human mind is not "capable of forming a very distinct conception of both the distinction between the soul and the body and their union; for to do this it is necessary to conceive them as a single thing and at the same time to conceive them as two things" (AT III 693). Descartes claimed to perceive them clearly and distinctly as two separate things. He now conceded that the intellect conceives the mind-body union only "obscurely," but he countered that this union is "known very clearly by the senses" (AT III 692). By this he could only mean that our sensations make us aware *that* our minds are conjoined to our bodies. He certainly did not claim that our sensations enable us to understand the nature of the union, as opposed to the bare fact of the union.

Descartes has no apparent solution to the problem of mind-body union and interaction. Metaphysicians in the period after Descartes struggled with the relation between mind and body. Some Cartesians, such as Nicolas Malebranche (1674), advocated a doctrine called "occasionalism," according to which God intervenes to affect the mind with sensations when the brain is in an appropriate state, or to cause the nerves and hence the muscles to move when the mind wills a bodily action. (Descartes himself may have been an occasionalist; see, e.g., Scott 2000.) G. W. Leibniz (1695) offered a different solution, called "pre-established harmony"; in his theory, God pre-establishes the relation between mind and body, so that the body raises its arm at just the time that the mind decides to raise the arm, and the mind has appropriate sensations at just the moment when the body is stimulated, just as two clocks may show the same time because they started in synchrony and independently have kept perfect time ever since. Benedict de Spinoza (1677) had yet another theory, according to which the mental and the physical are two aspects of one substance; mental and physical states are appropriately related because they are two aspects of a single underlying substance.

Since those early days, many philosophers have responded to the mind-body problem in forming their metaphysical outlooks. David Hume (1739–40, Bk. I) treated mind and body as cognitive constructions out of sensory impressions and ideas. Immanuel Kant (1781, 389–396) proclaimed that the mind-body problem, as a metaphysical problem, cannot be solved. William James (1904) and Bertrand Russell (1921) each adopted a position of "neutral monism," according to which ultimate reality is neither mental nor physical, but consists in entities that have the properties accorded to sense data: they are so many instances of sensory qualities that pass in succession as if they were experiences taken from a specific spatial location. Minds and bodies are then, in Russell's terms, logical fictions constructed out of these "momentary particulars." Subsequently, many philosophers have been materialist identity theorists, holding that mental states just are brain states. In the end, none of these solutions has prevailed. The problem of how the mental relates to or arises from the physical remains an open question for philosophers and scientists today.

7.5

After his demonstration of mind-body distinctness but prior to discussing mind-body union, Descartes offered a proof of the existence of corporeal things, or bodies. The significance of the proof lies not in the conclusion that corporeal things exist, but in the properties that they are ascribed. For an Aristotelian reader, the take-home message of the proof would be that bodies exist, but they aren't what we thought they were.

The proof occupies less than one paragraph. It starts by noting that sense perceptions arise passively, and so must be produced by an active cause. Descartes first reasons that this active cause can't be found in himself (qua mind), "since clearly it presupposes no intellectual act on my part, and the ideas in question are produced without my cooperation and often even against my will" (AT VII 79). Descartes believes that if he were producing his own sensory ideas, he would know it. It would, he reasons, require another substance to have the efficacy to produce ideas in his mind, since his mind is itself a substance. He offers three possibilities:

> This substance is either a body, that is, a corporeal nature, in which case it will contain formally and in fact everything which is to be found objectively or representatively in the ideas; or else it is God, or some creature more noble than a body, in which case it will contain eminently whatever is to be found in the ideas. (AT VII 79)

The notions of formal, objective, and eminent realities were introduced in the Third Meditation. That which is contained "objectively" in ideas is the thing-as-represented. In the case of a material body such as the sun, it would include the size, shape, color, brightness, and so on represented in a sensory idea of the sun. If the sun exists as a body possessing such properties, then it contains or realizes the properties "formally and in fact." If our sensory ideas were to be caused by God or an angel (a creature "more noble than a body"), the properties would not exist formally in those beings – God has no shape or color – but "eminently," which means that God or the angel are granted the causal power to produce ideas of things that are represented as having properties which are not formally possessed by them as causal agents.

Descartes then proceeds to rule out God or an angel as the cause of his sensory ideas, on the grounds that God is no deceiver and he has not furnished the human mind with the means to discover that sensory ideas are produced by divine or angelic intervention:

> God has given me no faculty at all for recognizing any such source for these ideas; on the contrary, he has given me a great propensity to believe that they are produced by corporeal things. So I do not see how God could be understood to be anything but a deceiver if the ideas were transmitted from a source other than corporeal things. It follows that corporeal things exist. (AT VII 79–80)

Corporeal things cause our sensory ideas. According to the previous passage, in which the candidate causes of sensory ideas were enumerated, such bodies should contain "formally and in fact everything which is to be found objectively or representatively in the ideas." However, Descartes now qualifies this expectation, limiting the properties we may be sure exist in bodies:

> They may not all exist in a way that exactly corresponds with my sensory grasp of them, for in many cases the grasp of the senses is very obscure and confused. But at least they possess all the properties which I clearly and distinctly understand, that it, all those which, viewed in general terms, are comprised within the subject matter of pure mathematics. (AT VII 80)

With this qualification, Descartes reasserts the conclusion found in the Fifth Meditation and repeated at the beginning of the Sixth: that the essence of material things is extension, so that we can be sure, "in general terms," that bodies possess size, shape, position, and motion. What about specifics? We know that bodies possess shape, but do the senses reveal the shapes accurately? Previously in the Meditation, Descartes has raised doubts about the accuracy of shape perception, at least for square towers seen at a distance, which may appear to be round (AT VII 76). And what about colors and other sensory qualities, which Descartes has previously characterized (AT VII 43) as being perceived in an obscure and confused manner?

Before considering Descartes' account of our knowledge of sensory specifics, I want to examine more carefully the general concept of material or corporeal things that Descartes has proposed. His theory that extension is the sole essence of material things frames his theory of how the senses operate and his theory of sensory qualities. His general account of sense perception was intended to replace the prominent Aristotelian accounts of his day.

Descartes' claim that extension is the essence of material substance must be understood in the context of other elements of his ontology that are merely sketched in the *Meditations*. These further aspects concern the relation between essential attributes – thought in the case of mental substance, extension in the case of material substance – and the modes or particular instances of such attributes. Descartes held that matter can only have properties which are modes of extension. This conclusion is only latent in the *Meditations*. In that work, Descartes frequently repeats that the only properties that we clearly and distinctly perceive to be in bodies are modes of extension: size, shape, position, and motion (AT VII 63, 80). But from the fact that we know only these properties to be in bodies, does it follow that bodies in fact possess only these properties? Clearly not. We might simply be ignorant that other things belong to bodies besides the geometrical modes of extension (which include motion, kinematically conceived).

In fact, Descartes' considered view is that bodies possess only the geometrical modes and that sensory qualities such as color should be treated as secondary qualities (in the terminology of Locke 1690) that arise through mind-body interaction. How he argued for that view is another matter. In restating his metaphysics in Part One of the *Principles*, he offers principles that may serve for constructing an argument. These principles assert that all the properties of bodies must be understood through extension, the principal attribute of bodies. Article 53 says that "each substance has one principal property which constitutes its nature and essence, and to which all its other properties are referred." It goes on to affirm that "extension in length, breadth and depth constitutes the nature of corporeal substance" and that "everything else which can be attributed to body presupposes extension, and is merely a mode of an extended thing."

These principles again support the conclusion that bodies have the geometrical modes but do not rule out color and other sensory qualities as additional properties. Someone who held that color is a property of bodies just as is shape might simply claim that color is another mode of extension. Among Descartes' Aristotelian contemporaries, color was regarded as a "real quality," that is, as a quality in bodies that resembles the very color we experience in our sensations. In order to rule out color as a real quality, we need a further premise. A ready candidate would be to claim that bodies possess *only* the properties that we perceive clearly and distinctly in them. Color, considered as a property of bodies, is perceived only confusedly, Descartes claims (AT VII 43, 80; *Princ.* I.69). Hence, bodies do not possess color as a real quality.

This argument rests on the assumption that if the human intellect does not clearly understand a property as existing in a subject, that property does not exist in it. That assumption comes perilously close to claiming that human beings know that they have "adequate" knowledge of the essence of bodies, that is, that the human intellect knows that it knows all the properties that belong to matter (AT VII 220). Hence, if it does not know a property (in a clear manner), such as color, that property cannot belong to matter. When pressed by Arnauld, Descartes rejected the assumption that human beings can know that their knowledge is adequate in this manner (AT VII 219–221). Nonetheless, it is possible that Descartes believed that the fact that the human mind can clearly understand bodies as lacking in color or other real qualities was a sufficient ground for concluding that color is not a "real quality" of matter (*Princ.* II.4).

Descartes did offer another type of argument, in which he presented his account of sensory qualities as having a comparative advantage over Aristotelian theories. We have seen above that in Aristotelian theories of corporeal substance each type of body possesses a substantial form that is responsible for its essential properties. In addition, a corporeal substance may possess additional forms (whether in the manner described by Aquinas or by Scotus) that are not part of its essence; possessing a specific skin color is not essential to human beings.

Such non-essential forms were called "accidents." According to the doctrine of "real qualities," the accidental property of color exists as a form of color in the surface of the object, which is then transmitted through the visual medium (the air) as a "sensible species" or a "form without matter," received by the eye, and sensed by the sensitive power of the soul. (On the notion of sensible species, see Simmons 1994.) For each sensory quality that is unique to a single sense, a different form is transmitted through the medium, including forms of colors, sounds, tastes, odors, and tactual qualities including hot, cold, wet, and dry.

In the *Discourse* and in letters from the 1630s, Descartes advanced his theory that matter possesses only the geometrical modes as a "hypothesis" (AT VI 233) that would be "proven" (AT VI 76) through the effects that it could explain. His hypothesis, he claimed, had the empirical virtues of scope and simplicity. He extolled those virtues of his matter theory in a remarkable letter of 13 July 1638 to the Parisian mathematician Jean-Baptiste Morin:

> You say that nothing is easier than to fit a cause to an effect. It is true that there are many effects to which it is easy to fit many separate causes; but it is not always so easy to fit a single cause to many different effects, unless it is the true cause which produces them. There are often cases in which in order to prove what is the true cause of a number of effects, it is sufficient to give a single one from which they can all clearly be deduced. I claim that all the causes of which I spoke belong to this class. You must remember that in the whole history of physics up to now people have only tried to imagine some causes to explain the phenomena of nature, with virtually no success. Compare my assumptions with the assumptions of others. Compare all their *real qualities*, their *substantial forms*, their *elements* and countless other such things with my single assumption that all bodies are composed of parts. This is something which is visible to the naked eye in many cases and can be proved by countless reasons in others. All that I add to this is that the parts of certain kinds of bodies are of one shape rather than another. This in turn is easy to demonstrate to those who agree that bodies are composed of parts. Compare the deductions I have made from my assumption – about vision, salt, winds, clouds, snow, thunder, the rainbow, and so on – with what the others have derived from their assumptions on the same topics. I hope this will be enough to convince anyone unbiassed that the effects which I explain have no other cause than the ones from which I have deduced them. (AT II 199–200)

Descartes does not claim to prove that bodies have no substantial forms or real qualities. Rather, he claims that he can offer a simpler and more powerful physics by assuming that bodies have only the properties of size, shape, position, and motion.

In the end, this empirical argument proved to be the stronger. As modern physics advanced, it found that it could explain what color is in bodies better by appealing to a few fundamental physical properties than by attributing color to bodies as a "real quality." Robert Boyle and John Locke called these basic properties the "primary qualities." They are properties that all bodies have. Boyle and Locke then explained that bodies also have secondary qualities, such as color. These are properties that bodies have to cause sensations in perceivers. Color, as a property of bodies, is to be explained by the causal powers of bodies to affect the light that is reflected into the eyes. Descartes offers such an account of color in bodies, as a tendency to place spin on particles of light (AT VI 92): a more rapid spin causes a sensation of red, a less rapid spin a sensation of blue, and so on (AT VI 333 – 334). Subsequent physics replaced the particulate theory of light with a wave theory, and more recent theories posit photons possessing properties of both waves and particles. These theories remain in the spirit of Descartes' theory: they maintain that color in objects is constituted by basic physical properties (and so is not a "real quality") that cause color experiences in perceivers (Rossotti 1985).

7.6

A significant function of the Sixth Meditation is to rehabilitate the sensory knowledge that Descartes placed into question in the First Meditation. Recalling a passage from the Synopsis, we should believe that the main point of this rehabilitation is not to re-establish the bare existence of bodies, which Descartes did not believe could sanely be doubted. Rather, the main points are to advance new conceptions of what bodies are and of the functions of the senses in coming to know bodies and in guiding practical action.

Discussion of the function of the senses, of the ontology of sensory qualities, and of the reasons for sensory error extends throughout the larger part of the Sixth Meditation. The discussion begins with a rehearsal of Descartes' (or the typical reader's) original beliefs about the senses and sensory qualities (AT VII 74 – 78); continues with the proof that material bodies exist with the modes of extension as their properties (79 – 80); proceeds to exhibit mind-body union in connection with the notion that the senses serve a practical function, established by God through the "teachings of nature," of mediating appropriate responses to beneficial and harmful objects (80 – 83); discusses the proper relation between the senses and the intellect in gaining knowledge (82 – 83); seeks to explain how error is possible in a system established by God (83 – 89); and dismisses the "exaggerated doubts" of the First Meditation as "laughable" while listing means for avoiding error in everyday uses of the senses (89 – 90). Of these topics, we must forgo discussing here God's responsibility (or lack thereof) for sensory error (but see Simmons 2001).

Throughout these discussions, Descartes emphasizes the trustworthiness of sense perception for informing the mind "of what is beneficial or harmful for the [mind-body] composite" (AT VII 83). Such "teachings of nature" have been arranged by God, the architect of the mind-body union by which sensations are produced (AT VII 82–89). Descartes also explains the standard Aristotelian view of the senses as a childhood prejudice, arising from the natural belief that external objects cause our sensory ideas. Apparently, as children, we move from correctly affirming that our sensory ideas are produced in us by external bodies, to the mistaken conclusion that those bodies resemble the ideas we have of them, so that heat, color, and so on are the equivalent of Aristotelian real qualities (AT VII 75–76). But now that we have worked through the *Meditations*, we should realize that it is the intellect, not the senses, that informs us of the "essential nature" of bodies (AT VII 83–84).

What shall we now make of the accuracy of the senses with respect to our perceptions of color and other obscurely perceived properties, and with respect to perceiving particular instances of clearly understood properties, such as size or shape? Descartes tells us that even here, our trust in the sensory systems that have been bestowed upon us by a non-deceiving God, plus our ability to use our intellects to work out the correct theory of sensory qualities and to consider the quality of individual sensory observations, should lead us to hope that we can "attain the truth even in these matters" (AT VII 80; also 89–90).

What is the Cartesian theory of sensory qualities? This is a contested topic (e. g., Bolton 1986; MacKenzie 1994; Simmons 2003). We know that Descartes intends to rule out that color sensations "resemble" real qualities in objects. We also know that color in objects is a physical property that puts spin on light particles. From our earlier discussion of the representative nature of ideas, we should then conclude that color sensations "obscurely and confusedly" represent those physical properties in objects. Of course, they don't seem to do so, and we can't tell from a given sensory idea that it is the idea of a certain type of physical feature. However, from the fact that God is no deceiver, we correctly conclude (as a "teaching of nature") that color sensations represent some (otherwise unknown) difference in bodies, so that blue objects regularly differ from red ones (AT VII 81). Our intellect-based natural scientific theories then reveal that the unknown property is a spin-inducing structure.

Descartes also holds out hope for attaining the truth about specific sensory properties, such as "that the sun is of such and such a size or shape" (AT VII 80). The perceptions of the pure intellect tell us that all bodies have a size and shape (at a given moment). The pragmatic trustworthiness of the senses assures us that our perceptions of size and shape are usually effective for navigating the world (avoiding trees while walking, or cars in the street). Yet the passage suggests that we may also hope for the truth about matters that depend on measurement and observation using the senses. Descartes was aware of the inevitable requirement for making precise measurements in natural science. The size of the sun is a case in point. It could not be determined without measuring the angular size of the sun as seen from earth. Descartes himself took measurements of the angles of reflection of light rays in spherical flasks when he was working out his theory of the rainbow (*Meteorology*, disc. 8; AT VI 325–344). And he frequently invoked the need for experiments in science (AT VI 63–65; *Princ.* III.46, IV.199–205), even if he believed that the pure intellect was capable of discerning the essential properties of matter, thereby constraining all scientific theories to attribute only size, shape, position, and motion to the hypothesized microstructures of matter.

The rehabilitation of the senses in the Sixth Meditation extends to all of the "every day" uses of sense perception (AT VII 89). Thus, it includes not only the criterion of coherence by which Descartes attempts (successfully or not) to banish the dream argument, but also, by implication, to other uses of the senses. We know from experience, and theory confirms, that square towers in the distance may be misperceived as round. We know from experience, and theory confirms, that a straight stick half-submerged in water looks in some way similar to a bent stick (AT VII 438–439). Because we can become reflectively aware of the limitations of the senses and can achieve a theoretical understanding of those limitations, we are in a position to know how best to make scientific measurements and how to avoid error in everyday observations.

Descartes' conclusions about the ontology, functions, and reliability of the senses are the most extensively argued of all the topics of the Sixth Meditation. In his eyes, they are more central to his teaching than are the skeptical doubt, the *cogito*, and the proofs of God's existence, all of which prepare the way for destroying the principles of Aristotle and establishing the foundations of his own physics.

Bibliography

Ariew, Roger 1992: Descartes and scholasticism: The intellectual background to Descartes' thought. In John Cottingham (ed.), Cambridge Companion to Descartes, 58–90, Cambridge

Bolton, Martha 1986: Confused and obscure ideas of sense, in: Amélie Rorty (ed.), Essays on Descartes' Meditations, 389–403, Berkeley

Chappell, Vere 1986: Theory of ideas, in: Amélie O. Rorty (ed.), Essays on Descartes' Meditations, 177–198, Berkeley

Descartes, René 1964–1976: Oeuvres, 11 vols., ed. Charles Adam and Paul Tannery; new ed., C.N.R.S. Paris

—— 1984–1991: Philosophical Writings, trans. John Cottingham, Robert Stoothoff, Dugald Murdoch, and Anthony Kenny, 3 vols., Cambridge
Eustace of Saint Paul 1638: Summa philosophiae quadripartita, 4 vols., Cologne
Hatfield, Gary 1993: Reason, nature, and God in Descartes, in: Stephen Voss (ed.), Essays on the Philosophy and Science of Rene Descartes, 259–287, New York
—— 1998: Cognitive faculties, in: Michael Ayers and Daniel Garber (eds.), Cambridge History of Seventeenth-Century Philosophy, 953–1002, Cambridge
—— 2003: Descartes and the Meditations, London
Hume, David 1739–1740: Treatise of Human Nature, 3 vols., London
James, William 1904: Does "consciousness" exist? Journal of Philosophy, Psychology and Scientific Methods 1, 477–491
Kant, Immanuel 1781: Kritik der reinen Vernunft, Riga
Lagerlund, Henrik 2007: Introduction: The mind/body problem and late medieval conceptions of the soul, in: Henrik Lagerlund (ed.), Forming the Mind: Essays on the Internal Senses and the Mind/Body Problem from Avicenna to the Medical Enlightenment, 1–15, Dordrecht
Leibniz, Gottfried Wilhelm 1695: Système nouveau de la nature et de la communication des substances, aussi bien que de l'union qu'il y a entre l'âme et le corps, Journal des Sçavans 23, 444–462
Locke, John 1690: Essay Concerning Human Understanding, London
MacKenzie, Ann Wilbur 1994: Reconfiguration of sensory experience, in: John Cottingham (ed.), Reason, Will, and Sensation: Studies in Descartes' Metaphysics, 251–272, Oxford
Malebranche, Nicolas 1674: De la Recherche de la verité, 2 vols., Paris
Pasnau, Robert 2002: Thomas Aquinas on Human Nature: A Philosophical Study of Summa theologiae 1a 75–89, Cambridge
—— 2007: Abstract truth in Thomas Aquinas, in: Henrik Lagerlund (ed.), Representation and Objects of Thought in Medieval Philosophy, 33–61, Aldershot
Rossotti, Hazel 1985: Colour: Why the World Isn't Grey, Princeton
Russell, Bertrand 1921: Analysis of Mind, London
Scott, David 2000: Occasionalism and occasional causation in Descartes' philosophy, Journal of the History of Philosophy 38, 503–528
Secada, Jorge 2000: Cartesian Metaphysics: The Late Scholastic Origins of Modern Philosophy, Cambridge
Shapiro, Lisa (ed.) 2007: Correspondence between Princess Elisabeth of Bohemia and Rene Descartes, Chicago
Simmons, Alison 1994: Explaining sense perception: A scholastic challenge, Philosophical Studies 73, 257–275
—— 2001: Sensible ends: Latent teleology in Descartes' account of sensation, Journal of the History of Philosophy 39, 49–75
—— 2003: Descartes on the cognitive structure of sensory experience, Philosophy and Phenomenological Research 67, 549–579
Spinoza, Benedict de 1677: Ethica, in: Opera posthuma, ed. Jarig Jellis, Amsterdam
Tye, Michael 1995: Ten Problems of Consciousness: A Representational Theory of the Phenomenal Mind, Cambridge, Mass.

Hans-Peter Schütt
8 Die Stellung der *Meditationen* im Gesamtwerk Descartes'

[...] *et ie vous diray que ie n'eusse sceu trouuer les fondemans de la Physique, si ie ne les eusse cherchés par cete voye.*

„Dieser Weg", auf dem Descartes, wie er Mersenne in einem Brief vom April 1630[1] beiläufig mitteilte, „die Grundlagen der Physik" gesucht und gefunden hatte, ist nichts anderes als eben der Überlegungsgang, den er sieben Jahre später als seine „premieres meditations"[2] präsentieren sollte. Schon der Brief nannte, sozusagen als meditative Marschroute, die doppelte Verpflichtung, *(i)* sich selber und *(ii)* Gott zu erkennen – wobei Descartes sich überzeugt gab, auf dem über diese beiden Stationen führenden „Weg" entdeckt zu haben, „wie metaphysische Wahrheiten sich auf eine Art beweisen lassen, die geometrische Beweise an Evidenz noch übertreffen".[3]

Die Ausrichtung dieser Meditationen auf das eigene Selbst und auf Gott war, wie Mersenne und anderen Zeitgenossen nicht lange verborgen bleiben konnte, ein Augustinscher Topos. Sogar für die Reihenfolge, in der er die beiden Gegenstände erörtern sollte – erst das eigene Selbst, dann Gott –, hätte Descartes die Autorität Augustins bemühen können.[4] Mit seinem des öfteren bekräftigten Anspruch, auf gerade diesem „Weg" in der Metaphysik Beweise geliefert zu haben, die den Vergleich mit der Geometrie nicht zu scheuen brauchten, durfte er ein besonderes Interesse selbst dann zu wecken hoffen, wenn er auf ihm nicht auch noch die „Grundlagen der Physik" gefunden hätte.

---

[1] *L[ettre] 21* [an Mersenne, 15. Apr. 1630], AT I 144.
[2] *Disc. iv.1,* AT VI 31; vgl. *L. 71* [März 1637], AT I 353: „cette meditation".
[3] *L. 21,* AT I 144: „tous ceus a qui Dieu adonné l'vsage de cete raison, sont obligés de l'employer principalement pour tascher a le connoistre, & a se connoistre eus-mesme. [...] au moins pense-ie auoir trouué comment on peut demonstrer les verités metaphysiques, d'vne façon qui est plus euidente que les demonstrations de Geometrie"; vgl. *L. 70* [an Mersenne, März 1637], AT I 350, sowie *Med. Ep.,* AT VII 4: „eas [demonstrationes] quibus hîc utor, certitudine & evidentiâ Geometricas æquare, vel etiam superare".
[4] Augustin, *De ord.* § 47: „Cuius [viz., philosophiae] duplex quæstio est: una de anima, altera de Deo. Prima efficit ut nosmetipsos noverimus, altera, ut originem nostram. [...] prima est illa discentibus, ista iam doctis. Hic est ordo studiorum sapientiæ [...]." – Die Wendung ‚studium (bzw. amor) sapientiae' war die Lehnübersetzung, die im Lateinischen statt des Lehnwortes ‚philosophia' gebraucht werden konnte. – Zu Descartes und Augustin vgl. auch: Matthews (1992).

Die Stellung des ‚*Meditationes de prima philosophia*' betitelten Buches im Cartesischen Gesamtwerk ist bestimmt durch die Rolle, die darin der 1630 skizzierte „Weg" hat, den der Autor (wie gesagt) schon vor dessen Erscheinen ausdrücklich als „meditations" deklariert hatte. Die Rede von Descartes' Meditationen kann sich also nicht nur auf das 1641 erstmals gedruckte Werk beziehen, sondern ebensogut auf den lange vorher skizzierten „Weg".[5]

Die Cartesischen Meditationen in diesem weiteren Sinne haben in den *Meditationen* von 1641 auf knapp hundert Seiten ihren ausführlichsten und vielleicht auch vollkommensten literarischen Ausdruck gefunden. Andere Darstellungen des in Ausgangs- und Endpunkt gleichen „Wegs" sind darüber nicht zu vernachlässigen. Ihnen gilt der 1. Teil dieses Beitrags. Den betreffenden Texten sind nämlich bemerkenswerte Hinweise darauf zu entnehmen, wie Descartes selber die Stellung der *Meditationen* in seinem Gesamtwerk gesehen hat – oder gesehen haben wollte.

Im 2. Teil werde ich auf gewisse methodische, die „ratio demonstrandi" (AT VII 155), also die Beweisart betreffende Ambitionen eingehen, die Descartes mit dem Titel ‚Meditationen' verbunden hat.[6] Für heutige Leser ist das ja ein befremdlicher Titel (wenn er ihnen nicht auf irreführende Weise vielversprechend vorkommt). Nun hat Descartes sich nicht mit *irgend*welchen Meditationen abgegeben. Er hat „über die Erste Philosophie" meditiert, über die Metaphysik, deren Themen ihn gerade so weit beschäftigten, wie sie ihm „die Grundlagen der Physik" zu liefern versprachen. Doch warum, so sind wir heute geneigt zu fragen, konnte es nicht eine *Metaphysische Abhandlung*[7], ein *Discours de Métaphysique*[8] oder einfach eine *Metaphysik* sein, worin dieses Interesse seinen Ausdruck gefunden hat? Etwa deshalb, weil „seine Metaphysik"[9] eine Art Theologie einschloß? Aber die Cartesischen Meditationen sollten alles unberührt lassen, was vom übernatürlichen Licht der Offenbarung abhängig war, vielmehr ganz im Einzugsbereich des natürlichen Lichtes menschlicher Rationalität bleiben; und

---

5 Im folgenden wird typographisch zwischen ‚Meditationen' und ‚*Meditationen*' unterschieden: Letzteres bezeichnet das Buch, ersteres den „Weg".

6 Das Verb ‚meditari' hat Descartes schon früh gebraucht, wie die folgende Nachricht von Beeckman (AT X 332) nahelegt: „Ille verò necdum quicquam scripsit, sed usque ad 33 ætatis annum [1628/29] *meditando*, eam rem quam quæsivit, perfectiùs quàm reliqui invenisse videtur".

7 Immerhin heißt es *Med.* Ep., AT VII 4: „in hoc Tractatu"; und in *L. 26* [an Mersenne, 25. Nov. 1630], AT I 182, hatte Descartes nicht ausgeschlossen, daß er eines Tages „vn petit Traité de Metaphysique" vorlegen werde.

8 Wie ihn z. B. Leibniz 1685/86 verfaßt, wenn auch nicht publiziert hatte.

9 Die Wendung „ma Metaphysique" hat er in Briefen an Mersenne mit Bezug auf die kurz vor der Vollendung stehenden *Meditationen* gebraucht: *L. 223* [24. Dez. 1640], *L. 229* [28. Jan. 1641], AT III 265, 296f.

deshalb sollten sie *gerade keine* Theologie „im eigentlichen Sinn" (AT I 143) enthalten. Waren sie also vielleicht auch Meditationen nur in einem uneigentlichen Sinn?

Merkwürdig bleibt, daß Descartes diese Meditationen, die ihn in den ersten neun Monaten seines niederländischen Exils nach seinen Angaben ausschließlich in Anspruch genommen hatten, erst ausarbeiten wollte, wenn er wüßte, wie seine Physik aufgenommen würde. So plante er im April 1630 (vgl. ebd. 144). Im folgenden November ließ er Mersenne wissen, er hoffe, in drei Jahren einen Abriß seiner Physik unter dem Titel *Le Monde* fertigzustellen: Danach wolle er etwas anderes von sich gar nicht mehr gedruckt sehen.[10] 1633 waren die beiden Traktate, aus denen *Le Monde* bestehen sollte, großenteils abgeschlossen: über das Licht der eine, über den Menschen der andere.[11] Da erreichten ihn Nachrichten von der Verurteilung Galileis, die unter anderem dessen Lehre von der Bewegung der Erde galt, die Descartes sich weitgehend zu eigen gemacht hatte. Angesichts dessen zog er es vor, seinen Text in der geplanten Form *nicht* zu publizieren.[12] Es mag sein, daß er die Überzeugung gewonnen hatte, die kopernikanisch-galileische Vorstellung von einer sich um die Sonne und die eigene Achse bewegenden Erde bedürfe jetzt eher als weiterer physikalischer Argumente eines Flankenschutzes durch grundsätzlichere, nämlich metaphysische Überlegungen; und es mag auch sein, daß diese Überzeugung ihn bewogen hat, anstelle von *Le Monde* ein anderes Projekt in Angriff zu nehmen, das dann 1637 zu seiner ersten Publikation führen sollte. So sieht es jedenfalls Stephen Gaukroger (1995, 292):

> His creative period in natural philosophy comes to an end, and a creative period in legitimatory metaphysics begins.

In dieser Diagnose klingt eine Spannung an zwischen den naturwissenschaftlichen und den metaphysischen, also im engeren Sinn philosophischen Teilen im Werk Descartes', auf die ich in einem kurzen Resümee am Ende dieses Beitrags zurückkommen werde.

---

10 *L. 46* [an Mersenne, 25. Nov. 1630], AT I 179: „en sorte que ie pretens qu'elle [die Arbeit über das Licht] me seruira pour me dégager de la promesse que ie vous ay faite, d'auoir acheué mon Monde dans trois ans, car c'en sera quasi vn abregé. Et ie ne pense pas aprés cecy me resoudre iamais plus de faire rien imprimer, au moins moy viuant: [...]."
11 *L. 48* [an Mersenne, 22. Juli 1633], AT I 268; vgl. Tripp (1989, 143 ff.) – Die beiden Traktate waren: *Lum.* u. *Hom.*, AT XI 3 – 118 u. 119 – 202; neuere Ausgaben im Literaturverzeichnis.
12 *L. 49* [an Mersenne, Nov. 1633] u. *L. 52* [an Mersenne, Feb. 1634], AT I 270 ff., 281 f.; vgl. *Disc. vi.1*, AT VI 60 f. – Erst 1677 wurde das Werk zum ersten Mal zusammenhängend publiziert.

8.1

Chronologisch gesehen, mit Blick auf die Erscheinungsdaten der Bücher, die Descartes selber zur Veröffentlichung vorbereitet hat, stehen die *Meditationen* beinahe genau in der Mitte zwischen zwei anderen Hauptwerken:
- Gut drei Jahre *vor* den *Meditationen* hatte er (einstweilen noch anonym) drei *Essais* über *Dioptrique*, *Meteorologie* und *Geometrie* in französischer Sprache publiziert, denen als eine Art Einleitung der vergleichsweise kurze, inzwischen freilich unvergleichbar bekanntere *Discours de la methode* vorangestellt war.[13]
- Drei Jahre *nach* den *Meditationen* erschienen dann – wie diese unter vollem Namen in lateinischer Sprache und somit an die gelehrte Öffentlichkeit gerichtet – die *Principia philosophiæ*, die er offenbar als sein *opus magnum* konzipiert hatte.[14]

Discours und *Essais* sind als *ein* Werk angelegt, das ebenso wie die *Principia* zum weitaus größeren Teil, nämlich zu etwa sieben Achteln, der „Physik" galt, deren „Grundlagen" sich Descartes, wenn man seiner Auskunft von 1630 folgt, erst auf dem dort angesprochenen „Weg" erschlossen hatten.

Der *Discours* offeriert mit seinem IV. Teil auf gut neun AT-Seiten eine „Weg"-Beschreibung, in der man eine Art *Digest*-Fassung der *Meditationen* sehen kann, zumal Descartes sich im „Vorwort an den Leser" der letzteren durchaus affirmativ auf den früheren Text bezieht, wobei er allenfalls durchblicken läßt, manche der im *Discours* vollzogenen logischen Übergänge vertrügen wohl eine deutlichere Darstellung, die er für die *Meditationen* selbstbewußt in Aussicht stellt.[15]

Eine mit 34 AT-Seiten im Vergleich zur *Discours*-Version der Meditationen erheblich umfangreichere Reprise der *Meditationen* enthält der I. Teil der *Principia* unter der zukunftsweisenden Überschrift „De principiis cognitionis humanæ" (AT IX-1 5). In die seinerzeitige Zukunft weist diese Bezugnahme auf „Grundsätze der menschlichen Erkenntnis" insofern voraus, als sie heutige Interpreten an die Teildisziplin denken läßt, die im 19. Jahrhundert unter der Bezeichnung ‚Erkenntnistheorie' zum „Kerngeschäft" einer Philosophie avanciert ist, die sich

---

[13] In diesem Bericht kam er (*Disc. v.2*, AT VI 41) auf *Le Monde* zu sprechen: „vn Traité, que quelques considerations m'empeschent de publier". Den Inhalt der nicht publizierten Schrift referiert er dann im folgenden summarisch und unter Auslassung aller heiklen Punkte.
[14] Vgl. Wohlers (2005, xviii ff.).
[15] *Med. Praef.*, AT VII 7 f.; zur frz. Übers. vgl. AT IX-1 8, Anm. b.

neben den sogenannten Einzelwissenschaften behaupten mußte.[16] Den Gegenstand der *Meditationen* von 1641 hatte ihr Autor unübersehbar in der Metaphysik lokalisiert. Wenn nun der Gegenstand der *Meditationen* derselbe ist wie der des I. Teils der *Principia*, so war für Descartes die Metaphysik (*alias* Erste Philosophie) bereits zu einer Art Erkenntnistheorie mutiert, freilich zu einer solchen, die wir mit Rücksicht auf die in dieser Cartesischen Theorie wichtigste Instanz auch als eine „Erkenntnis*theologie*" apostrophieren können.

Der I. Teil der *Principia* bietet nicht nur Wiederholungen, sondern auch Ergänzungen der *Meditationen*. Dort hatte Descartes Schlüsseltermini seines operativen Vokabulars (z. B. ‚substantia', ‚attributum' und ‚modus'[17]) noch kommentarlos und wie selbstverständlich gebraucht, was ihm in seinen *Erwiderungen* auf die mit den *Meditationen* veröffentlichten *Einwände* schon manchen erläuternden Zusatz abverlangt hatte. In den *Principia* nun führt er solche Termini explizit ein, indem er versucht, sie gleichsam zu definieren.[18] Das betrifft nicht nur die drei erwähnten Ausdrücke, sondern speziell auch die logisch-epistemischen Qualifikationen ‚clare' und ‚distincte', die in den *Meditationen* fast omnipräsent sind,[19] und schließlich den Begriff der „distinctio realis" zwischen Körper und Geist, der zwar seit der 2. Auflage der *Meditationen* schon im Untertitel anklingt,[20] dort aber (ebenso wie in der Mehrzahl der Fälle später im Text) ohne den Zusatz ‚realis'.[21]

Gegen Ende des I. Teils der *Principia* hat Descartes den „Weg" seiner Meditationen in einem einzigen Paragraphen noch einmal zusammenfassend dargestellt. Dieses Resümee ist nicht so knapp wie die Skizze von 1630, aber kurz genug, um es hier vollständig wiedergeben zu können:

> So erfordert ernsthaftes Philosophieren und das Entdecken der Wahrheit aller überhaupt erkennbaren Sachverhalte (*omnium rerum cognoscibilium*) zweierlei von uns:
> 1. alle Vorurteile abzulegen, d. h. sich sorgfältig davor zu hüten, irgendwelchen der einst angenommenen Meinungen weiter Glauben zu schenken, ohne sie durch eine erneute Überprüfung als wahr zu erweisen;

---

16 Vgl. R. Rorty (1979, 131 ff.); Köhnke (1986, 58 ff.).
17 Vgl. *Med.*, AT VII, für ‚substantia': 13 f., 40, 43–45, 48, 78 f.; für ‚attributum': 52, 63; für ‚modus': 34 f., 37, 40–42, 45, 73 f., 78, 81, 86.
18 Vgl. *Princ.* i.51–63, AT VIII-1 24–31.
19 Vgl. *Med.*: AT VII 13, 15, 19, 26, 28–33, 35 f., 38, 42–44, 46, 53, 59, 61–63, 65, 68–71, 73–75, 78–80, 82 f., 90. – Förmlich eingeführt werden die mit ‚klar' und ‚deutlich' übersetzbaren Adjektive: *Princ.* i.45, AT VIII-1 21 f.
20 Vgl. AT VII xxi u. xxiii. Anders verhält es sich mit dem Untertitel der frz. Übersetzung: vgl. AT IX-1 xi.
21 Vgl. *Med.*: AT VII 6, 15, 71. Die Formen „realiter distinctas" oder „realiter distingui" findet man ebd. 13 u. 15.

2. die Begriffe, die wir selber in uns vorfinden *(notiones, quas ipsimet in nobis habemus)* der Reihe nach durchzumustern, um alle und nur diejenigen, die wir dabei klar und deutlich verstehen, als wahr zu beurteilen. Indem wir das tun, werden wir

(i) bemerken [*a*], daß wir existieren, soweit wir von denkender Natur sind, und zugleich [*b*], daß es auch (einen) Gott gibt, von dem wir abhängen und dessen Attribute zu betrachten uns die Möglichkeit eröffnet, die Wahrheit aller übrigen Sachverhalte aufzudecken, da Er ja deren Ursache ist; und

(ii) bemerken, daß wir neben den Begriffen *(notiones)* von Gott und unserem Geist in uns auch [diese Kenntnisse] haben:

[a] die Kenntnis vieler Sätze von ewiger Wahrheit *(notitiam multarum propositionum æternæ veritatis)*, z. B. daß aus nichts nichts wird; ferner

[b] die Kenntnis einer gewissen körperlichen (d. h. ausgedehnten, teilbaren, beweglichen usw.) Natur und

[c] die Kenntnis gewisser Empfindungen, die uns affizieren (wie die des Schmerzes, der Farben, der Geschmäcke usw.), wiewohl wir die Ursache *(causa)* dafür, weshalb sie uns so affizieren, noch nicht kennen.

Vergleichen wir das nun mit dem, was wir zuvor verworrener dachten, so werden wir Übung darin erwerben, klare und deutliche Begriffe von allen überhaupt erkennbaren Sachverhalten zu bilden *(usum claros & distinctos omnium rerum cognoscibilium conceptus formandi acquiremus)*. (Princ. i.75, AT IX-1 38)

Wenn Descartes in dem Brief vom April 1630 die Entdeckung der „Grundlagen der Physik" als *Ziel* seines meditativen „Wegs" genannt hat, so beschreibt er hier das *Mittel*, durch dessen Einsatz er sein Ziel erreicht zu haben glaubte; und das ist die Fertigkeit, gewisse *Begriffe* allererst zu *bilden*.

Für das, was die Übersetzung des zitierten Abschnitts aus den *Principia* mit ‚Begriff' wiedergibt, hat Descartes selber *zwei* Ausdrücke gebraucht: ‚*conceptus*' und ‚*notio*'. Unter einem Begriff im Sinne von ‚conceptus' verstehen wir meist das mentale (jedenfalls interlinguale) Korrelat eines einzelnen Ausdrucks: Falls Pierre die Wörter ‚figure', ‚mouvement' und ‚Dieu' so versteht und gebraucht wie Hans die Wörter ‚Gestalt', ‚Bewegung' und ‚Gott', dann verfügen beide – sagen wir – über *denselben Begriff*, in diesem Fall den der Gestalt oder der Bewegung oder Gottes. Unter einem Begriff im Sinne von ‚notio' möchten wir dagegen eher das mentale (jedenfalls interlinguale) Korrelat eines ganzen Satzes verstehen, eine sogenannte Proposition. Kaum zufällig gebraucht Descartes in dem zitierten Text den Terminus ‚propositio', wo er umschreibt, *wovon* wir Kenntnis („notitia") haben durch das, was wir sonst noch, nämlich über die „notiones" von uns selber und von Gott hinaus, in uns vorfinden, wenn wir, seinen Anweisungen zum ordentlichen Philosophieren folgend, meditierend „in uns" gehen. In dieser Weise sind sowohl einzelne Wörter als auch ganze Sätze gleichermaßen unvermeidliche

Anhaltspunkte jeder brauchbaren Explikation dessen, was Descartes mit seinem Terminus ‚idea' (bzw. ‚idée') zu erfassen suchte.²²

Die Versuchung, zwischen diesen Anhaltspunkten zu *wählen*, ist gering, sobald man sich vor Augen geführt hat, daß unser Verständnis auch nur eines einzigen Wortes und damit unser Verfügen über den zugehörigen Begriff (im Sinne von ‚conceptus') sich in nichts Geringerem bekundet als darin, daß wir eine ganze Batterie von Sätzen beherrschen, d. h. diese Sätze unter den von den kompetenten Mitgliedern unserer Sprechergemeinschaft für adäquat befundenen Umständen hinreichend oft als wahr bzw. falsch hinzustellen imstande sind.²³

Die „Grundlagen der Physik", auf die Descartes mit seinen Meditationen hinaus wollte, werden also Grund*sätze* sein: bestimmte „Wahrheiten", die einem als solche bewußt und gewiß werden, sobald man die Grund*begriffe gebildet* hat, in denen die Grundsätze formulierbar sind. Aber was heißt hier „gebildet" hat? Was muß man tun, um einen Begriff zu „bilden"? Eine naheliegende Option ist es, Definitionen aufzustellen. Das erfordert freilich den Rückgriff auf andere Begriffe, die bereits „gebildet" sind. Doch wo findet man diese? In einem selber, wenn man nur dafür sorgt, von dem vielen, was man an Begriffen (Ideen oder Vorstellungen) „in sich" vorfindet, *nur das* aufzunehmen, was zur Formulierung von Sätzen taugt, die auch dem leisesten Zweifel standhalten. Das ist zumindest die methodische Maxime (vgl. AT VI 18f.), der auch die Cartesischen Meditationen folgen.

Was Descartes mit seinen Meditationen praktiziert und zugleich propagiert, ist eine Art von begriffsanalytischem Minimalismus. Seine oberste Maxime lautet: Lege nicht mehr in einen vorgefundenen Begriff hinein, als zur Formulierung der Sätze, die dir auch nach schärfster Prüfung noch unbezweifelbar wahr erscheinen, notwendig ist! Ein Beispiel wird nachvollziehbar machen, wozu dieser Minimalismus gut ist.

Das Verb ‚denken' (‚cogitare' oder ‚penser') ist von der größten Einschlägigkeit, weil keine Person, die es unternimmt, ihre Überzeugungen oder Meinungen der schärfsten Überprüfung zu unterziehen, die überhaupt möglich ist, zur Beschreibung ihres eigenen Tuns auf den Gebrauch dieses oder eines gleichbedeutenden Verbs verzichten könnte. Auf den allgemeinen Sprachgebrauch, in dem dieses Verb seine nur grob umreißbare Rolle spielt, hatte Descartes selbstredend keinen direkten Zugriff. Er konnte allerdings, ohne von den diesen Sprachgebrauch normierenden Gewohnheiten zu sehr abzuweichen, die Forderung aufstellen, man möge dieses Verb so verwenden, daß es für nicht mehr, aber

---

22 Vgl. die Erörterung der „impliziten Propositionalität" von Ideen bei Kemmerling (1996, 48 ff.).
23 Ob der Bedeutung einzelner Wörter oder der von ganzen Sätzen der Vorrang gebührt, bleibe mit Quine (1990, 37 f., 56 ff.) dahingestellt.

auch für nicht weniger stehe als für den Gattungsbegriff jener Tätigkeiten, die ausführen *muß*, wer die eigenen Überzeugungen einer Generalüberholung („generalis opinionum eversio", AT VII 18) unterzieht.

Das kann nur tun, wer in der Vergangenheit allerlei geglaubt, d. h. für wahr gehalten hat. Glauben oder Fürwahrhalten sei daher ein klarer Fall von Denken! Wer nun im Ernst damit rechnet, was er (oder sie) für wahr hält, könne tatsächlich falsch sein, muß neben dem Fürwahrhalten noch etwas anderes tun können: Er (oder sie) muß das Fürwahrgehaltene gleichsam „behalten" können, aber ohne es damit zugleich *für wahr* zu halten. Für diese speziellere Tätigkeit gebraucht Descartes in den *Meditationen*, ohne dem Sprachgebrauch dadurch Gewalt anzutun, das Verb ‚percipere', das hier mit ‚erfassen' zu übersetzen ist. Für den zu „bildenden" Begriff des Denkens ergibt sich so die folgende Struktur: Glauben oder Fürwahrhalten ist Denken, aber ein in sich differenziertes Denken, weil das Erfassen des Inhalts, der für wahr gehalten (oder als falsch verworfen) wird, auch schon ein Denken ist, sozusagen ein $Denken_1$, während das Fürwahrhalten (oder Verwerfen) selbst ein dieses $Denken_1$ voraussetzendes $Denken_2$ ist. Wer also affirmativ denkt bzw. glaubt, daß *p*, tut zweierlei: Er $denkt_1$ *p*, und er $denkt_2$ das, was er $denkt_1$, indem er es als wahr beurteilt.

Daß $Denken_1$ (*alias* Percipere) ein Akt des Verstandes („intellectus") und $Denken_2$ ein Akt des Willens („voluntas") ist, mag man glauben oder auch nicht. Akzeptabel ist es vielleicht nur für Analytiker, denen Augustin so wichtig ist, wie er es für viele unter Descartes' Zeitgenossen war. Doch dafür, daß es sich lohnt, das „Fassen eines Gedankens" von dem Beurteilen dieses Gedankens als wahr oder falsch zu unterscheiden, hätte Descartes zumindest den Beifall Gottlob Freges (1918, 62) bekommen.

Die für viele vermutlich wichtigste Frage, wie ein derart analytisch differenziertes Denken nun „funktioniere", ob es als eine Bewegung im Innern des menschlichen Organismus zu sehen sei, bewerkstelligt von einer ganz besonders subtilen Materie, einem brisanten Gemisch aus Feuer und Luft etwa, diese Frage wird von der Cartesischen Überlegung noch nicht einmal gestreift. Descartes' begriffsanalytischer Minimalismus verbietet solche Fragen geradezu. Rhetorisch präsent hält er dessen Maximen durch Erinnerungen an den hyperbolischen Zweifel mit der einstweilen unerledigten skeptischen Hypothese, materielle Körper gebe es gar nicht. Bevor diese Hypothese überwunden werden kann, verlangt sein Begriffs*bildungs*-Programm, in derselben Manier wie für das Denken zuerst den passablen Begriff eines körperlichen oder materiellen Etwas zu *bilden*.

Dieser Begriffs*bildungs*-Prozeß erstreckt sich über alle sechs *Meditationen*. Er hebt an mit der in der *I. Meditation* (AT VII 19 f.) beiläufig geäußerten Vermutung, von der Art jener Sachverhalte, die einfacher und universeller („magis simplicia & universalia") seien als die dem Großen Zweifel geopferten einzelnen („particularia ista") und allgemeinen („generalia hæc"), scheine lediglich die körperliche Natur im allgemeinen und deren Ausdehnung („natura corporea in communi, ejusque extensio") zu sein, ferner die Gestalt ausgedehnter Dinge, ihre Größe und Zahl, ihre raumzeitliche Lokalisierung und dergleichen. Freilich könnte es einem überaus mächtigen Betrüger gelingen, selbst mit Bezug auf diese ausgezeichneten Sachverhalte Irrtümer zu erregen und zu unterhalten. Gleichwohl überzeugt der Cartesische Denker sich in der *II. Meditation* (AT VII 30 f.) am Beispiel eines Stückchens Wachs, wenn er daran überhaupt etwas deutlich („distincte") erfasse, dann nur dies, daß es etwas Ausgedehntes, Biegsames, Veränderbares ist („nihil aliud quàm extensum quid, flexibile, mutabile").[24] Gegenüber dem, was er in der *I. Meditation* als Inhalt eines zweifelsresistenten Begriffs körperlicher Dinge erwogen hat, kommt hier zusätzlich die Veränderbarkeit ins Spiel, und zwar als Flexibilität, d. h. als eine Veränderbarkeit der Gestalt.

Bewiesen ist damit nur wenig. Es folgt in der *III. Meditation* die Fortsetzung der Übung mit dem Nachweis, daß die Vorstellungen der (seit Locke so genannten) sekundären Qualitäten wegen ihres eklatanten Mangels an Klarheit in einem klaren und deutlichen Begriff körperlicher Dinge keinen Platz hätten. Der Kreis der Kandidaten für diese Position wird so eingeschränkt auf Ausdehnung („extensionem"), Gestalt („figuram"), Lage („situm") und Bewegung bzw. Veränderung der Lage („motum, sive mutationem istius sitûs": AT VII 43–45). Die Flexibilität als eine Veränderbarkeit der *Gestalt* steht nicht länger auf der Liste. Daraus erwächst die Aufgabe, was sich *prima facie* als Veränderbarkeit der Gestalt *eines* körperlichen *Dinges* darstellt, in dem zu bildenden Rahmenwerk klarer und deutlicher Begriffe als eine Veränderung der Lage der *Teile* zueinander zu rekonstruieren, aus denen das betreffende Ding besteht. Für einen „Korpuskularphilosophen" ist das nicht nur nicht unlösbar, sondern geradezu der Witz der Übung.[25]

Zu einem vorläufigen Abschluß kommt der in den *Meditationen* veranstaltete Begriffs*bildungs*-Prozeß in der *V. Meditation*, wenn es (AT VII 71) heißt, vollkommen bekannt und gewiß („plane nota & certa") sei die ganze körperliche Natur, sofern sie Gegenstand der Mathematik („Mathesis pura") sei. Das ist eine starke These. Denn sie impliziert, daß ein wirkliches Wissen von der materiellen Welt

---

24 Vgl. *Med. ii.11–12*, AT VII 30 f. – Ein Stück Wachs als Beispiel für etwas Körperliches hat auch Augustin (*De imm. an.* § 8) der eigenen Seele kontrastierend gegenübergestellt. Descartes' Satz „mutata jam sunt: remanet cera" wirkt fast wie ein Zitat des entsprechenden Satzes bei Augustin: „manet autem cera non magis minusve cera, cum illa mutentur".
25 Zum Begriff der „Korpuskularphilosophie" im 17. Jh. vgl. Specht (1996, 17). – Die begriffsanalytischen Einsichten, die das Manöver möglich machen, werden erst später (*Med. vi.19–21*, AT VII 85 ff.) entfaltet.

höchstens in dem Maße möglich ist, wie sich die Eigenschaften der darin vorkommenden Dinge in mathematischer Sprache fassen lassen. Anders gesagt: Begriffe von Eigenschaften körperlicher Dinge oder ihrer Beziehungen zueinander, die sich so *nicht* fassen lassen, sind in dem Teil der Philosophie, der von alters her „Physik" heißt, einfach deplaziert.[26]

Daraus folgt für den Cartesischen Denker an dieser Stelle noch nicht, daß er sich – gestützt auf die Natur des wahren Gottes, deren er sich unterdessen in einem parallel verlaufenden Begriffs*bildungs*-Prozeß vergewissert hat – auch schon der Existenz einer seinen klaren und deutlichen mathematischen Begriffen korrespondierenden Welt außerhalb seines Denkens gewiß sein dürfte. Das war ja die in der *I. Meditation* (AT VII 20) bemerkte Sonderstellung mathematischer Wahrheiten, daß deren Geltung *unabhängig* davon einsichtig ist, ob den Begriffen jener einfachsten und allgemeinsten Sachverhalte („de simplicissimis & maxime generalibus rebus"), in denen sie formuliert sind, in der wirklichen Welt („in rerum natura") etwas entspricht oder nicht. Die *veracitas Dei* garantiert vorerst nur die *Möglichkeit* einer solchen Korrespondenz. Der Nachweis, *daß* körperliche Dinge *existieren*, erfordert eine zusätzliche Überlegung, die erst in der *VI. Meditation* angestellt wird.[27] Diese Überlegung bildet zusammen mit den anschließenden Reinterpretationen der in der *I. Meditation* noch dem Zweifel anheimgefallenen einzelnen und allgemeinen Sachverhalte den eigentlichen Abschluß des Begriffs*bildungs*-Prozesses, der den wesentlichen Inhalt der Cartesischen Meditationen ausmacht.

In einem verhältnismäßig späten Text, dem der französischen Ausgabe der *Principia* als „Preface"[28] vorangestellten Brief an den Übersetzer, hat Descartes selber die Frage nach der Stellung der *Meditationen* in seinem Gesamtwerk klar beantwortet. Der dort gegebenen Charakterisierung seines bis 1647 vorliegenden Werks geht ein oft zitierter Vergleich voraus:

> So ist die ganze Philosophie wie ein Baum, dessen Wurzeln die Metaphysik und dessen Stamm die Physik bildet, während die daraus sprießenden Zweige alle übrigen Wissenschaften darstellen, die sich auf drei Hauptzweige zurückführen lassen, nämlich die Medizin, die Mechanik und die Ethik. [...]

---

[26] Dieser Teil ist die „philosophia naturalis", von der es bei Isidor (*Etym.* II.xxiv.3) heißt: „quae Graece *Physica* appellatur". Diese teilt Bonaventura (*Itin.* iii.6, 106) ein „in metaphysicam, mathematicam et physicam", was Descartes' Bild der theoretischen Philosophie erstaunlich nahe kommt – ohne daß ich daraus auf einen irgendwie gearteten „Einfluß" schließen möchte.
[27] Kulminierend in der Konklusion (*Med.* vi.10, AT VII 80): „Ac proinde res corporeæ existunt." – Eine detaillierte Analyse gibt Schütt (1996, 180 ff.).
[28] *L. 503*, an Elisabeth, [31. Jan. 1648], AT V 112.

> Wie man nun die Früchte weder von den Wurzeln noch vom Stamm der Bäume pflücken kann, sondern allein von den äußersten Enden ihrer Zweige, so hängt der hauptsächliche Nutzen der Philosophie von denjenigen ihrer Teile ab, die in dieser Ordnung zuletzt kommen. (AT IX-2 14f.)

Eine so verstandene „ganze Philosophie" wird niemand mit dem heute betriebenen akademischen Fach gleichen Namens verwechseln. Offensichtlich sollte die Philosophie, die Descartes meinte, nicht viel weniger sein als das, was wir „die ganze Wissenschaft" nennen müßten. Wiewohl er die meisten der überaus nützlichen Teilgebiete der Philosophie naturgemäß gar nicht kenne, fährt er an der zitierten Stelle fort, habe er einst, um der Öffentlichkeit zu dienen, von seinen bescheidenen Erkenntnissen einige Probierstücke („essais") publiziert. So bringt er die anonyme Erstpublikation von 1637 in Erinnerung: den *Discours* und die drei Abhandlungen („traitez") zur *Dioptrik*, *Meteorologie* und *Geometrie* als Anwendungsbeispiele für die zuvor dargelegte Methode. Allein die Fülle der neuen Erkenntnisse, die darin enthalten seien, hätte eigentlich genügen sollen, um alle Welt vom Nutzen der befolgten Methode zu überzeugen, wie Descartes hier (AT IX-2 15f.) im Rückblick schreibt. Wäre das eine realistische Erwartung gewesen und sogar in Erfüllung gegangen, hätte es der Publikation der *Meditationen* kaum bedurft, zu deren Anlaß und Zwecksetzung Descartes sich dann doch folgendermaßen einläßt:

> Seit der Zeit habe ich, da ich die Schwierigkeit voraussah, die viele mit dem Verständnis der Grundlagen der Metaphysik haben würden, in den *Meditationen* die Hauptpunkte zu explizieren versucht, die zwar nur ein schmales Bändchen waren, das aber nicht allein an Umfang, sondern auch inhaltlich viel an Klarheit gewonnen hat durch die von mehreren Gelehrten dagegen erhobenen Einwände und meine Erwiderungen darauf. Als mir nun endlich durch diese Vorarbeiten der Geist der Leser hinreichend vorbereitet schien für die Aufnahme der *Prinzipien der Philosophie*, habe ich auch diese veröffentlicht [...]. (AT IX-2 16)

Anschließend macht er darauf aufmerksam, daß die im 1. Teil der *Principia* behandelten „Grundsätze der menschlichen Erkenntnis" just das seien, was man auch ‚erste Philosophie' oder ‚Metaphysik' nennen könne, und er motiviert damit den guten Rat, *vor* („auparauant") den *Principia* möge man zum besseren Verständnis die *Meditationen* studieren, und zwar (wie wir vermuten dürfen) in der umfänglicheren Gestalt mit allen Einwänden und Erwiderungen.

Das bestätigt die Funktion der *Meditationen* als einer auf das eigentliche Corpus der Cartesischen Philosophie *vorbereitenden* begriffs*bildenden* Übung, und daß es im folgenden darum gehen werde, Begriffe zu bilden („conceptus formare"), hatte der Autor den Lesern der *Meditationen* in seiner *Synopsis* (AT VII 13) auch schon angekündigt.

Der IV. Teil des *Discours* und der I. Teil der *Principia* sind nur die wichtigsten „Paralleltexte" zu den *Meditationen*. Als weitere Texte dieser Art lassen sich die beiden folgenden nennen:
- das Protokoll des Gesprächs, das Descartes mit dem Studenten Frans Burman am 16. April 1648 geführt hat,[29]
- der Fragment gebliebene, erst *postum* veröffentlichte Dialog mit dem Titel *La Recherche de la vérité par la lumière naturelle*.[30]

Die meditative Form der Selbstbelehrung ist in dem letzteren dialogisch dramatisiert, um die argumentative Kraft der Cartesischen Meditationen am Beispiel ihrer Wirkung auf einen von allen gelehrten Vorurteilen freien *honnête homme* namens ‚Poliander' zur Geltung zu bringen. Angeleitet von Descartes' *alter ego* Eudoxus und dessen methodischen Maximen, gelangt Poliander dahin, sich selbst, sofern er zweifelt, als ein lediglich denkendes Ding zu begreifen. Auf dem Cartesischen „Weg" ist er damit genau dort angelangt, wo es in der II. Meditation heißt: „Was bin ich also? Ein denkendes Ding. Was ist das?" (AT VII 28) Das fragt sich auch Poliander; und er nimmt sich vor, im folgenden zu untersuchen, wodurch „der Begriff eines denkenden Dinges deutlicher gemacht werden kann" und „welche Sachverhalte eine Verwechslung mit Merkmalen, die diesem Ding nicht zukommen, ausschließen".[31] Verheißungsvoll hebt er an: „Per rem cogitantem intelligo" – da bricht der überlieferte Text jäh ab. Für die wichtigeren Partien des Cartesischen „Weges", die aus der Talsohle des Großen Zweifels endgültig hinausführen, ist der Text deshalb, abgesehen von allen ungelösten Datierungsproblemen, unergiebig.

Die Wiedergabe der Unterredung zweier Personen durch Dritte wirft in der Regel Authentizitätsfragen auf, die im Falle von Descartes' *Gespräch mit Burman* jedoch als positiv geklärt angesehen werden dürfen.[32] Burman war Student der Theologie, und die Fragen, die er Descartes gestellt hat, waren, wie Hans Werner Arndt (1982, xii ff.) gezeigt hat, geprägt durch sein Interesse daran, die Möglichkeiten für eine auf cartesianischer Grundlage erneuerte protestantische Theologie auszuloten. Das erklärt unter anderem, daß gut die Hälfte der von Burman angesprochenen Punkte die *Meditationen* betreffen und die übrigen, die

---

29 *EaB.*, als *L. 514* in: AT V 144–179; neuere Ausg. im Literaturverzeichnis.
30 *Rech.*, AT X 495–527; neuere Ausg. im Literaturverzeichnis. – Zu allen philologisch-historischen Fragen: vgl. Schmidt (1989).
31 *Rech.*, AT X 527: „Tot sunt res, quæ in ideâ rei cogitantis continentur [...]. De præcupis nunc tantùm, & de iis, quæ ad reddendam ejus notionem magis distinctam inserviunt, quæque efficient, quò minùs confundatur cum illis quæ ad eam non spectant, acturi sumus."
32 Zu allen einschlägigen historisch-philologischen Fragen: vgl. Arndt (1982, xvii ff.).

sich auf *Discours* und *Principia* bezogen, ihrerseits nur zur Hälfte deren physikalischen Teilen galten. Metaphysische, also erkenntnis*theologische* Fragen waren Burman offenbar wichtiger als Details der Cartesischen Physik, was dem von ihm befragten Descartes nicht ohne weiteres recht gewesen zu sein scheint.[33]

Der überlieferten Aufzeichnung des Gesprächs ist zu entnehmen,[34] daß Descartes zu jener Zeit gerade mit seiner *Description du Corps humain* (AT XI 223 – 286) beschäftigt war, die er aber nicht mehr fertigstellen sollte. Er hatte also die Weiterarbeit an jenem „corps de Philosophie tout entier" (AT IX-2 17), dessen Vollendbarkeit durch eine einzelne Person er noch im Jahr zuvor, in der „Preface" zu den *Principes*, wegen des dafür nötigen experimentellen Aufwandes skeptisch beurteilt hatte, keineswegs aufgegeben.

Die letzte von Descartes publizierte Schrift behandelt *Les Passions de l'Ame* (AT XI 301– 488). Die so angesprochenen „Leidenschaften der Seele" sind nichts anderes als jene menschlichen Affekte, in denen er – wie später Spinoza und im Jahrhundert darauf die Philosophen des *moral sense* – das Schlüsselthema erkannt hat, das die Wissenschaft von der menschlichen Natur mit der Ethik verbindet. Anscheinend suchte Descartes bis zuletzt, die Früchte jenes Baums zu ernten, als dessen Wurzelwerk er die in den *Meditationen* kultivierte Metaphysik ansah, nämlich

- eine von Grund auf erneuerte *Medizin*, die er mit seiner „Beschreibung des menschlichen Körpers" im Visier hatte, und
- die wissenschaftlich fundierte *Ethik* als Zweck der auf diese Beschreibung aufbauenden Affektenlehre.

Mit dem metaphysischen Wurzelwerk sind diese fruchttragenden Zweige, wenn man im Bild bleiben möchte, eigentlich nur durch den Stamm der Physik verbunden. Es gibt indes auch eine Art „Schnittstelle", an der die Affektenlehre direkt an die Metaphysik der Cartesischen Meditationen angeschlossen ist. Um die seelischen Affekte so erkennen zu können, wie sie wirklich sind, müsse man ihre Funktion von denen des Körpers unterscheiden („il faut distinguer ses fonctions d'avec celles du corps", AT XI 328). Zur Bewältigung dieser Aufgabe bietet Descartes die folgende „regle" an: Es sei lediglich darauf zu achten, daß

alles, was wir in uns erfahren (*tout ce que nous experimentons estre en nous*) und als etwas ansehen, das auch in vollkommen unbelebten Körpern sein kann (*& que nous voyons aussi pouvoir estre en des corps tout à fait inanimés*), allein unserem Körper zugeschrieben werden darf (*ne doit estre attribué qu'à nostre corps*); während umgekehrt alles, was in uns ist (*tout ce*

---

33 Auf diesen Punkt werde ich unten in meinem Resümee noch zurückkommen.
34 *EaB*, AT V 170 f., vgl. Arndt (1982, 158).

> *qui est en nous*) und von dem wir in keiner Weise begreifen (& *que nous ne concevons en aucune façon*), daß es einem Körper zukommen kann (*pouvoir appartenir à un corps*), unserer Seele zugeschrieben werden muß (*doit estre attribué à nostre ame*). (Pass. i.3, AT XI 329)

Diese Regel greift direkt auf das Ergebnis der Begriffs*bildungs*übungen in den *Meditationen* zurück. Um die Regel anwenden zu können, muß man einerseits sicher sein, was wir so *sehen*, daß es auch in einem Körper sein *kann*, und andererseits genauso sicher, was wir *nicht so begreifen*. Man braucht also, wie es im Jargon von heute hieße, starke Intuitionen, was das Bestehen oder Nichtbestehen von *Möglichkeiten* der Zuschreibung angeht. Diese sind nur daran festzumachen, was in unseren – klaren und deutlichen, versteht sich – Begriffen oder Ideen enthalten ist und was nicht, und das „sieht" erst, wer die Cartesischen Meditationen mit der nötigen Aufmerksamkeit durchlaufen und nachvollzogen hat.

8.2

Der *Discours de la méthode* beginnt mit einem Satz, an den wohl jeder gerne glauben möchte:

> Le bon sens est la chose du monde la mieux partagée [...]. (AT VI 1)

Das klingt wie ein Echo auf eine Beobachtung Montaignes, die dieser in seinen *Essais* so mitgeteilt hatte:

> On dit communement que le plus juste partage que nature nous aye fait de ses graces, c'est celuy du sens [...]. (Montaigne, *Es.* II.*xviii*, dt. 326; Œ*C* 641)

Auffallend ist vor allem der Gleichklang der Begründungen, die beide jeweils für ihre beruhigende Feststellung geben: In der Regel seien doch alle Leute mit der ihnen zugefallenen Portion ganz zufrieden. Dem sei nun, wie ihm wolle. Es gibt ein zweites, wohl bedeutsameres Motiv bei Montaigne, das Descartes aufgenommen zu haben scheint. Immer wieder hatte jener betont, es sei ihm nicht darum zu tun gewesen, „die Dinge bekannt zu machen, sondern sich selbst" als eine Person mit all ihren Eigenheiten.[35] Deswegen seien es eben nur *seine* Vorstellungen („mes

---

[35] Z.B. *Essais* II.*x*, Œ*C* 387 (dt. 201): „je ne tasche point à donner à connoistre les choses, mais moy".

fantasies") und *seine* Überlegungen („mes discours"), von denen er berichte.[36] Schlußfolgerungen für *ihre* Vorstellungen und Überlegungen zu ziehen, das sollte ausdrücklich den Lesern überlassen bleiben.

In diesem Sinne bot Montaignes Buch tatsächlich nicht mehr als *Essais*, im Wortsinne also *Versuche*, über die unterschiedlichsten Gegenstände Klarheit zu gewinnen, womit er, da der Erfolg dieses Buches außerordentlich war, zum Begründer einer neuen Gattung der europäischen Literatur werden sollte.

Descartes hat nicht nur die Gattungsbezeichnung ‚essai' für die naturwissenschaftlich-mathematischen Teile seiner Erstpublikation von 1637 übernommen. Wie Montaigne hat er gelegentlich den eigentümlichen Duktus seiner Texte explizit darzulegen versucht: Ob er etwas als *discours* (Bericht), als *traité* (Abhandlung) oder als *essai* (Versuch) deklarierte, das sollte gegebenenfalls einen Unterschied machen.[37] Angeblich verfolgte er mit seinem *Discours* gerade *nicht* die Absicht („mon dessein"), eine Methode des Vernunftgebrauchs für jedermann zu *lehren* („n'est pas d'enseigner icy la Methode que chascun doit suiure pour bien conduire sa raison"), er wollte vielmehr nur sichtbar machen, wie er selber seine Vernunft zu leiten versucht hatte („mais seulement de faire voir en quelle sorte i'ay tasché de conduire la miene", AT VI 4; vgl. 15). So zeigen nicht nur die Titel der 1637 publizierten Arbeiten, sondern auch die zitierten Einlassungen eine kaum zufällige Affinität mit dem Werk des Erfolgsschriftstellers Montaigne an, der im übrigen dafür gesorgt hatte, daß Name und Begriff des Skeptizismus in ganz Europa einer breiteren Öffentlichkeit vertraut wurden.

Was nun die *Meditationen* betrifft, so verweist deren Titel auf ein anderes literarisches Genre als das der Essays nach dem Vorbild Montaignes, nämlich auf die christliche Meditationsliteratur insbesondere des Mittelalters. Die Geschichte des Genres ist indes älter als die Herrschaft des Christentums über das Abendland. Das prominenteste bekannte Beispiel aus vorchristlicher Zeit geben die *Tôn eis heautòn bíblia* („Bücher [über Wege] zu sich selbst") des römischen Kaisers und stoischen Philosophen Marc Aurel.[38] Bereits in diesem Text, der allerdings kaum für eine Veröffentlichung bestimmt war,[39] tritt ein zweifacher Selbstbezug zutage, der in der christlichen Geschichte des Genres dann, mannigfach variiert, zum

---

36 Ebd.: „C'est icy purement l'essay de mes facultez naturelles [...]. Ce sont icy mes fantasies, par lesquelles je ne tasche point à donner à connoistre les choses, mais moy: [...]. Ainsi je ne pleuvy aucune certitude, si ce n'est de faire connoistre jusque à quel poinct monte, pour cette heure, la connoissance que j'en ay."
37 Vgl. *L. 70* [an Mersenne, März 1637], AT I 349f.; Gilson (1925, 79).
38 Vgl. A. O. Rorty (1986, 2); zur philosophiehistorischen Einordnung: Nickel (1998, 326).
39 Vgl. Nickel (1998, 327).

typischen Merkmal einer Meditation avanciert. Die Betrachtung der eigenen Person wird angestellt, um
1. ein angemesseneres Selbstverständnis zu gewinnen und
2. dieses Selbst, gestützt auf das bessere Verständnis, auch besser zu *machen*, also zum Zweck einer Selbstverbesserung.

Eine Meditation dient so nicht nur der Selbst*erkenntnis*, sondern auch der Selbst*erziehung*. In einem Text, der einen solchen Prozeß dokumentiert, dominiert unvermeidlicherweise – und stärker als in einem „Versuch" nach der Art Montaignes – die grammatische 1. Person *singularis*. Sie zeigt jedoch, sobald Selbsterkenntnis und -erziehung aufgezeichnet werden, um sie Lesern zur Nachahmung darzubieten, nicht etwa eine subjektive Beschränkung des Scopus der Betrachtung an, sondern trägt im Gegenteil einen universellen Anspruch, weil sich *jeder* an die Stelle der mit ‚ich' angesprochenen Person versetzen soll, um selber der Effekte der beschriebenen Übung teilhaftig zu werden. In religiösen Kontexten sind das vor allem Erhebung und Erbauung, Reue und Reinigung.[40]

Ein klassischer Text, der eine zu derartigen Zwecken betriebene Selbstbespiegelung (*vulgo* Reflexion) dokumentiert, sind die *Confessiones* des nachmaligen Kirchenvaters Augustin. Als typische Ordnung einer meditativen Sequenz findet man dort zunächst die Läuterung der Sinne, und das heißt natürlich auch die Läuterung *von* den Sinnen,[41] worauf durch ein Zurückgehen zu sich selbst („redire ad memet ipsum")[42] die Erleuchtung des Verstandes folgt, welche diesem einen Rückblick wie den folgenden erlaubt:

> So stieg ich stufenweise empor von den Körpern zur Seele, die durch das Mittel des Körpers empfindet (*a corporibus ad sentientem per corpus animam*), und von da zu deren inneren Vermögen (*ad eius inter interiorem vim*), dem die Sinne des Körpers die Außendinge melden (*cui sensus corporis exteriora nuntiaret*), wieweit auch das Vermögen der Tiere reicht. Und von hier wiederum weiter zur schlußfolgernden Denkkraft (*ad ratiocinantem potentiam*), der zur Beurteilung vorgelegt wird, was durch die körperlichen Sinne aufgenommen wird (*ad quam refertur iudicandum, quod sumitur a sensibus corporis*). Da aber auch diese sich in mir als wandelbar erkannte, erhob sie sich zur Erkenntnis ihrer selbst (*ad intelligentiam suam*) und führte den Gedanken weg von der Gewohnheit, indem sie sich dem widersprüchlichen Trubel erträumter Bilder (*contradicentibus turbis phantasmatum*) entzog, damit sie fände, von welchem Licht sie angestrahlt sei, wenn sie mit zweifelloser Bestimmtheit erklärt, es sei das Unveränderliche dem Veränderlichen vorzuziehen (*inconmutabile praeferendum esse*

---

40 Vgl. A. O. Rorty (1986, 3–10). – Auf die *Exercitia spiritualia* (1548) des Gründers des Jesuitenordens, Ignacio de Loyola, als ein mögliches Vorbild für den einstigen Jesuitenschüler Descartes weist Jolley (1992, 399) hin.
41 Augustin, *Conf.* vii.7, 154.
42 Ebd. vii.10, 158.

mutabili), woher sie also das Unveränderliche selber kenne (*unde nosset ipsum inconmutabile*); [...] und so gelangte meine Denkkraft (*intelligentia*) zu dem, was ist in einem Augenblick bebender Schau (*ad id, quod est in ictu trepidantis aspectus*). (Augustin, *Conf. vii.17*, 164f.)

Die Übereinstimmungen mit der Dramaturgie der Cartesischen *Meditationen* sind gar nicht zu übersehen. Auch ist kaum vorstellbar, daß Descartes es darauf nicht abgesehen gehabt hätte.[43] Es gibt aber nicht nur Übereinstimmungen. Das ist evident, wenn man auf das Ende sieht. Die meditative Reise, die Augustin veranstaltet, führt zu einer Art Gottesschau und der Vereinigung des eigenen, ehedem unbotmäßigen, freien Willens mit dem Willen Gottes. Descartes' *Meditationen* dagegen enden mit einer Art von Rehabilitation seines Wissens von der Außenwelt. Das Menschen in dieser Hinsicht verfügbare Wissen bleibt zwar stets fallibel,[44] und soweit ihnen überhaupt ein vollkommenes Wissen zugänglich ist, bleibt es unaufhebbar abhängig von der Einsicht in das wahre Wesens Gottes.[45] Aber in der Betrachtung dieses Wesens erschöpft sich gerade *nicht*, worauf Descartes hinaus will: die weitere Erforschung natürlicher, also physischer Vorgänge.

In Bonaventuras *Itinerarium mentis in Deum*, einem anderen Beispiel aus der christlichen Meditationsliteratur, das Descartes gekannt haben mag,[46] wird eine „gewisse Vollendung der Erleuchtung des menschlichen Geistes" mit der sechsten Etappe eines aufsteigenden „Weges" erreicht, der bei den sinnlich wahrnehmbaren Spuren Gottes in seiner Schöpfung begonnen hat. Das geschehe, schreibt Bonaventura (*Itin. vi.7*, 146), „quasi in sexta die", womit en den ganzen, bis dahin meditierend zurückgelegten „Weg" zum Analogon des *Hexameron*, des Sechstagewerks der Schöpfung, macht. Wie der Schöpfer der Welt (nach *Gn* 2,2) am siebten Tage ruht, so hält bei Bonaventura auf der siebten und letzten Stufe der Intellekt inne, während die Seele, von der er nur ein Teil ist, affektiv auf mystische Weise in Gott aufgeht, was von Anfang an das Ziel der gesamten Stufenfolge von Meditationen war.

Descartes hat es mit einem meditativen *Sechs*tagewerk sein Bewenden haben lassen. Daß jeder seiner *Meditationen* genau ein Tag entspricht, geht aus dem Text

---

43 Vgl. Koyre (1923, i. b. 59ff.).
44 Gegenstand des allerletzten Satzes (*Med. vi.24*, AT VII 90) ist „nostræ naturæ infirmitas" – was auch ein Topos ist, zu dem Augustin immer wieder gern (vgl. z. B. *De trin. i.3, 8, 28; ii.1; iii.21; iv.1, 2, 5, 7; v.1; viii.11; ix.2; xi.1; xiii.12, 14, 17, 18, 22; xiv.19, 23, 25; xv.10, 13, 23, 50, 51*) zurückkehrt.
45 Genauer dazu Kemmerling (1996, 158–163).
46 Der Ausdruck ‚meditatio' erscheint bei Bonaventura immerhin einmal: *Itin. i.8*, 62; Augustin gebrauchet ihn in den *Confessiones* und anderswo weit öfter. – Zu Descartes und Bonaventura: vgl. Koyre (1923, 106f., 168f.).

deutlich genug hervor.⁴⁷ Nicht so klar ist indes, welche Kreation in diesen sechs Tagen fabriziert wird. Einen Zustand, der einer Gottesschau, auf die bei Augustin und Bonaventura jeweils das ganze Unternehmen ausgerichtet ist, frappierend ähnelt, erreicht Descartes' meditierendes Ich am Ende der *III. Meditation* (AT VII 52), also bereits nach etwa der Hälfte seines „Weges". Der dort hymnisch gefeierte neue Zustand zeigt wohl eine der Peripetie im klassischen Drama vergleichbare Wende an und hat insofern eine herausgehobene Position im Überlegungsgang, das Endziel ist er nicht. Das am sechsten Tag vollendete Produkt der meditativen Schöpfung hat Amélie O. Rorty (1986, 10) so beschrieben:

> The new creation is the new science of the world: Meditation I begins by Descartes' separating the light of certainty from the darkness of confusion, and Meditation VI ends with an account of the composition of a man, and being composed of mind and body, a fallible but rational being.

Diese Deutung bedarf allenfalls einer nuancierenden Ergänzung, einer kleinen Verschiebung des Akzentes. Die „neue Wissenschaft der Welt" wird in den *Meditationen* nicht mehr selbst präsentiert. Sie wird dort nur in Aussicht gestellt. Auch in den anderen Werken, die den „Weg" der Cartesischen Meditationen skizzieren, ist sie erst jenseits der Beschreibung dieses „Weges" zu finden:
- Im Rahmen der Publikation von 1637 erscheint sie in den *Essais* und im *Discours* gerade nicht im IV., sondern erst im V. Teil, wo der Inhalt von *Le Monde* summarisch referiert wird.
- Mit Blick auf die *Principia* ist ohnehin klar, daß die explizite Darlegung der Prinzipien dieser „neuen Wissenschaft" erst mit dem II. Teil beginnt, während der den Gang der *Meditationen* wiederholende I. Teil davon als *vorbereitende* begriffs*bildende* Übung deutlich abgesetzt ist.

Deshalb scheint es angemessener zu sein, statt eines abstrakten Gegenstandes, wie es die „neue Wissenschaft" selbst wäre, als die „Kreation" oder das Produkt der sechstägigen Meditation etwas Konkretes wie den idealtypischen Denker zu nehmen, der in diesem Prozeß die Fähigkeit erworben hat, die „neue Wissenschaft" *auszuarbeiten*. Das paßt auch besser zu dem, was bei Augustinus und Bonaventura gleichsam neu erschaffen wird, nämlich der Meditator selbst, indem dieser einen ganz und gar neuen Zustand und eine neue Befindlichkeit erlangt.

---

47 Descartes beginnt „heute" (AT VII 17), blickt zurück auf die „gestrige Meditation", den „gestern gegangenen Weg" (ebd. 23f.) und die „gestern untersuchte Idee" (ebd. 43), spricht erneut von der „heutigen Meditation" (ebd. 62) zu wiederholten Malen von „diesen Tagen" (ebd. 52, 58f., 63, 65).

Zweifellos werden in den *Meditationen* zahlreiche Themen der traditionellen christlichen Meditationsliteratur kunstvoll variiert. Aber was läßt sich der raffinierten Komposition im Hinblick auf die *Argumente* entnehmen, mit denen Descartes seinem eigentlichen Bauwerk, und das war ebenso zweifellos seine Physik oder „die Fabel seiner Welt" (AT I 179), ein Fundament verschaffen wollte? Oder sind die Anspielungen auf Motive und rhetorische Figuren der christlichen Meditationsliteratur in der Tradition Augustins nur sorgfältig ausgelegte Köder, um die „Doktoren" der Sorbonne und ihresgleichen glauben zu machen, der antiaristotelische Zug der „neuen Wissenschaft" sei nicht Ausdruck einer anstößigen Neuerungssucht, sondern einer Rückbesinnung auf Augustinsche Maximen geschuldet? Schließlich wissen wir: Gelegentlich spricht Descartes „mit gespalten er Zunge" (A. O. Rorty 1986, 9), wie jenes „Kabinettstück anzüglicher Zweideutigkeit" (Specht ²1980, 41; vgl. 55) eindrucksvoll unter Beweis stellt, das der den *Meditationen* vorausgeschickte Brief an die Sorbonne (AT VII 1–6) bietet.

In einem *Appendix* zu den *II. Erwiderungen* hat Descartes, einer Bitte Mersennes nachkommend, seine Beweisgründe für die Existenz Gottes sowie für die reale Unterscheidung der Seele vom Körper „more geometrico" (AT VII 160) angeordnet. Seine ganze Metaphysik läßt sich nach dieser Darstellung in vier Theoremen und einem Korollar zusammenfassen. Drei der Theoreme handeln davon, *daß* und *wie* Gottes Existenz zu erkennen ist, was ebenso viele Gottesbeweise ergibt; das vierte verkündet den Substanzendualismus nicht wie die *VI. Meditation*[48] in der 1. Person Singular, sondern unpersönlich: „Geist und Körper unterscheiden sich real voneinander".[49] Das Korollar, das aus den vorangestellten Gottesbeweisen unmittelbar folgen soll, enthält beiläufig auch, was als „Hauptsatz der Cartesischen Erkenntnis*theologie*" gelten kann, d. i. die allgemeine Feststellung, alles, was wir klar (und deutlich) erfassen, *könne* Gott *so* schaffen, *als was* wir es auf diese Weise erfassen.[50]

Die Prämissen, auf die Descartes sich für die zugehörigen Beweise angewiesen sah, verteilen sich auf zehn Definitionen, sieben Postulate und zehn Axiome. Daß Postulate und Axiome *Forderungen* enthalten, steht ihnen gleichsam auf die Stirn geschrieben. Für Definitionen gilt das ebenso. Indem sie nämlich für gewisse Kennzeichnungen als abkürzende Redeweise einen Ausdruck ins Spiel bringen,

---

[48] Med. vi.9, AT VII 78: „[...] certum est me a corpore meo revera esse distinctum"; vgl. *Méd.* vi.17, AT IX-1 62: „[...] il est certain que ce moy, c'est à dire mon ame, par laquelle ie suis ce que ie suis, est entierement & veritablement distincte de mon corps".
[49] *App. ad II. Resp.*, AT VII 169 f.: „Mens et corpus realiter distinguuntur"; AT IX-1 169 f.: „L'Esprit et le Corps sont réellement distinct".
[50] Ebd. 169: „[...] Deus potest [...] efficere id omne quod clare percipimus, prout idipsum percipimus".

beanspruchen sie zumindest die mögliche Existenz dessen, worauf dieser Ausdruck sich beziehen soll, und fordern so die Akzeptabilität gewisser Sätze. In den letzten Prämissen, die Descartes in dieser Darstellung explizit nennt, haben wir folglich mindestens siebenundzwanzig Sätze vor uns, deren Wahrheit oder Akzeptanz zunächst nur *gefordert* ist.

Seit Aristoteles' Zeiten sagte man zwar, solche nicht beweisbaren Sätze am Anfang einer axiomatisch-deduktiv aufgebauten Theorie müßten eines Beweises eben auch *nicht bedürftig* sein. Was genau dann der Fall ist, wenn sie selbst evident sind. Der Anspruch, ihnen zuzustimmen, ist in diesem Fall eine Forderung, die niemand zurückweisen *kann* und deshalb auch nicht zurückweisen *wird*. Doch darüber, ob derartige Forderungen sich wegen der unterstellten Evidenz des Geforderten *tatsächlich* nicht zurückweisen lassen, entscheiden stets die, an die sie gerichtet sind. Das wußte Descartes nur zu gut. In der Geometrie, meinte er, würden die für einen Beweis der Theoreme vorauszusetzenden Grundbegriffe („primæ notiones, quæ ad res Geometricas demonstrandas præsupponuntur") wegen ihrer anschaulichen Evidenz von jedem leicht zugestanden („cum sensuum usu convenientes, facile a quibuslibet admittantur", AT VII 156). In der Metaphysik, mußte er (ebd. 157) hinzufügen, sei das ganz anders. Hier seien es gerade die Grundbegriffe und -voraussetzungen, in seiner Sprache die „primæ notiones" (frz. „premiere notions", AT IX-1 122), die von widerspruchslüsternen Zeitgenossen nur zu leicht bestritten werden könnten („facile a contradicendi cupidis negari possent"), wenn sie diesen ohne Vorbereitung isoliert präsentiert würden („si solæ ponerentur", AT VII 157). Aus eben diesem Grunde, so heißt es im Kontext, halte er nicht viel davon, die in der Geometrie sehr bewährte „synthetische", d. h. axiomatisch-deduktive Beweisart auf die Metaphysik zu übertragen. Deren Gegenstände verlangten ein „analytisches" Vorgehen, welches darlege, wie methodisch das Verständnis zu erwerben sei, das einem die Zustimmung zu jenen Grundbegriffen und -voraussetzungen ermögliche. Damit wollte Descartes zugleich die Vorzüge und die Unvermeidlichkeit des spezifisch meditativen Vorgehens in seinen *Meditationen* erklärt haben. Das steht selbstverständlich nicht im Widerspruch zu der auf die *Principia* vorbereitenden begriffs*bildenden* Rolle, die er den *Meditationen* später zugeschrieben hat. Analytisch ist dieses Vorgehen freilich nur in dem Sinne, daß mit ihm exemplarisch vorgeführt wird, wie man die „in uns" vorfindbaren Ideen, Vorstellungen oder Begriffe so zu zerlegen hat, daß ein systematisches und zugleich verläßliches Erforschen physischer Zusammenhänge möglich wird.

Schaut man sich die siebenundzwanzig Forderungen, mit denen Descartes diejenigen konfrontiert hat, die ihm eine „more geometrico" arrangierte Inhaltsangabe der *Meditationen* abverlangt hatten, näher an, so bemerkt man, daß einige von ihnen etwas fordern, das, wenn überhaupt, nur durch aufmerksamen Nachvollzug der *Meditationen* selbst erreicht werden kann. So heißt es unter den im engeren Sinne so genannten „Postulaten":

> [Ich fordere] sechstens [von den Lesern], daß sie sich durch genaues Abwägen aller in den *Meditationen* gegebenen Beispiele für ein klares und deutliches wie auch der für ein dunkles und verworrenes Erfassen daran gewöhnen, was klar erkannt wird von den dunklen [Sachverhalten] zu unterscheiden. (AT VII 164)

In einer axiomatischen Darstellung der Geometrie nähme sich ein solches Postulat seltsam aus. Aber hier geht es auch nicht um die Geometrie, sondern um Sachverhalte, deren Durchschaubarkeit *vorausgesetzt* werden muß, wenn geometrische Gewißheit auf die wirkliche Welt beziehbar sein sollen.

Descartes' Interpreten haben darüber debattiert, ob dessen Gesamtwerk als eines zu charakterisieren sei, das
– vornehmlich der Naturwissenschaft und Mathematik gewidmet ist und nur außer dieser Hauptsache – vielleicht „somewhat unfortunately" (Clarke 1982, 2) – ein paar ihm selber weniger wichtige im engeren Sinne philosophische Arbeiten enthält,

oder aber als eines,
– dessen naturwissenschaftlich-mathematische Teile den im engeren Sinne philosophischen *nach-* und, was ihr Gewicht angeht, sogar *unter*geordnet sind.

Wie angesichts derartiger Alternativen vermutlich immer hat eine vermittelnde Position, wie sie etwa Dominik Perler (1998, 32ff.) vertritt, zwar weniger rauhen Charme, statt dessen aber die größere Plausibilität für sich. Es kommt in Descartes' besonderem Fall hinzu, daß er mit Rainer Specht (1996, 9) als Vertreter einer „frühe[n] Konzeption von Einheitswissenschaft" zu sehen ist, und innerhalb eines solchen Konzeptes ist der genannten Prioritätsfrage schwerlich ein Sinn abzugewinnen. Des öfteren wird in den Debatten der Interpreten ein Rat zitiert, den der junge Burman sich anhören mußte: Er solle sich, hat Descartes (AT V 165) ihn offenbar ermahnt, auf die *Meditationen* und überhaupt auf metaphysische Themen nicht so sehr einlassen („non adeo incumbendum"), das lenke den Geist zu sehr („nimis") von der Physik ab und mache ihn für die dazu nötigen Betrachtungen untauglich. Nachdem er, Descartes, in den *Meditationen* die metaphysischen Themen *so weit* behandelt habe, wie es *nötig* gewesen sei, um den Skeptizismus zurückzuweisen, brauche sich damit niemand mehr länger zu beschäftigen:

> Es reicht vielmehr, das I. Buch der *Principa* zu kennen, worin enthalten ist, was aus der Metaphysik zu wissen nötig ist, um Physik &c. zu betreiben. (Ebd.)

Auf einen minderen Status, den die erkenntnistheoretische Rest-Metaphysik in Descartes' Augen gehabt habe, kann man daraus in der Tat nicht schließen, wohl aber darauf, daß diese Metaphysik für Descartes am Ende etwas war, in dem es nach seiner Überzeugung nichts mehr zu erforschen gab. Sie war für ihn das, was für Philatelisten ein „geschlossenes Sammelgebiet" ist: Etwas Neues war auf diesem Gebiet nicht mehr zu erwarten. Der nicht eben geringe Anspruch, alles Notwendige auf diesem Gebiet bereits selber dargelegt zu haben, weist neben dem gut entwickelten Zutrauen in die eigene Leistung, das aus ihm spricht, noch einen zweiten Aspekt auf. Die Metaphysik nach Descartes ist, was ihr Themenspektrum angeht, unvergleichbar schlanker als es diese vermeintlich „natürliche Königin aller anderen Wissenschaften"[51] zuvor gewesen war. Um ein anschauliches Bild vom Ausmaß der Abmagerungskur zu gewinnen, die Descartes ihr verordnet hat, genügt es, in eine Bibliothek zu gehen und dort den selbst mit allen *Einwänden* und *Erwiderungen* bescheidenen Umfang der *Meditationen* mit der stattlichen Zahl von Bänden zu vergleichen, die Francisco Suárez' *Disputationes Metaphysicae* einnehmen, also mit dem Werk, das zu der Zeit, als Descartes studierte, den Stand der Kunst repräsentierte.

Wie konnte die reduzierte Metaphysik Descartes' im Hinblick auf sein übriges Projekt eine „legitimatorische" Funktion haben, wie Gaukroger (1995, 292) angenommen hat? Ihre Rolle als begriffs*bildende* Präparation auf die „fruchtbringenden" Teile seiner Philosophie konnte deren *Legitimation* nur dann dienen, wenn die dabei gebildeten Begriffe ohne Alternative waren und zudem ein vollständiges System ergaben. Die stilistischen Manöver, die den *Meditationen* darüber hinaus das eigentümliche, an Augustin erinnernde Gepräge verleihen, konnten als legitimierend nur in einem atmosphärischen Sinne gedacht sein, also eher rhetorisch als logisch.

Im Unterschied zu Kopernikus, Kepler oder Galilei zählt man Descartes – wie übrigens auch Thomas Hobbes – heute nicht zu den ganz großen Pionieren der modernen Naturwissenschaft, wiewohl beide zu deren Entwicklung gerade mit ihren im engeren Sinne philosophischen, also metaphysischen Ambitionen gerne einen unübersehbaren Beitrag geleistet hätten. Beider Motivation hat Richard Rorty mit einer glücklich gewählten Formulierung, die genau das offenläßt, was in Anbetracht des historischen Abstandes nicht mehr zu entscheiden ist, treffend so beschrieben:

---

51 Thomas Aquinas, *In Met. Ar.* prooem., 2: „naturaliter aliarum [scientiarum] regulatrix".

They were fighting (albeit discreetly) to make the intellectual world safe for Copernicus and Galileo. (R. Rorty ²1980, 131; vgl. 65)

Selbstredend steht „Copernicus and Galileo" hier nicht für die betreffenden historischen Personen, sondern für die ganze Schar naturwissenschaftlicher Pioniere zwischen dem Anfang des 16. und dem Ende des 17. Jahrhunderts. Deren Sicherheit hat freilich so lange auf sich warten lassen, daß es schwerfällt zu glauben, Descartes' Metaphysik habe das allein bewerkstelligen können.

Literatur

Arndt, Hans Werner 1982: Einl. u. Komm. zur Übers, in: R. Descartes, Gespräch mit Burman, lat.-dt., übers. u. hrsg. v. H. W. Arndt, Hamburg, ix–xxxiii u. 120–188
Augustin 1959: *Conf.:* Confessiones · Bekenntnisse, lat.-dt. Übertr. u. eingel. v. Hubert Schiel. Freiburg i. Br.
— 1986: *De im. anim.:* De immortalitate animae, in: Ders., Selbstgespräche · Von der Unsterblichkeit der Seele, lat.-dt., lat. Text hrsg. v. Harald Fuchs, Einf., Übertr., Erl. u. Anm. v. Hanspeter Müller, München/Zürich
— 1861: *De ord.:* De ordine, in: Patrologiae Cursus Completus, Series Latina, hrsg. v. Jacques Paul Migne, Bd. xxxii, Paris, 977–1020; dt. ⁴1966: Die Ordnung, übertr. v. Carl Johann Perl, Paderborn
— 1862: *De trin.:* De trinitate, in: Patrologiae Cursus Completus, Series Latina, hrsg. v. Jacques Paul Migne, Bd. xlii, Paris, 819–1098
Bonaventura 1961: *Itin.:* Itinerarium mentis in Deum, in: Ders., Itinerarium mentis in Deum · De reductione artium ad theologiam, lat.-dt. eingel., übers. u. erl. v. Julian Kaup, München
Clarke, Desmond M. 1982: Descartes' Philosophy of Science, Manchester
Frege, Gottlob 1918/19: Logische Untersuchungen. Erster Teil: Der Gedanke, in: Beiträge zur Philosophie des deutschen Idealismus, 1. Bd., 58–77 (Nachdruck in: Ders. 1967, Kleine Schriften, hrsg. v. I. Angelelli, Darmstadt, 342–362)
Gaukroger, Stephen 1995: Descartes. An Intellectual Biography, Oxford
Gilson, Étienne 1925 (⁷1987): Commentaire historique, in: R. Descartes, Discours de la Méthode, Texte et Commentaire par É. Gilson, Paris, 79–485
Hammacher, Klaus 1984: Einleitung u. Anmerkungen, in: R. Descartes, Die Leidenschaften der Seele, frz.-dt., hrsg. u. übers. v. K. Hammacher, Hamburg, xv–xcviii u. 327–61
Isidor von Sevilla 1911: *Etym.:* Etymologiarvm sive Originvm libri xx, hrsg. v. W. M. Lindsay, 2 Bde., Oxford
Jolley, Nicholas 1992: The Reception of Descartes' Philosophy, in: John Cottingham (Hrsg.), The Cambridge Companion to Descartes, Cambridge, 393–423
Kemmerling, Andreas 1996: Ideen, in: Ders.: Ideen des Ichs. Studien zu Descartes' Philosophie, Frankfurt/M., 17–76
Köhnke, Klaus Christian 1986: Entstehung und Aufstieg des Neukantianismus. Die deutsche Universitätsphilosophie zwischen Idealismus und Positivismus, Frankfurt/M.

Kosman, L. Aryeh 1986: The Naive Narrator: Meditation in Descartes' *Meditations*, in: A. O. Rorty (Hrsg.): Essays on Descartes' *Meditations*, Berkeley/London, 21–43

Koyre, Alexander [d. i. Alexandre Koyré] 1923: Descartes und die Scholastik, Bonn

Matthews, Gareth B. 1992: Thought's Ego in Augustine and Descartes, Ithaca/London

Montaigne, Michel de 1962: *ŒC:* Œuvres complètes. Textes établis par A. Thibaudet et M. Rat, Paris

—— 1998: *Es.:* Essais [1580–1588], in: Ders., ŒC, 9–1097; dt., Essais. Erste moderne Gesamtübers. v. Hans Stilett, Frankfurt/M.

Nickel, Rainer 1998: Einführung u. Erläuterungen, in: Marc Aurel, Wege zu sich selbst, griech.-dt., hrsg. u. übers. v. Rainer Nickel, Düsseldorf/Zürich, 323–370

Perler, Dominik 1998: René Descartes, München

Quine, Willard van Orman 1990 (^{2}1992): Pursuit of Truth, Cambridge, MA./London

Rorty, Amélie Oksenberg 1986: The Structure of Descartes' *Meditations*, in: Dies. (Hrsg.): Essays on Descartes' *Meditations*, Berkeley/London, 1–20

Rorty, Richard 1979 (^{2}1980): Philosophy and the Mirror of Nature, Princeton, N. J.

Schmidt, Gerhart 1989: Vorbemerkung, in: R. Descartes, La Recherche de la vérité par la lumière naturelle, hrsg. in der frz. u. lat. Fassung, ins Dt. übers. u. eingel. v. G. Schmidt. Würzburg, 7–24

Schütt, Hans-Peter 1996: Kant, Cartesius und der „sceptische Idealist", in: A. Kemmerling/H. P. Schütt (Hrsg.): Descartes nachgedacht, Frankfurt/M., 170–199

Specht, Rainer 1966 (^{2}1980): Descartes in Selbstzeugnissen und Bilddokumenten dargestellt, Reinbek bei Hamburg

—— 1996: Pragmatische Aspekte der cartesischen Metaphysik, in: A. Kemmerling/H. P. Schütt (Hrsg.): Descartes nachgedacht, Frankfurt/M., 6–23

Thomas Aquinas 1964: *In Met. Ar.:* In duodecim libros Metaphysicorum Aristotelis exposition, ed. Raymundus M. Spiazzi, Turin/Rom

Tripp, G. Matthias 1989: Zur Genese und Bedeutung von „Le Monde", Anhang in: R. Descartes, Le Monde ou Traité de la Lumière · Die Welt oder Abhandlung über das Licht, übers. u. mit einem Nachw. vers. v. G. M. Tripp, Weinheim, 143–169

Wohlers, Christian 2005: Einleitung, in: R. Descartes, Die Prinzipien der Philosophie, lat.-dt., übers. u. hrsg. v. C. Wohlers, Hamburg, vii–lxxi

Andreas Hüttemann
9 Die Grundlegung der Cartesischen Physik in den Meditationen

9.1 Einleitung

Zu Beginn des Jahres 1641 schreibt Descartes in einem Brief an Marin Mersenne, der gerade damit beschäftigt ist, die Zusammenstellung der Einwände und Erwiderungen zu den *Meditationes* zu organisieren:

> [I]ch möchte Ihnen, unter uns, sagen, daß diese sechs Meditationen die gesamten Grundlagen meiner Physik enthalten. Man darf es aber, bitte, nicht sagen; denn die, die Aristoteles den Vorzug geben, hätten dann vielleicht mehr Schwierigkeiten, ihnen zuzustimmen; und ich hoffe, daß die, die sie lesen, sich unmerklich an meine Prinzipien gewöhnen und ihre Wahrheit einsehen werden, ehe sie bemerken, daß sie die des Aristoteles zerstören. (Brief an Mersenne vom 28.1.1641, AT III 297 f.)

Die *Meditationes* enthalten also die Grundlagen der Cartesischen Physik. Doch es stellt sich die Frage, wie die Metapher von der Grundlegung zu verstehen ist und wieso es sich bei dieser Grundlegung um eine „hidden agenda" handelt, die man denjenigen, die an Aristoteles anschließen, nicht mitteilen sollte.

Eine Antwort auf diese Fragen ergibt sich, wenn man die Entwicklung der Cartesischen Auseinandersetzung mit der scholastischen Physik betrachtet – die allerdings oft nur implizit geführt wird. Ich werde zu Beginn kurz vorstellen, was Descartes im Blick hat, wenn er von den „Prinzipien derjenigen, die Aristoteles den Vorzug geben" spricht. Anschließend werde ich skizzieren, wie sich Descartes in den *Regulae* und *Le Monde* zu diesen Erklärungsversuchen verhält, um vor diesem Hintergrund das spezifische Grundlegungsprojekt der *Meditationes* zu charakterisieren.

9.2 Die Prinzipien derer, „die Aristoteles den Vorzug geben"

Zunächst: Mit Physik ist im 17. Jahrhundert noch die Naturphilosophie als Ganzes gemeint, nicht die enger umgrenzte Disziplin, die wir heute darunter verstehen. Wenn Descartes von der scholastischen Physik oder Naturphilosophie spricht, hat er nicht einen spezifischen Autor im Blick, sondern eine Konzeption von Naturbeschreibung und Erklärung, die sich auf ganz bestimmte Begriffe stützt. So nennt er z. B. „ihre realen Qualitäten, ihre substantiellen Formen, ihre Elemente und ähnliche Dinge" (Brief an Morin vom 13.7.1638, AT II 200).

Im Mittelpunkt der in der Korrespondenz teils explizit geführten Auseinandersetzung stehen die Begriffe der substantiellen Form und der realen Qualität. Was ist mit ihnen gemeint?

Die substantielle Form einer Substanz ist diejenige Form, von der die wesentlichen Eigenschaften und das charakteristische Verhalten der Substanz herrühren. Die substantielle Form, heißt es z. B. bei Francisco Suárez, einem einflußreichen Spätscholastiker, sei das Prinzip, dank dessen eine Wirkursache wirkt. Dies sei die allgemein geteilte Überzeugung (Suárez 1965, XVIII, ii, 3). Substantielle Formen selbst sind uns nicht direkt zugänglich, sondern nur über die Kräfte (Vermögen, Fähigkeiten), die mit ihnen verknüpft sind (vgl. Des Chene 1996, Teil I, insbesondere Abschnitt 5.4). Die substantielle Form liegt diesen verschiedenen Vermögen zugrunde und einigt sie. Suárez erläutert dieses Verhältnis von substantieller Form und den Kräften beiläufig anläßlich einer Diskussion um die Ursache der Fallbewegung:

> Die Antwort ist, daß wenn wir über ein *per se* Prinzip sprechen, das einen nächsten und tatsächlichen Einfluß hat, dieses Prinzip die Schwere allein ist, denn in der Schwere ist eine hinreichende Kraft um die Bewegung zu verursachen und ihr Ziel (terminus) zu erreichen – zu einem nicht geringeren Maße als in der Wärme die Fähigkeit enthalten ist, Wärme zu produzieren. [...] Wenn wir andererseits über die entfernte erste intrinsische Ursache sprechen, ist in diesem Sinne die substantielle Form das Prinzip, denn es ist sie, aus der die Schwere – wie jede andere natürliche Eigenschaft auch – herrührt und resultiert. (Suárez 1965, XVIII, vii, 25)

Natürliche Phänomene wie Fallbewegungen oder Erwärmungen werden durch den Hinweis auf Kräfte oder Vermögen (Wärme, Schwere) erklärt, die sich der substantiellen Form verdanken. Diese Art von Erklärungen hielt Descartes für wenig überzeugend, wie ein Brief aus dem Jahre 1642 belegt:

> Sie wurden von den Philosophen allein deshalb eingeführt, um mit ihnen einen Grund für das den natürlichen Dingen eigene Verhalten angeben zu können, für dessen Prinzip und Wurzel die Form gehalten wurde [...]. Aber durch diese substantiellen Formen kann keineswegs das Verhalten der natürlichen Dinge erklärt werden, da ihre Verteidiger selbst zugeben, daß sie okkult sind und daß sie sie nicht verstehen. Wenn sie sagen, irgendein Verhalten gehe aus einer substantiellen Form hervor, ist das so, als sagten sie, daß es aus etwas hervorgeht, das sie nicht verstehen; wodurch nichts erklärt wird. Also sind diese Formen nicht einzuführen, um die Ursachen des Verhaltens der natürlichen Dinge zu erklären. (Brief an Regius vom Januar 1642, AT III 506)

Der zweite zentrale Begriff der scholastischen Naturphilosophie, mit dem sich Descartes auseinandersetzt, ist der Begriff der realen Qualität. Eine reale Qualität ist für Descartes eine Eigenschaft, die Gott von dem Gegenstand, dem sie zukommt, abtrennen könnte. Gerade in dieser Hinsicht unterscheiden sich reale Qualitäten von Modi, derjenigen ontologischen Kategorie, die Descartes zur Beschreibung von Eigenschaften seiner Substanzen verwendet. Denn Modi können nicht unabhängig von Substanzen existieren. (Darauf komme ich weiter unten noch zu sprechen.)

Weil reale Qualitäten (reale Akzidentien) von Substanzen abtrennbar sind, spielten sie bei der Erklärung von Übertragungsprozessen eine wichtige Rolle. Descartes bemerkt dazu, daß:

> Der wichtigste Grund, der die Philosophen dazu bewegt hat, reale Akzidentien anzunehmen, ist, daß sie glaubten, daß ohne sie die sinnlichen Wahrnehmungen nicht erklärt werden könnten. (AT VII 435)

Paradigmatische Beispiele für reale Qualitäten sind daher die Wahrnehmungseigenschaften, wie die Farben, die Wärme aber auch die Schwere und die Leichtigkeit (vgl. dazu Perler 1998).

Im Folgenden will ich nachzeichnen, wie sich Descartes in verschiedenen Schriften zu einer Naturphilosophie verhalten hat, die sich auf die genannten Begriffe gestützt hat.[1]

9.3 Naturphilosophie in den *Regulae*

In den *Regulae* stellt Descartes einen Entwurf einer geometrischen Naturbeschreibung vor. Er vertritt die These, daß unser Wissen von Dingen insofern beschränkt ist, als wir sicheres Wissen nur im Bereich geometrisch-mechanischer Erkenntnis haben können. Nur insofern wir den Gegenständen geometrische Eigenschaften und Bewegung zuschreiben können, können wir von ihnen etwas wissen. Um überhaupt Wissen zu erlangen, ist es für Descartes wesentlich, daß wir Gegenstände oder Sachverhalte betrachten, die unserem Erkenntnisvermögen angemessen sind, wie das in der Mathematik der Fall ist. Eine zentrale Rolle in

---

[1] Es soll hier nicht behauptet werden, auch nur irgendeine scholastische Naturphilosophie sei durch die genannten Begriffe angemessen charakterisiert. Mir geht es nur darum, anhand des Beispiels dieser beiden Begriffe, die für Descartes in seiner Korrespondenz die Hauptangriffspunkte bildeten, die Veränderung seiner Argumentationsstrategie in den hier diskutierten Schriften nachzuweisen.

diesem Zusammenhang spielt bei Descartes der Begriff der *natura simplex* (einfache Natur):

> die zuerst und an sich selbst intuitiv erkannt werden können, nicht in Abhängigkeit von irgendwelchen anderen, sondern unmittelbar in den Erfahrungsdaten selbst oder vermittelst eines uns angeborenen Lichtes. (AT X 383)

Die wesentlichen begrifflichen Merkmale einer einfachen Natur bestehen darin, daß sie einfach in Bezug auf unser Erkenntnisvermögen sind, daß in ihnen nichts Falsches sein kann (AT X 420) und daß sie von der Natur der Gegenstände, die Descartes ‚natura solitaria' nennt (AT X 381), an mehreren Stellen explizit unterschieden werden. Beispiele für diese einfachen Naturen sind Dinge, die, wie es in Regel 6 heißt, als ‚causa, simplex, universale, vnum, æquale, simile' bezeichnet werden (AT X 381). Expliziter werden in Regel 12 ‚figura, extensio, motus &c.' (AT X 418) angeführt.

Bemerkenswert ist hier die Unterscheidung von ‚natura solitaria' und der relativ auf unser Erkenntnisvermögen definierten ‚natura simplex'. Mit ‚natura solitaria' ist die Natur oder das Wesen des Gegenstandes insofern gemeint, als sie *an sich* betrachtet wird, so z. B. das Wesen der Gravitationskraft oder des Magneten, um den es später gehen wird. Aber dieses Wesen zu erkennen, ist gar nicht das, worauf die cartesische Methode in den *Regulae* abzielt. Vielmehr ist die natura simplex ja von der eigentlichen Natur eines Dings zu unterscheiden. Die einfachen Naturen sind die Aspekte des Wirklichen, die wir zu erkennen vermögen.

Diese einfachen Naturen können wir unvermittelt, durch Intuition erkennen (AT X 368). Unsere Erkenntnis ist aber zugleich auf die einfachen Naturen *beschränkt* und bekommt daher das eigentliche Wesen möglicherweise nicht in den Blick. Dieser Grenzen unserer Erkenntnis wegen sind wir gezwungen, andere Probleme so umformen, daß sie durch die Betrachtung einfacher Naturen beschrieben werden können. Wenn es bei den Problemen um Gegenstände geht, deren Sondernaturen ganz andere sind als die einfachen Naturen, dann können diese durch die einfachen Naturen nur *simuliert* werden.

In diesem Sinne ist es die Beschränktheit unserer Erkenntnis, die eine allgemeine Wissenschaft notwendig macht – eine Wissenschaft, die Fragen unabhängig vom Charakter des jeweiligen Gegenstandes beantworten kann („mathesis universalis"), denn nur indem wir komplexe Probleme auf solche zurückführen, die wir lösen können, ist Erkenntnis für uns überhaupt möglich.[2]

---

[2] Descartes ist der Meinung, daß dann, wenn eine Frage durch einfache Naturen ausgedrückt ist,

Descartes' paradigmatisches Beispiel für die Lösung eines naturphilosophischen Problems ist der Magnet:

> Wer aber bedenkt, daß am Magneten nichts erkannt werden kann, was nicht aus gewissen einfachen und an sich selbst bekannten Naturen besteht, der ist nicht unsicher, wie zu verfahren sei; er sammelt erstens sorgfältig alle Erfahrungen, die er über diesen Stein erlangen kann, und zweitens versucht er dann daraus herzuleiten, von welcher Beschaffenheit diejenige Vereinigung von einfachen Naturen ist, die zur Erzeugung derjenigen Wirkungen notwendig ist, die ihm die Erfahrung am Magneten gezeigt hat. Hat er dies einmal gefunden, so kann er kühn behaupten, er habe die wahre Natur des Magneten durchschaut, soweit sie vom Menschen und aufgrund der gegebenen Erfahrungen entdeckt werden konnte. (AT X 427)

Für unsere Belange sind nicht so sehr die einzelnen Schritte, die hier empfohlen werden, von Bedeutung, sondern die Erkenntnisbeschränkung: Wenn eine geometrisch-mechanische Simulation mittels der einfachen Naturen (Ausdehnung, Gestalt, Bewegung) des Verhaltens des Magneten gefunden wurde, dann ist das fragliche Problem soweit gelöst, wie es sich in Anbetracht unseres Erkenntnisvermögens überhaupt lösen läßt. Charakteristisch ist also, daß Descartes hier die Frage nach der eigentlichen Ursache oder dem Wesen der magnetischen Kraft offen läßt, weil er sie für nicht beantwortbar hält (vgl. dazu Hüttemann 1996).

Descartes glaubt zwar, daß Erkenntnis von natürlichen Phänomenen nur durch eine geometrische Beschreibung der Gegenstände möglich ist und bestreitet somit implizit, daß andere Formen von Naturbeschreibung zu Erkenntnis führen. Allerdings bestreitet er zumindest nicht, daß das eigentliche Wesen der Magneten und anderer Gegenstände durch substantielle Formen konstituiert sein könnte. In diesem Sinne findet sich in den *Regulae* hinsichtlich des Wesens der Dinge noch kein Konkurrenzverhältnis zwischen geometrisch-mechanischer und scholastischer Naturbeschreibung.

9.4 Naturphilosophie in *Le Monde*

In der Schrift *Le Monde*, an der Descartes Anfang der 30er Jahre arbeitete, wird deutlich, daß er nun seine geometrisch-mechanische Naturauffassung als eine *Konkurrentin* einer Auffassung betrachtet, die sich im scholastischen Vokabular artikuliert – auch im Blick auf das, was Körper wesentlich auszeichnet. Die geometrisch-mechanische Naturauffassung wird nicht länger als Partialbeschrei-

---

es nur noch darum geht, bestimmte Größen miteinander zu vergleichen (AT X 430 f.). Darauf, wie er sich diesen Prozeß im Einzelnen vorstellt, soll hier nicht eingegangen werden.

bung verstanden. Descartes glaubt nun, substantielle Formen und realen Qualitäten zu postulieren sei überflüssig, denn die Begriffe einer geometrischen-mechanischen Naturkonzeption seien ausreichend, um die Natur *vollständig* zu beschreiben. Man sollte allerdings hinzufügen, daß diese Naturkonzeption – abgesehen von dem geometrisch-mechanischen Materiebegriff – sich auch auf den Beistand Gottes stützt, der die Natur in ihrer Existenz erhält und Naturgesetze nicht nur erläßt, sondern auch (partiell) ausführt.

In den *Regulae* hatte Descartes eine *mathesis universalis*, eine universelle Wissenschaft, konzipiert, d. h., er glaubte die dort von ihm entworfene Wissenschaft unterschiedslos auf alle Phänomenbereiche anwenden zu können. Aber – wie wir sahen – erhob er nicht den Anspruch, daß damit alle Fragen, insbesondere solche nach dem Wesen bestimmter Kräfte beantwortet werden konnten. Der Anspruch der frühen Konzeption zielte also nicht auf eine *vollständige* Beschreibung der Natur, weil Descartes zu diesem Zeitpunkt unser Erkenntnisvermögen für nicht ausreichend hielt, sondern lediglich auf eine *universelle*. Dies änderte sich zu Beginn der 30er Jahre und damit geriet die Verwendung scholastischer Begriffe in Konkurrenz zur geometrisch-mechanischen Naturbeschreibung (vgl. dazu Hüttemann 2001).

Descartes kommentiert sein neues und ambitioniertes Projekt in einem Brief an Mersenne wie folgt:

> Wenn Sie es erstaunlich finden, daß ich in Paris einige andere Abhandlungen begonnen hatte, die ich nicht fortsetzte, so werde ich Ihnen den Grund dafür nennen: während ich daran arbeitete, erwarb ich ein wenig mehr Kenntnisse als ich zu Beginn hatte, und wenn ich mich dem anpassen wollte, war ich gezwungen einen neuen Plan zu machen, der etwas größer als der erste war, wie etwa jemand, der ein Gebäude als seinen Wohnsitz begonnen hat und unterdessen Reichtümer erwarb, die er nicht erhofft hatte, und dadurch seine Lage derart änderte, daß das begonnene Gebäude viel zu klein für ihn geworden wäre; man würde ihn nicht tadeln, wenn man ihn ein anderes Bauwerk von neuem beginnen sähe, das seinem Vermögen besser entspräche. (Brief an Mersenne vom 15.4.1630, AT I 137)

In *Le Monde* entwickelt Descartes zum ersten Mal seine eigene Naturphilosophie, die davon ausgeht, daß das Wesen der Materie in ihrer Ausdehnung besteht und legt die These nahe, daß sich alle natürlichen Phänomene durch ausgedehnte Materie in Bewegung erklären lassen.

Ich werde im Folgenden drei Theoriestücke aus *Le Monde* genauer betrachten, die einerseits zentral für die Naturkonzeption in *Le Monde* sind, andererseits aber für das Verständnis der Grundlegungsmetapher in den *Meditationes* entscheidend sind.

Le Monde beginnt mit Überlegungen zur Sinneswahrnehmung. Das ist kein Zufall, denn die Zurückweisung einer bestimmten Annahme zum Verhältnis von

9 Die Grundlegung der Cartesischen Physik in den Meditationen — 173

Ideen und Gegenständen, die die Ursachen dieser Ideen sind, ist fundamental für die Begründung seiner Naturauffassung. Die These, die er kritisiert, ist die so genannte Ähnlichkeitsthese, d. h. die These, daß die Ideen den Gegenständen, von denen sie herrühren, zwangsläufig ähneln.

> Da ich mir vornehme, hier das Licht zu behandeln, will ich Sie zuerst darüber unterrichten, daß es einen Unterschied geben kann, zwischen der Empfindung, die wir von ihm haben, d. h. der Idee, die sich von ihm durch Vermittlung unserer Augen in unserer Einbildung formt, und dem, was in dem Gegenstande liegt und in uns diese Empfindung hervorruft, d. h. das, was sich in der Flamme oder der Sonne befindet und Licht heißt. Denn obwohl gemeinhin jeder annimmt, daß die Ideen, die wir in unserem Denken besitzen, ganz und gar den Gegenständen entsprechen, von denen sie herrühren, sehe ich dennoch keinen Grund, der uns dessen wirklich versicherte; sondern ich stelle im Gegenteil verschiedene Erfahrungen fest, die uns daran zweifeln lassen müssen. (AT XI 3 f.)

Descartes bestreitet also die Ähnlichkeitsthese und möchte durch den Vergleich mit anderen Beziehungen, die wir aus der Erfahrung kennen, nahe legen, daß sie zumindest unbegründet ist:

> Sie wissen wohl, daß wir die Worte, die doch keine Ähnlichkeit mit den Dingen besitzen, die sie bezeichnen, durchaus verstehen, und häufig sogar, ohne auf den Klang der Wörter oder Silben zu achten; so kann es vorkommen, daß wir eine Rede gehört haben, deren Sinn wir sehr wohl verstanden haben, aber danach nicht sagen können, in welcher Sprache sie vorgetragen wurde. Wenn folglich die Wörter, die nur durch die Übereinkunft der Menschen etwas bedeuten, genügen, um uns die Dinge erfassen zu lassen, mit denen sie doch keine Ähnlichkeit besitzen: warum könnte die Natur nicht ebenfalls ein bestimmtes Zeichen eingerichtet haben, das uns die Empfindung des Lichtes haben läßt, auch wenn dieses Zeichen nichts an sich hat, was dieser Empfindung ähnlich ist? (AT XI 4)

Eine weitere Beziehung, die wir aus der Erfahrung kennen und uns an der Ähnlichkeitsthese zweifeln läßt, ist die folgende:

> Nun gibt es niemand, der nicht wüßte, daß die Ideen des Kitzels und des Schmerzes, die sich in unserem Denken bilden, wenn äußere Körper uns berühren, keine Ähnlichkeit mit diesen aufweisen. Man führe vorsichtig eine Feder über die Lippen eines Kindes, das einschläft, und es merkt, daß man es kitzelt: glauben Sie, daß die Idee des Kitzels in irgendeiner Weise dem gleicht, was sich in dieser Feder befindet? (AT XI 5 f.)

Die Ablehnung der Ähnlichkeitsthese, d. h. der These, daß unsere Ideen den Gegenständen, von denen sie herrühren, ähneln, ist für die Begründung der Cartesischen Physik (d. h. seiner geometrisch-mechanischen Naturauffassung) aus wenigstens zwei Gründen zentral und wird deshalb gleich zu Beginn von *Le Monde* diskutiert. Erstens ist die Welt, die Descartes in den späteren Kapiteln beschreibt, ganz anders beschaffen, als sie uns auf den ersten Blick, d. h. durch die Vermittlung der Sinne, erscheint. Wenn die Ähnlichkeitsthese gut begründet wäre, dann könnte uns Descartes schwerlich verständlich machen, daß die körperliche Welt nur aus ausgedehnter Materie besteht, die in Bewegung ist, auf bestimmte Weise gestaltet ist usw., aber nicht im eigentlichen Sinne Farben, Gerüche etc. besitzt.

Die Zurückweisung der Ähnlichkeitsthese hat darüber hinaus zur Folge, daß die realen Qualitäten, die den Zusammenhang (die Vermittlung) dieser angeblichen Ähnlichkeit zwischen der Idee und dem Gegenstand, von dem sie herrührt, erklären konnten, ihres wesentlichen explanatorischen Erfolgs beraubt werden.

Das zweite Theoriestück, das für Descartes' Naturkonzeption konstitutiv ist, betrifft die Begriffe der scholastischen Naturphilosophie. Ausgangspunkt sind Beobachtungen der Art, wie Descartes sie bezüglich des Feuers macht. Im Feuer bewegen sich verschiedene Teile: im Holz, das zerfällt, im Rauch, der aufsteigt usw. An diese Beobachtungen anschließend versucht Descartes auf der Basis von Bewegungen kleiner Teilchen zu erklären, wie das Feuer auf das Holz einwirkt. Anschließend resümiert er:

> Aber nachdem wir zugestanden haben, daß die Teile der Flamme sich auf diese Art bewegen und daß es ausreicht, ihre Bewegungen zu begreifen, um zu verstehen, woher sie die Kraft hat, das Holz zu verzehren und zu verbrennen: untersuchen wir bitte, ob dasselbe nicht auch genügen würde, um zu verstehen, wie sie uns wärmt und leuchtet. Denn wenn sich das bestätigt, wird es nicht nötig sein, ihr irgendeine andere Qualität zuzuschreiben, und wir werden sagen können, daß es allein diese Bewegung ist, welche dank der unterschiedlichen Wirkungen, die sie hervorbringt, einmal Wärme, einmal Licht heißt. (AT XI 9)

Von Erkenntnisgrenzen ist hier – anders als in den *Regulae* – nicht mehr die Rede. Descartes glaubt hier die Dinge vollständig beschreiben und nicht bloß simulieren zu können. Vor diesem Hintergrund kann er nun die Begriffe der scholastischen Naturphilosophie explizit zurückweisen.

> Wenn Sie es aber erstaunlich finden, daß ich mich zur Erklärung dieser Elemente nicht der Qualitäten bediene, die man Wärme, Kälte, Feuchtigkeit und Trockenheit nennt (wie es die Philosophen tun): so sage ich Ihnen, daß ich diese Qualitäten selbst für erklärungsbedürftig halte; und falls ich mich nicht täusche, können nicht nur diese vier Qualitäten, sondern auch alle anderen und sogar alle Formen der unbelebten Körper erklärt werden, ohne daß man deswegen in ihrer Materie irgendetwas annehmen muß als die Bewegung, die Größe, die Gestalt und die Anordnung ihrer Teile. (AT XI 25 f.)

Die Begriffe, auf die sich die scholastischen Naturphilosophen stützen, sind erstens unnötig, weil man ohne sie auskommt, und zweitens sind sie darüber hinaus unverständlich. Man weiß eben nicht, was Begriffe wie der der substantiellen Form eigentlich bedeuten sollen, anders als im Falle von Begriffen wie

Ausdehnung, Bewegung oder Gestalt, die jeder klar und deutlich einsehen kann. Der zweite Punkt ist also, daß Descartes die scholastische Terminologie explizit aus naturphilosophischen Gründen zurückweist: Sie tragen nichts zur Erklärung natürlicher Prozesse bei.

Das dritte Theoriestück, das für seine Naturauffassung konstitutiv ist, betrifft den Materiebegriff. In Kapitel VI beschreibt Descartes zunächst in Form einer Fabel, wie Gott eine Welt hätte schaffen können. Mit Blick auf die Materie heißt es dann:

> Da wir uns nun einmal die Freiheit nehmen, diese Materie nach unserer Phantasie zu erfinden, lassen wir ihr, wenn es Ihnen gefällt, eine Natur zukommen, in der es überhaupt nichts gibt, das nicht ein jeder so vollständig wie möglich erkennen könnte. Und zu diesem Zweck nehmen wir ausdrücklich an, sie habe weder die Form der Erde, noch des Feuers, noch der Luft, noch irgendeine andere noch speziellere wie die des Holzes, eines Steins oder eines Metalls und auch keine, welche die Qualitäten hat, warm oder kalt, trocken oder feucht, leicht oder schwer zu sein oder irgendeinen Geschmack, Geruch, Klang, Farbe, Licht oder anderes Vergleichbares zu besitzen, von dessen Natur man sagen könnte, es gebe darin etwas, das nicht von jedermann klar erkannt werden könnte. (AT XI 33)

Dieser Verzicht auf substantielle und andere Formen soll aber nicht zu einer Gleichsetzung des hier konzipierten Materiebegriffs mit der *materia prima* führen:

> Und denken wir aber andererseits nicht, sie sei die erste Materie der Philosophen, die man so sehr all ihrer Formen und Qualitäten beraubt hat, daß schließlich nichts an ihr übrig geblieben ist, das klar verstanden werden könnte, sondern begreifen wir sie als wirklichen Körper, vollkommen fest, der gleichmäßig alle Längen, Breiten und Tiefen dieses großen Raums ausfüllt, in dessen Mitte wir unser Denken verweilen lassen; [...] Fügen wir dem hinzu, daß diese Materie in alle Teile und Gestalten geteilt werden kann, die wir uns vorstellen können und daß ein jeder ihrer Teile fähig ist, in sich alle Bewegungen aufzunehmen, die wir obendrein ersinnen können. (AT XI 33f.)

Descartes führt hier einen neuartigen Materiebegriff ein, der durch seine dreidimensionale Ausdehnung und die Fähigkeit, Bewegung aufzunehmen, charakterisiert wird. Er führt ihn zwar als eine Fiktion ein; sie ist aber – wie sich dann am Ende zeigt – eine Fiktion, mit deren Hilfe sich eine Welt, wie die unsere, erklären läßt:

> Nachdem ich nun die Natur und die Eigenschaften des Vorgangs erklärt habe, den ich für das Licht genommen habe, muß ich auch erläutern, wie dadurch die Bewohner des Planeten, den ich als Erde unterstellt habe, sehen können, daß das Antlitz ihres Himmels dem unsrigen ganz ähnlich ist. (AT XI 104)

Descartes führt den Materiebegriff (zusammen mit den Naturgesetzen, die er in Kapitel VII (AT XI 36 ff.) vorstellt) als eine Hypothese ein, auf deren Grundlage sich die von uns beobachteten Phänomene erklären lassen. Descartes argumentiert in *Le Monde* für seine Materiekonzeption also letztlich, indem er auf das Erklärungspotential desselben aufmerksam macht.

Die drei für die Frage der Grundlegung der Cartesischen Physik wesentlichen Theoriestücke seien hier noch einmal genannt: erstens die explizite Zurückweisung der Ähnlichkeitsthese, zweitens die explizite Zurückweisung der scholastischen Begriffe aus explanatorisch-naturphilosophischen Gründen und drittens die explizite Argumentation für seine neue Materiekonzeption ebenfalls aus explanatorisch-naturphilosophischen Gründen.[3]

Die Einschätzung, daß seine Naturauffassung aus explanatorisch-naturphilosophischen Gründen einer scholastischen Naturauffassung überlegen ist, hält Descartes auch Jahre später noch für zutreffend. Er glaubt, daß ein Vergleich der Erklärungsleistungen beider Konzeptionen klarerweise zu Gunsten seiner Konzeption ausfällt:

> Wenn man ihre Voraussetzungen mit meinen vergleicht, d. h. all ihre realen Qualitäten, ihre substantiellen Formen, ihre Elemente und ähnliche Dinge, deren Zahl unendlich ist, mit meiner einzigen Annahme, daß alle Körper aus Teilen zusammengesetzt sind; [...] wenn man die Schlußfolgerungen, die ich aus meiner Annahme gezogen habe – über die Wahrnehmung, das Salz, die Winde, Wolken, Schnee, den Donner, den Regenbogen usw. – mit dem vergleicht, was andere aus ihren Annahmen gefolgert haben, so hoffe ich, daß dies genügt, um diejenigen, die nicht allzu voreingenommen sind, davon zu überzeugen, daß die Wirkungen, die ich erklärt habe, keine anderen Ursachen haben als jene, aus denen ich sie hergeleitet habe. (Brief an Morin vom 13.7.1638, AT II 200)

Allerdings – und das ist ein signifikanter Unterschied zu seiner Argumentation in *Le Monde* – glaubt er später nicht mehr, daß es eine gute Strategie sei, öffentlich auf diese Weise zu argumentieren und explizit auf die explanatorische Unterlegenheit der scholastischen Naturphilosophie hinzuweisen, wie der folgende Brief an Regius zeigt:

> [M]ußtest Du ihre substantiellen Formen und realen Qualitäten öffentlich zurückweisen? Erinnerst Du dich nicht, daß ich auf S. 164 meiner *Meteore* ausdrücklich gesagt habe, daß ich sie nicht zurückweise oder negiere, sondern daß ich sie für meine Erklärungen nicht be-

---

[3] Wesentlich für Descartes' Physik sind über die hier genannten Theoriestücke hinaus seine Naturgesetze, sowohl in *Le Monde* als auch in den *Principia*. Allerdings gehört die Begründung der Naturgesetze nicht zum Nachweis der begrifflichen Angemessenheit der Cartesischen Physik, um die es in den *Meditationes* geht. Vielmehr setzen die spezifischen Naturgesetze, die Descartes formuliert, z. B. die Stoßgesetze, eine solche Angemessenheit bereits voraus.

nötige? Wenn Du so vorgegangen wärst, hätte es niemanden in Deiner Hörerschaft gegeben, der sie nicht zurückgewiesen hätte, sobald er gesehen hätte, daß sie zu nichts nütze sind. (Brief an Regius vom Januar 1642, AT III 492)

Wie kam Descartes zu dieser neuen Einschätzung?

9.5 Der Fall Galilei

Der unmittelbare Anlaß für den obigen Brief war eine Auseinandersetzung, die sich in Utrecht zwischen Regius, einem Vertreter der Cartesischen Philosophie und anderen Mitgliedern der dortigen Universität ergab. Der Brief deutet aber bereits an, daß er schon viel früher, bei Abfassung der *Météors* (also in den 1630er Jahren), die scholastische Terminologie nicht mehr wie in *Le Monde* explizit attackiert. Dem Grund für diesen Strategiewechsel kommt man auf die Spur, wenn man nach den Gründen sucht, weshalb Descartes *Le Monde* nicht veröffentlicht hat. Mersenne gegenüber begründet er dies mit der Verurteilung Galileis:

> Ich hatte beabsichtigt, *Le Monde* als Neujahrsgeschenk zu senden [...], aber in der Zwischenzeit hatte ich mich in Leiden und Amsterdam erkundigt, ob Galileis ‚System der Welt' erhältlich ist, weil ich gehört hatte, es sei in Italien veröffentlicht worden. Man sagte mir, das sei tatsächlich der Fall, aber alle Exemplare seien verbrannt und Galilei sei verurteilt worden. Ich war so erschüttert, daß ich fast alle meine Unterlagen verbrannt hätte. [...]. Ich muß zugeben, daß dann, wenn seine Ansichten falsch sind, auch die gesamten Grundlagen meiner Philosophie. Denn seine Ansichten können aus ihr abgeleitet werden. Auf jeden Fall wollte ich aber nichts publizieren, in dem es ein einziges Wort gibt, dem die Kirche nicht zustimmen kann. (Brief an Mersenne vom November 1633, AT I 270 f.)

Descartes gibt das Projekt, in dem er explizit auf das Erklärungspotential seiner geometrisch-mechanischen Naturauffassung hinweisen und die Überlegenheit im Vergleich zur scholastischen Naturkonzeption nachweisen wollte, auf.

Der Fall Galilei hat Descartes gezeigt, daß es zur Durchsetzung seiner geometrisch-mechanischen Naturkonzeption nicht ausreicht, ihre explanatorische Überlegenheit im Vergleich zu konkurrierenden Auffassungen nachzuweisen. Diese Strategie kann nicht erfolgreich sein, solange der Eindruck vorherrscht und nicht ausgeschlossen werden kann, daß seine Konzeption mit der Lehre der Kirche unverträglich ist.

Vor diesem Hintergrund stellt sich nun die Aufgabe zu begründen, weshalb eine geometrisch-mechanische Naturphilosophie die einzig angemessene Form der Naturphilosophie ist – unter der wesentlichen Nebenbedingung, daß zugleich klar werden sollte, daß diese Konzeption mit zentralen Auffassungen des Christentums nicht nur verträglich ist, sondern sie sogar unterstützt.

Um eine derartige Grundlegung seiner Physik zu bewerkstelligen, knüpft Descartes an Überlegungen an, die er schon vor seiner Arbeit an *Le Monde* begonnen hatte. Diese Überlegungen hat er 1630 Mersenne beschrieben:

> Ich glaube also, daß alle diejenigen, denen Gott den Gebrauch dieser Vernunft gegeben hat, die Verpflichtung besitzen, sie in erster Linie dazu zu benutzen, ihn zu erkennen und sich selbst zu erkennen. Auf diesem Weg habe ich versucht, meine Untersuchungen zu beginnen; und ich kann sagen, daß ich die Grundlagen meiner Physik nicht entdeckt hätte, wenn ich nicht diesen Weg gegangen wäre. Es ist der Gegenstand, mit dem ich mich mehr als mit jedem anderen beschäftigt habe, und, Gott sei Dank, konnte ich mir wenigstens irgendwie Genugtuung verschaffen. Zumindest denke ich, herausgefunden zu haben, wie man metaphysische Wahrheiten in einer Weise beweist, die sicherer ist als die Beweise der Geometrie – jedenfalls nach meiner eigenen Einschätzung, denn ich weiß nicht, ob ich andere davon überzeugen kann. Während der ersten neun Monate in diesem Land habe ich an nichts anderem gearbeitet. (Brief an Mersenne vom 15.4.1630, AT I 144)

Descartes beschreibt, daß er aufgrund erkenntnistheoretischer und metaphysischer Überlegungen auf die Grundlagen seiner Physik (die hier nicht näher spezifiziert werden) gestoßen ist. Descartes arbeitete hier an Überlegungen, die dann später in die *Meditationes* eingingen (Hatfield 2003, 17). Diese Arbeit hat er zunächst aus dem Interesse an der Erklärung erstmals systematisch beobachteter Naturphänomene unterbrochen (vgl. Gaukroger 1995, 217) – daraus entwickelte sich dann die Schrift *Le Monde*. Nach 1633 sah sich Descartes gezwungen, an diese älteren Überlegungen anzuknüpfen, die dann zur Grundlegung seiner Physik in den *Meditationes* führte.

9.6 Die Grundlegung der Cartesischen Physik in den *Meditationes*

Wie bereits erwähnt, sah sich Descartes vor die Aufgabe gestellt zu begründen, weshalb eine geometrisch-mechanische Naturphilosophie die einzig angemessene Form der Naturphilosophie ist. Dabei sollte zugleich klar werden, daß diese Konzeption mit zentralen Auffassungen des Christentums nicht nur verträglich ist, sondern sie sogar unterstützt. Das Grundlegungsprojekt in den *Meditationes* besteht in der Realisierung dieser doppelten Zielsetzung.

Um die Angemessenheit der geometrisch-mechanischen Naturphilosophie zu begründen, argumentiert er in den *Meditationes* für dieselben Theoriestücke, die in *Le Monde* für seine Naturauffassung charakteristisch waren: Zurückweisung der Ähnlichkeitsthese, Zurückweisung der scholastischen Begrifflichkeiten und für seine Materiekonzeption. Für diese wesentlichen Elemente seiner Physik hatte

Descartes, wie wir gesehen haben, in *Le Monde* mit explanatorisch-naturphilosophischen Argumenten geworben. Diese Argumentationsstrategie wird in den *Meditationes* zugunsten erkenntnistheoretischer und metaphysischer Argumente zurückgestellt.

9.6.1 Zurückweisung der Ähnlichkeitsthese

Die Ähnlichkeitsthese wird wie in *Le Monde* so auch in den *Meditationes* explizit diskutiert und zurückgewiesen. In der dritten Meditation schreibt Descartes bezogen auf Urteile:

> Der wichtigste und häufigste Irrtum aber, den man in ihnen finden kann, besteht darin, daß ich glaube, die Vorstellungen, die in mir sind, seien gewissen Dingen außerhalb meiner ähnlich bzw. entsprechend. (AT VII 37)

Diese Annahme ist zunächst einmal durch die skeptischen Überlegungen der ersten Meditation außer Kraft gesetzt worden. Denn solange wir uns nicht sicher sein können, daß es überhaupt Gegenstände der Außenwelt gibt, solange dürfen wir keine Ähnlichkeit zwischen Ideen und derartigen Gegenständen unterstellen. Umgekehrt führt ein Beweis der Existenz der Außenwelt aber nicht zwangsläufig zur Wiedereinsetzung der Ähnlichkeitsthese in ihre alten Rechte:

> Aber selbst wenn schließlich die Vorstellungen von äußeren Dingen herrührten, so folgt daraus doch nicht, daß sie jenen Dingen auch ähnlich sein müßten; (AT VII 39)

In der sechsten Meditation rekapituliert Descartes noch einmal jene Überlegungen, die ihn zum Zweifel an der Existenz der Außenwelt und der Ähnlichkeitsthese geführt haben. Die Ergebnisse der vorangegangenen Meditationen – insbesondere jene, die erklären, weshalb Gott kein Betrüger ist, aber gleichwohl nicht jeden Irrtum der Menschen ausschließt – erlauben nun eine differenzierte Betrachtung der Ähnlichkeitsthese:

> Nachdem ich nun aber anfange, mich und meinen Schöpfer besser zu erkennen, darf ich zwar jetzt nicht alles, was ich von den Sinnen glaube übernommen zu haben, auf gut Glück hinnehmen; aber ebenso wenig darf ich alles in Zweifel ziehen. (AT VII 77 f.)

Konkreter wird Descartes im direkten Anschluß an den Beweis der Existenz der Gegenstände der Außenwelt, wenn er mit Bezug auf diese schreibt:

> Vielleicht aber existieren nicht alle genau so, wie ich sie mit den Sinnen erfasse, denn was durch die Sinne erfaßt wird, ist vielfach sehr dunkel und verworren. Aber wenigstens ist alles das in den Körpern, was ich klar und deutlich erkenne, d. h. allgemein alle jene Eigenschaften, die im Gegenstand der reinen Mathematik erfaßt sind. (AT VII 80)

Descartes argumentiert also wie in *Le Monde* gegen die Ähnlichkeitsthese – das muß er auch, wie wir gesehen haben, um seine mechanische Naturauffassung plausibel machen zu können. Er benutzt aber anders als in *Le Monde* hier das Instrumentarium des Skeptizismus, um diese zurückzuweisen.

9.6.2 Materiebegriff

In *Le Monde* hatte Descartes einen neukonzipierten Materiebegriff vorgestellt und ihn durch sein Erklärungspotential als der Natur angemessen plausibilisieren wollen. In den *Meditationes* wird uns derselbe Materiebegriff empfohlen. Materie wird mit Ausdehnung gleichgesetzt. Aber gibt es ein *Argument* für die These, daß dies der der körperlichen Natur angemessene Begriff ist? Descartes selbst weist in der Übersicht über die *Meditationes* darauf hin, daß ein Ziel derselben sei, die richtigen Begriffe allererst zu *bilden* (AT VII 9). Beginnend mit dem Wachsbeispiel in der zweiten Meditation entwickelt Descartes seinen neuen Materiebegriff, dessen Klarheit und Deutlichkeit wir im Verlaufe der folgenden Meditationen durch Einübung einsehen sollen. Zugleich entwickelt er, ebenfalls von der zweiten Meditation ausgehend, einen neuen Begriff der Seele bzw. des Geistes. In einem Brief an Prinzessin Elisabeth faßt er die Ergebnisse der begrifflichen Untersuchungen zusammen. Er schreibt ihr,

> daß wir gewisse primitive Begriffe haben, die gleichsam ursprünglich sind, nach deren Modell wir alle unsere anderen Erkenntnisse bilden. Und es gibt nur sehr wenig derartige Begriffe; denn nach dem allgemeinsten des Seins, der Zahl, der Dauer usw., die allem zukommen, was wir begreifen können, haben wir für den Köper im Besonderen nur den Begriff der Ausdehnung, aus dem die Begriffe der Gestalt und der Bewegung folgen; und für die Seele allein haben wir nur den des Denkens, in dem die Begriffe des Verstandes und der Neigungen des Willens einbegriffen sind. (Brief an Elisabeth vom 21. Mai 1643, AT III 665)[4]

Der wesentliche Punkt ist, daß Descartes im Verlaufe der *Meditationes* deutlich machen will, daß es überhaupt bestimmte primitive oder erste Begriffe gibt, von

---

[4] Zwar erwähnt Descartes an dieser Stelle auch noch den Begriff der Einheit von Körper und Seele, geht damit aber über die Ergebnisse der *Meditationes* hinaus. Dieser Umstand ist für unsere Frage also nicht relevant.

denen wir einsehen, daß sie das Wesen der körperlichen Dinge und der Geister/ Seelen charakterisieren, nämlich die Begriffe der Ausdehnung und des Denkens. Andere Begriffe, die wir zur Beschreibung von Körpern benutzen, wie Gestalt oder Bewegung, setzen den Begriff der Ausdehnung voraus. Begriffe, die wir zur Beschreibung von Tätigkeiten des Geistes verwenden, wie die des Wollens oder Wünschens, setzen allesamt den Begriff des Denkens voraus (vgl. auch Abschnitt 6.3).

Für die Behauptung, daß diese Begriffsordnung klar und deutlich einsehbar ist, kann Descartes nicht *argumentieren*. Wir müssen uns an diese Begriffe *gewöhnen*, um ihre Klarheit einzusehen. Damit gewöhnen wir uns aber zugleich an die neue Materiekonzeption und sehen ihre Wahrheit ein. Auf diesen Prozeß scheint sich Descartes in dem ganz zu Beginn zitierten Brief an Mersenne zu beziehen (vgl. Schütt 1990, insbesondere 257 ff.).

Descartes präsentiert also anders als in *Le Monde* kein explizites Argument für seine Materiekonzeption. Er will uns an die Klarheit und Deutlichkeit des geometrischen Materiebegriffs gewöhnen, um dann vor dem Hintergrund seiner erkenntnistheoretischen und theologischen Überlegungen, die implizieren, daß wir die Natur genau dann zuverlässig erkennen können, wenn wir uns klarer und deutlicher Begriffe bedienen, schließen zu dürfen: „Aber wenigstens ist alles das in den Körpern, was ich klar und deutlich erkenne, d. h. allgemein alle jene Eigenschaften, die im Gegenstand der reinen Mathematik erfaßt sind" (AT VII 80).

9.6.3 Die Zurückweisung der scholastischen Begriffe zur Charakterisierung der Natur

Während Descartes in *Le Monde* explizit gegen die scholastischen Begriffe argumentiert, ist dies in den *Meditationes* nicht mehr der Fall. Man könnte vor dem Hintergrund des bereits zitierten Briefes an Regius erwarten, daß seine „hidden agenda" darin besteht, durch die bloße Nicht-Verwendung der inkriminierten Begriffe ihre Überflüssigkeit zu dokumentieren. Darin erschöpft sich die Cartesische Strategie aber keineswegs. Es ergibt sich nämlich darüber hinaus, daß dann, wenn man die spezifische ontologische Terminologie Descartes' akzeptiert, die scholastischen Begriffe selbstwidersprüchlich werden.

Um diesen Punkt deutlich zu machen, ist auf einen ontologischen Dualismus hinzuweisen, der vom Substanzendualismus (über den gleich noch zu sprechen sein wird) zu unterscheiden ist. Als erstes ist zu betrachten, was Descartes unter einer Substanz versteht. Eine Substanz definiert er als „ein Ding, das zu seiner Existenz keines anderen Dinges bedarf" (AT VIII-1 24). Wie aber erkennen wir, was zu seiner Existenz keines anderen Dings bedarf? Im Verlauf des Beweises für den

Substanzendualismus bedient sich Descartes des folgenden Kriteriums: „Es reicht daher aus, daß ich ein Ding klar und deutlich ohne ein anderes zu erkennen vermag, um mir sicher zu sein, daß die beiden wirklich verschieden sind, da sie wenigstens jedes für sich von Gott gesetzt werden können" (AT VII 78). Etwas bedarf also keines anderen (geschaffenen) Dings zur Existenz, wenn es sich gänzlich unabhängig von anderen Dingen erkennen oder denken läßt, d. h. wenn sich der Begriff des einen Dings ohne den eines anderen denken läßt. Damit wird als Kriterium für die Frage, ob etwas eine Substanz ist, die *begriffliche Involvenz* eingeführt. Eine Bewegung z. B. läßt sich nicht ohne etwas Ausgedehntes erkennen oder denken. Der Begriff der Bewegung *involviert* den der Ausdehnung. Alles Gestaltete, Bewegte setzt etwas Ausgedehntes voraus. Die Ausdehnung hingegen setzt keinen anderen Begriff mehr voraus. Eine entsprechende Beziehung gilt für das Denken und seine Modi. Die Endpunkte dieser Involvenzordnung der Begriffe werden mit der Natur der Substanzen, den ihr Wesen ausmachenden Attributen, identifiziert. Größe, Gestalt, Bewegung usw. sind Modi, die nur als Modi einer körperlichen Substanz existieren können, aber nicht losgelöst von ihr (vgl. Schütt 1990, 247 ff.; Garber 1992, 85 – 93).

Durch die Verwendung dieses Kriteriums erhalten wir einen ontologischen Dualismus ganz eigener Art. Da ein Begriff einen anderen nur entweder voraussetzt oder ihn nicht voraussetzt, gibt es für Descartes nur noch zwei ontologische Kategorien: Substanzen und Zustände von Substanzen, die den Begriff der jeweiligen Substanz bzw. ihres Attributs voraussetzen: Modi.

Der Rede von Substanzen und ihren Modi bedient sich Descartes in den *Meditationes* fortwährend, ohne Rechenschaft über die Wahl seiner ontologischen Kategorien abzulegen. Während er im Falle des Materie- und des Geistbegriffs immerhin explizit ankündigt, daß neue Begriffe zu bilden erforderlich sein wird, scheint Descartes im Hinblick auf den Substanz-Modus-Dualismus allein auf Gewöhnung zu setzen. Eine wesentliche Konsequenz, die sich aus der Wahl dieser Kategorien ergibt, ist für unsere Belange die folgende: Gesetzt den Dualismus von Substanzen und ihren Modi, ist in diesem Ordnungs- und Verweisungsschema der Begriffe kein Platz mehr für weitere ontologische Kategorien. Insbesondere werden die Begriffe der realen Qualität und der substantiellen Form problematisch.

Vor dem Hintergrund des Substanz-Modus-Dualismus läßt sich nämlich nunmehr ein ontologisches Argument gegen die konkurrierende scholastische Begrifflichkeit konstruieren, von dem Descartes in den vierziger Jahren häufiger Gebrauch macht:

> Ferner schließt überhaupt der Begriff ‚reale Akzidentien' einen Widerspruch in sich ein; denn was real ist, kann getrennt von jedem anderen Subjekt existieren; was aber so getrennt existieren kann, ist eine Substanz, kein Akzidenz. (AT VII 434)

Wenn Akzidentien oder Qualitäten *res* sind, dann sind es eben Substanzen und nicht Eigenschaften oder Akzidentien. Es liegt ein Widerspruch vor.[5] Descartes benutzt hier nunmehr ein ontologisches und nicht länger ein explanatorisch-naturphilosophisches Argument gegen die Terminologie der scholastischen Naturphilosophie. Das Argument setzt voraus, daß es neben Substanzen und Modi keine weiteren Kategorien gibt. Dies wird durch das Kriterium der begrifflichen Involvenz sichergestellt, dessen sich Descartes zur Identifizierung von Substanzen und Modi bedient.

Anstatt also explizit gegen das scholastische Vokabular zu argumentieren und nachzuweisen, daß es weniger gut zu Erklärungszwecken taugt als sein eigenes, unterminiert Descartes es in den *Meditationes* dadurch, daß er implizit einen Dualismus von Substanzen und Modi einführt, aus dem folgt, daß es Entitäten mit denjenigen begrifflichen Merkmalen, die substantiellen Formen und realen Qualitäten zugeschrieben wurden, gar nicht geben kann.

9.6.4 Substanzendualismus

Im Verlaufe des späten 15. und des 16. Jahrhunderts wurde von Averroisten und auch von Thomisten bestritten, daß Aristoteles die Auffassung vertreten habe, die individuelle menschliche Seele sei vom Körper abtrennbar. Diese und ähnliche Schwierigkeiten führten dazu, daß die scholastische Philosophie aus theologischen Gründen bei einigen in Mißkredit geriet (vgl. Menn 1998). Ein überzeugendes Argument für die These, daß die menschliche Seele mit dem Zerfall des Körpers nicht ebenfalls zugrunde gehen muß, stellt vor diesem Hintergrund eine bedeutende philosophische Unterstützung der Lehren der Kirche dar. Deshalb ist es auch kein Zufall, daß Descartes in dem Brief an die theologische Fakultät der Sorbonne, der den *Meditationes* vorangestellt ist, neben den Gottesbeweisen insbesondere auf die Frage der Unsterblichkeit hinweist, die durch die Vernunft und somit die Philosophie beantwortet werden müsse (AT VII 1f.).

Traditionell wurde der Begriff der substantiellen Form herangezogen, um mit seiner Hilfe z. B. Mineralien, Pflanzen, Tiere und Menschen zu charakterisieren. Diese Gemeinsamkeit ist der Grund dafür, weshalb es Schwierigkeiten bei der Begründung der These gibt, daß allein im Falle der Menschen bei dem Zugrundegehen des Körpers die substantielle Form (die Seele) von diesem Prozeß aus-

---

[5] Ähnlich argumentiert Descartes hinsichtlich der substantiellen Formen, die sich auch nur dann in das Cartesische Schema integrieren lassen, wenn man sie mit Substanzen gleichsetzt (Brief an Regius vom Januar 1642, AT III 502).

genommen ist. Dadurch, daß Descartes den Begriff der substantiellen Form eliminiert und darüber hinaus körperliche und geistige Dinge durch vollkommen disjunkte Begriffsfamilien charakterisiert, entzieht er dem Zweifel an der Möglichkeit der Fortexistenz des Geistes nach dem Zugrundegehen des Körpers die Grundlage.

Wesentlich ist auch hier wieder, daß wir uns an die von Descartes entwickelten, disjunkten Begriffsfamilien gewöhnen und einsehen, daß sie die Wirklichkeit angemessen beschreiben. Als Folge dieser Einsicht können wir die Prämissen des Beweises für den Substanzendualismus akzeptieren:

> [E]inerseits habe ich eine klare und deutliche Vorstellung von mir selbst, insofern ich bloß ein denkendes, nicht ausgedehntes Ding bin; andererseits habe ich eine deutliche Vorstellung vom Körper, insofern er bloß ein ausgedehntes, nicht denkendes Ding ist. (AT VII 78)

Wird auf dieser Grundlage der Beweis für den Substanzendualismus akzeptiert, so ist die oben genannte doppelte Zielsetzung realisiert und damit die Grundlage der Cartesischen Physik gelegt. Es ist die Pointe der Cartesischen Begriffsneubildungen, daß mit dem neuen Materiebegriff, der begründet, weshalb die Cartesische die einzig angemessene Physik ist, *zugleich* ein komplementärer Begriff des Geistes/der Seele eingeführt wird, der die Unsterblichkeit ermöglicht und somit eine aus philosophischer Perspektive problematisch gewordene Lehre der Kirche stützt.

9.7 Schlußbemerkung

Angesichts der Verurteilung Galileis hat Descartes die Zuversicht verloren, die neue geometrisch-mechanische Physik durch den Nachweis ihrer explanatorischen Überlegenheit gegenüber konkurrierenden Konzeptionen begründen zu können. Stattdessen versucht er in den *Meditationes* seiner Physik eine Grundlegung zu verschaffen, indem er ihre begriffliche Angemessenheit und wesentliche Theoriestücke durch erkenntnistheoretische und metaphysische Argumente teils explizit begründet (im Falle der Ähnlichkeitsthese), teils den Leser/die Leserin durch Gewöhnung hofft einsehen lassen zu können.

Mit der hier vorgetragenen Interpretation der eingangs zitierten Briefstelle, in der Descartes die Grundlegung seiner Physik in den *Meditationes* ankündigt, ist vollkommen verträglich, daß es weitere Hinsichten gibt, in denen die *Meditationes* die Physik stützen. So meint Gaukroger, Descartes entwickle gegen den Skeptiker ein metaphysisches Fundament alles Wissens (Gaukroger 2002, 5). Daraus folgt dann insbesondere, daß er ein solches Fundament gegen skeptische

Argumente auch für seine Physik gelegt hat. Man könnte darüber hinaus darauf hinweisen, daß die Naturgesetze, die Descartes in den *Principia* vorstellt, auch im Rekurs auf den Gottesbegriff begründet werden, den Descartes in den *Meditationes* entwickelt (vgl. ähnliche Überlegungen in Clarke 1982). Es ist durchaus plausibel, daß die *Meditationes* die Cartesische Physik in mehreren Hinsichten stützen. Allerdings scheint Descartes diese Hinsichten in seinem Brief an Mersenne nicht im Blick gehabt zu haben, denn anders als im Falle der Zurückweisung der realen Qualitäten und der substantiellen Formen ist nicht so recht einzusehen, weshalb Descartes diese Überlegungen vor denen, die Aristoteles den Vorzug geben, hätte verbergen sollen.

Literatur

Clarke, D. 1982: Descartes' Philosophy of Science, Manchester
Descartes, R. 1904: Œuvres de Descartes, hrsg. v. Ch. Adam und P. Tannery, Paris (zitiert als: AT Band Seite)
Des Chene, D. 1996: Physiologia. Natural Philosophy in Late Aristotelian and Cartesian Thought, Ithaca
Garber, D. 1992: Descartes' Metaphysical Physics, Chicago
Gaukroger, S. 1995: Descartes – An Intellectual Biography, Oxford
—— 2002: Descartes' System of Natural Philosophy, Cambridge
Hatfield, G. 2003: Descartes and the Meditations, London
Hüttemann, A. 1996: Über das Verhältnis von Metaphysik und Physik bei Descartes, in: Studia Leibnitiana 28, 93–107
—— 2001: Descartes' Kritik an den realen Qualitäten: das Beispiel der Schwere, in: Archiv für Geschichte der Philosophie 83, 24–44
Menn, S. 1998: The Intellectual Setting, in: The Cambridge History of Seventeenth-Century Philosophy, hrsg. von D. Garber und M. Ayers, Cambridge, 33–86
Perler, D. 1998: Sind die Gegenstände farbig? Zum Problem der Sinneseigenschaften bei Descartes, in: Archiv für Geschichte der Philosophie 80, 182–210
Schütt, H.-P. 1990: Substanzen, Subjekte und Personen, Heidelberg
Suárez, F. 1866: Disputationes Metaphysicae, in: Opera Omnia Bd. 25 und 26, Paris, Nachdruck Hildesheim 1965

Hans-Peter Schütt
10 Zur Wirkungsgeschichte der Cartesischen *Meditationen*

Sink deep or touch not the Cartesian spring.[1]

Der Anspruch darauf, „daß Wirkungsgeschichte je vollendet gewußt werde", wäre „hybrid", weil, wie Gadamer (²1965, 285) sagt, „in allem Verstehen, ob man sich dessen ausdrücklich bewußt ist oder nicht, die Wirkung [der] Wirkungsgeschichte am Werke ist". Zwar ist schwer vorstellbar, daß jemand diesen Anspruch tatsächlich erhöbe, dennoch erkläre ich in aller Form, daß ich nicht vorhabe, hier *die* Wirkungsgeschichte der Cartesischen *Meditationen*, und sei es nur im Überblick, darzustellen. Der Überschrift folgend werde ich lediglich – „rhapsodisch", wie es mir „aufgestoßen" ist – einiges *zu* dieser Geschichte zusammentragen.

Die Wirkungen, denen die Wirkungsgeschichte ihren Namen verdankt, sind ganz besondere Wirkungen, deren Wirkungslinien eben nicht nur parallel zur Zeitrichtung verlaufen. Denn ein Werk wirkt nur, indem es rezipiert wird. Dieses Rezipieren aber ist, auch wenn der Rezipient uns dabei noch so passiv zu sein dünkt, eine Tätigkeit. Die Wirkung eines Werkes ist daher etwas, das durch die Tätigkeit des Rezipienten seinerseits *bewirkt wird*; und manche Rezipienten tun eine Menge. Sie versuchen – vielleicht – zu verstehen, doch was herauskommt, sind Interpretationen, die stets auch anderen Zwecken dienen als dem, gewisse Texte zu verstehen, insbesondere polemischen Zwecken, die zu verfolgen niemand vermeiden kann, der kompetitiv auf einem Markt agiert, und sei es der Markt der Meinungen, auf dem die beste Währung, in der fakturiert wird, das Prestige ist, dessen Kurs bekanntlich erheblichen Schwankungen unterliegt. Die Wirkungsgeschichte eines Autors oder eines Werkes ist deshalb unvermeidlicherweise immer auch die Geschichte solcher Kursschwankungen.

10.1

Was die Resonanz betrifft, die Descartes' *Meditationen* in den mehr als 365 Jahren seit ihrem ersten Erscheinen gefunden haben, erscheint es nützlich, vorab drei Phasen zu unterscheiden:

---

[1] Joyce (1939, 301).

1. die etwa 150 Jahre von Descartes' Tod bis zum Ende des 18. Jahrhunderts, die man noch der Philosophie der frühen Neuzeit (oder bei den Angelsachsen der *Early Modern Philosophy*) zuzurechnen pflegt;
2. die dem unter Historikern oft so genannten „langen 19. Jahrhundert" (von der Französischen Revolution bis zum Ersten Weltkrieg) zeitlich etwa entsprechende Phase einer Neuformierung der akademischen Philosophie angesichts des beispiellosen Gewinns an Bedeutung namentlich für die empirischen Naturwissenschaften bis hin zu den technischen Disziplinen – eine Phase die hierzulande im Neukantianismus ihren Abschluß gefunden hat;
3. die seit dem Ende des Ersten Weltkriegs anhaltende Phase eines unübersichtlichen Pluralismus in der professionellen Philosophie,[2] der uns vielleicht unübersichtlicher erscheint, als er wirklich ist, weil wir, selber noch zu dieser Phase gehörend, uns nicht trauen zu sagen, welche der vielen Angebote sich, aus größerer historischer Distanz betrachtet, als bleibend erweisen werden.

Diese Phaseneinteilung – ich werde im folgenden kurz von den Phasen I, II und III sprechen – ist nicht nur unoriginell. Sie ist auch wie wahrscheinlich jeder Versuch, die sogenannte Geistesgeschichte definitiv zu gliedern, naturgemäß unzureichend. Was einem angesichts solcher Einteilungen meist zuerst in den Sinn kommt, sind Beispiele, die nicht passen, sondern den vorgesehenen Rahmen sprengen, weil sie mit gleicher Plausibilität auf beiden Seiten einer Epochengrenze plaziert sein könnten. Üblicherweise wird der Rahmen daraufhin mit dem Argument verteidigt, die vermeintlichen Gegenbeispiele gehörten nicht zum „Hauptstrom", den es zu erfassen gelte. Auf derartige Gefechte brauche ich mich zur Verteidigung der vorgestellten Einteilung nicht einzulassen. Davor bewahrt mich ihr Mangel an Originalität und der Umstand, daß sie an *Äußerlichkeiten* orientiert ist: an weitgehend unkontroversen Sachverhalten, die gegenüber dem „inneren" Entwicklungsgang der Philosophie (wenn es einen solchen denn gibt) ganz und gar äußerlich sind, nämlich gewisse Orientierungsdaten der allgemeinen Geschichte und der Wissenschaftsgeschichte im besonderen.

In der Phase I wurde der Disziplinname ,Philosophie' noch in jenem weiten Sinne gebraucht, der auch Descartes vertraut war. Nicht allein Ökonomie, Politik und aus der Jurisprudenz immerhin das Naturrecht waren philosophische Gegenstände, sondern ebenso das ganze Feld der Naturwissenschaften, deren In-

---

[2] Ein Fach, das seinen Vertretern erlaubt, sich abwechselnd auf Bergson, Carnap, Deleuze, Foucault, Heidegger, Husserl, Moore, Peirce, Russell, Quine, Sartre oder Wittgenstein zu berufen (um nur eine kleine Auswahl möglicher Berufungsinstanzen zu nennen), hat alles andere, aber kein übersichtliches doktrinales oder methodisches Profil – was ich hier nur feststellen möchte, ohne es zu beklagen.

stitutionalisierung durch die Einrichtung entsprechender Lehrstühle, soweit das nicht an den Medizinischen Fakultäten der Universitäten geschah, in den Philosophischen Fakultäten stattfand. Wenn Kant in Königsberg Vorlesungen auch über physische Geographie hielt, war das weit weniger erstaunlich, als es heute scheinen mag, weil so etwas von einem Professor der Philosophischen Fakultät durchaus zu erwarten stand; und die Disziplin, der er den „sicheren Gang einer Wissenschaft" durch seine „Vernunftkritik" meinte erst weisen zu müssen, war nicht etwa die ganze Philosophie, vielmehr deren vergleichsweise kleine Teildisziplin namens ‚Metaphysik' (Vgl. Kant, *KrV*, B vii ff.).

In dem Maße, in dem sich die naturwissenschaftlichen Fächer, allen voran Physik und Chemie, im Laufe des 19. Jahrhunderts als eigenständige Disziplinen etablieren konnten, wurde deren Vertretern die ererbte Zugehörigkeit zu der nach der Philosophie benannten Fakultät zunehmend zu einem Umstand, der nur noch historisch erklärbar war. Die neu formierten empirischen, positiven oder exakten Wissenschaften wurden immer weniger als Filiationen der Philosophie wahrgenommen, was vor allem Descartes frustriert hätte, wenn es ihm prophezeit worden wäre. Denn sein Projekt sollte auf das Gegenteil hinauslaufen. Die „wunderbare Wissenschaft" (AT X 179), deren „Grundlagen" er in Momenten des Enthusiasmus nach dem Zeugnis seines Biographen Adrien Baillet überzeugt war ganz allein entdeckt zu haben, sollte ja unter dem alten Namen ‚Philosophie' nichts anderes sein als eine Art „Einheitswissenschaft" (vgl. Specht 1996, 9), die selbst noch die Medizin einschloß.

Der Prozeß der Emanzipation der Einzelwissenschaften von ihrer Mutterdisziplin bestimmte die Begleitumstände, unter denen in der Phase II die Erkenntnistheorie zum „Kerngeschäft" der akademischen Restdisziplin wurde, die sich weiterhin ‚Philosophie' nannte (Vgl. Rorty 1979, 131 ff.; Köhnke 1986, 58 ff.). Die Erkenntnistheorie sollte, da sie die unverzichtbaren Voraussetzungen jeder wissenschaftlichen Erkenntnis erforschte, einerseits den Abstand zu den empirischen Einzelwissenschaften wahren, die allesamt *unter* diesen Voraussetzungen arbeiteten, und dem Fach andererseits seine akademische Dignität sichern, weil es so gewissermaßen die Wissenschaftlichkeit selbst zum Gegenstand hatte. Wer glaubte, die gesuchten Voraussetzungen könnten nur um den Preis einer unzuträglichen Zirkularität selbst empirisch ermittelt werden, hatte ein starkes Motiv zu versuchen, sie als *a priori*, also unabhängig von jeder Erfahrungserkenntnis geltend mit den eigenen, eben nicht empirischen Methoden der kritisch erneuerten Restphilosophie nachzuweisen.

Der entscheidende Stichwortgeber für diejenigen, die während der Phase II die Neuformation der theoretischen Philosophie als Erkenntnistheorie betrieben, war Kant. Doch der neokantische Blick auf die *vor* Kant geführten philosophischen Debatten hat es auch möglich gemacht, die *Meditationen* als Schlüsseltext der europäischen Ideengeschichte zu entdecken. Bezogen auf die für einen „transzendental" geläuterten Idealismus typische Gedankenfigur, die erkenntnistheoretisch aufzuweisenden *a priori* geltenden Grundsätze seien in gewissen „spontanen" Leistungen des erkennenden Subjekts verankert, ließ die Cartesische Metaphysik sich als eine *Vorform* dessen deuten, was Kant in seiner Vernunftkritik hundertfünfzig Jahre später angemessener artikuliert hatte. Das kam angesichts des geringen Kredits, den gerade dieser Teil der Philosophie Descartes' gegen Ende der Phase I bei vielen – übrigens auch bei Kant selbst sowie dessen unmittelbaren Nachfolgern (vgl. Schütt 1998, 46–82) – genossen hatte, in der Tat einer „Wiedergeburt" gleich;[3] und so avancierten die *Meditationen* danach zu einem der Texte, die zu studieren hatte, wer die Problemlagen der Philosophie in der europäischen Neuzeit sei es historisch, sei es systematisch verstehen wollte.[4] Heinrich Rickert, ein Exponent der Südwestdeutschen Schule des Neukantianismus, hat das so auf den Punkt gebracht:

> Descartes steht wie wenige Denker am *Anfang* einer Epoche der Philosophie, und zwar der Epoche, die noch die unsere ist. Deswegen kann besonders ein *Anfänger* so viel von ihm lernen. (Rickert 1930, vii)

Schaut man sich aktuelle Themenlisten für philosophische Proseminare an, liegt der Gedanke nahe, diese Ansicht von Rickert habe sich bis heute behauptet.

Zu Beginn der Phase III hatte das erkenntnistheoretische Paradigma längst eine scharfe Konkurrenz bekommen. Man braucht nur die Namen ‚Nietzsche' und ‚Marx' zu nennen, um zu ermessen, wie weit sich im 20. Jahrhundert philosophische Ambitionen von erkenntnistheoretischen Fragestellungen entfernen konnten. Die unterschiedlichsten Defizite der Moderne, die mittlerweile manifest geworden worden waren, wurden zum Gegenstand weit ausgreifender philosophisch-historischer Diagnosen gemacht, die ihren Motiven nach kaum weniger unterschiedlich waren als die vermeintlichen Defizite selbst. Zu dieser Zeit war es bereits ein Gemeinplatz, daß Descartes, und zwar eher der Autor der *Meditationen* als der Verfasser der *Geometrie* oder der *Dioptrique*, unter den Gründervätern dieser europäischen Moderne einer der einflußreichsten, wenn nicht gar der wichtigste gewesen war. Das meditierende Ich jenes Textes aus der Mitte des 17. Jahrhunderts mutierte zu dem sonst schwer greifbaren „neuzeitlichen Subjekt", das erst für allerlei Folgen der wissenschaftlich-technischen Bemächtigung

---

3 Vgl. Zijlstra (2005), wo dieser Prozeß detailliert gewürdigt wird.
4 Zur Entwicklung der philosophiehistorischen Curricula im Neukantianismus: Vgl. Köhnke (1986, i. b. 319 ff., 367 ff.).

der Natur, auch für diese oder jene „Dialektik der Aufklärung", haftbar gemacht wurde, um am Ende selbst zur „Dekonstruktion" freigegeben zu werden.

Beginnend in der Phase II hatte ein Teil der akademischen Rest-Philosophie sich indes noch eine ganz andere Quelle wissenschaftlicher Dignität erschlossen: die Erforschung der *Geschichte* der Philosophie als ein eher historisches denn philosophisches Unternehmen, vergleichbar mit anderen Zweigen der Wissenschaftsgeschichte, z. B. der Geschichte der Mathematik, die ja auch nicht als Fortsetzung der Mathematik mit anderen Mitteln betrieben wird. Was Descartes und seine *Meditationen* angeht, hat diese historisch-philologisch ausgerichtete Forschung insbesondere seit dem Erscheinen der von Charles Adam und Paul Tannery besorgten kritischen Gesamtausgabe der Œuvres de Descartes zu Beginn des 20. Jahrhunderts in einer Vielzahl von Einzelstudien (vgl. Lewis 1951, Sebba 1964, Schobinger 1993 u. *Bull. cart.*) das verfügbare Wissen über Entstehung, Anlage und Kontext dieser Werke beträchtlich vermehrt. Auch wenn die Wortführer in den großen Diskursen, die Descartes einen Platz in ihren Visionen vom Sinn des großen Ganzen einräumen, nur ausnahmsweise auf die Resultate dieser meist wenig spektakulären Einzelforschung Rücksicht nehmen, hat diese doch bewirkt, daß all jene, die das wollen, etwa beim Studium der *Meditationen*, heute auf Materialien zurückgreifen können, die historisch ergiebiger und verläßlicher sind als je zuvor.

10.2

Nichts wäre falscher als der Eindruck, in *jeder* der drei Phasen, die ich voneinander abgesetzt habe, wäre *eine* bestimmte Form der Rezeption der Cartesischen Philosophie vorherrschend gewesen. Am ehesten ließe sich die Dominanz einer solchen Form für die Phase II in Anspruch nehmen. Das ist auf die überwältigende Attraktivität des von Richard Rorty (1979) so effektvoll kritisierten disziplinären Selbstverständnisses zurückführen, welches das erkenntnistheoretische Paradigma der akademischen Philosophie auszubilden erlaubte und in dem Descartes spätestens seit der Mitte des 19. Jahrhunderts seinen festen Platz als Vorläufer, Vorbereiter und Anstoßer hatte.

Nicht nur die bewußt und mit gleichsam höherer Absicht dem Pluralismus huldigende Phase III weist ein Nebeneinander der unterschiedlichsten Urteile über Gehalt, Rang und Witz der Philosophie Descartes' auf. Das gilt in fast demselben Ausmaß bereits für die Phase I. Schon in ihr zeigen sich sehr unterschiedliche Arten der Rezeption, die unter anderem auch die *Meditationen* betreffen. Die Unterschiede, die ich meine, lassen sich anhand von drei Paaren polarer Gegensätze gruppieren:

- Es gibt (wenn es erlaubt ist, so zu reden) einerseits *proximale*, andererseits *distale* Rezeptionen. Das relativ klare Unterscheidungskriterium ist der zeitliche Abstand zwischen Rezipient und rezipiertem Werk.
- Es gibt ferner *affirmative* und *negative* Rezeptionen, mit allen Abstufungen einer *kritischen*, also teils affirmativen, teils negativen Rezeption dazwischen.
- Es gibt schließlich *größere* und *kleinere* Rezipienten, wobei sich die damit unterstellte quantitative Differenz zum einen an der Größe des Einflusses oder der Wirkung, die ein Rezipient in seiner Zeit hatte, bemessen kann, zum anderen aber an der Größe, die ihm (oder ihr) aus der Perspektive späterer Zeiten zugeschrieben wurde.

An Proximalität nicht zu übertreffen ist naturgemäß die Rezeption der *Meditationen*, die sich in den zugleich mit ihnen publizierten *Einwänden* niedergeschlagen hat. Zu den Autoren zählen mit Antoine Arnauld, Marin Mersenne, Pierre Gassendi und Thomas Hobbes vier zweifellos größere Rezipienten. Unter ihnen gilt nur Hobbes auch heute noch als groß in dem Sinne, daß selbst eine kurzgefaßte Geschichte der europäischen Philosophie ihn nicht verschweigen dürfte. Der Einfluß der drei anderen dagegen ist auf ihre Zeit und das folgende Jahrhundert beschränkt geblieben. Über die Qualität ihrer Einwände gegen die *Meditationen* sagt diese Abstufung übrigens gar nichts.

Einwände setzen eine kritische Rezeption voraus. Bemerkenswert ist allemal, wie nicht nur die beiden tendenziellen Materialisten, also Gassendi und Hobbes, sondern auch die beiden anderen mit Descartes' Argumenten für die „reale Distinktion" von Körper und Geist ihre liebe Müh' hatten. So schält sich schon in dieser frühestmöglichen Rezeption heraus, was dann zu *der* Frage werden sollte, im Mittelalter hätte man gesagt: zur „quaestio celeberrima", die unter den proximalen Rezipienten die Gemüter von Cartesianern und Anti-Cartesianern gleichermaßen bewegt hat:
- Wie ist der Dualismus zweier Substanzen, der denkenden und der ausgedehnten, damit zu vereinbaren, ja, *ist* er überhaupt damit zu vereinbaren, daß in einer menschlichen Person deren Körper und deren Geist aufeinander einwirken?

Descartes kannte die Frage. Eine ebenfalls proximale Rezipientin und eine wohlwollende dazu, die Prinzessin Elisabeth, hatte sie gestellt und darauf zur Antwort erhalten, die Begriffe der Ausdehnung und des Denkens bzw. des Körpers und der Seele seien primitive Begriffe („notions primitiues"), doch ebenso primitiv, d. h. unzerlegbar und ursprünglich („comme des originaux, sur le patron desquels nous formons nos autres connoissances"), sei der Begriff ihrer Vereinigung („celle de leur vnion"), und von diesem hänge der Begriff der Kraft ab, welche die Seele habe, um den Körper zu bewegen, und der Körper, um auf sie einzuwirken, indem er ihre Empfindungen und Affekte verursache („de laquelle depend celle de la force qu'a l'ame de mouuoir le corps, & le corps d'agir sur l'ame, en causant ses sentimens & ses passions", AT III 665). Unverblümt hat Leibniz, der Descartes' Briefwechsel mit der Prinzessin kannte, diese Antwort als eine Art bedingungsloser Kapitulation abgestempelt:

> Mr des Cartes avoit quitté la partie là dessus [...].[5]

Zwingend war Leibniz' Diagnose nicht. Denn wo steht (bei Descartes) geschrieben, daß Kausalbeziehungen nur zwischen solchen Vorkommnissen bestehen könnten, die entweder beide auf den Begriff des Denkens oder beide auf den der Ausdehnung zu beziehen seien? Spinoza freilich, in einem gewissen Sinn und bis zu einem gewissen Grad durchaus ein Cartesianer,[6] hatte so etwas zumindest implizit behauptet, wenn er (*Eth.* I. ax. 4) forderte, die Erkenntnis einer Wirkung hänge von der Erkenntnis ihrer Ursache ab und involviere diese. Hieraus würde unter Voraussetzung des Status, den Descartes den Begriffen des Denkens und der Ausdehnung zugewiesen hat, in der Tat folgen, daß keine Modifikation des Denkens je eine Modifikation der Ausdehnung bewirken oder davon beeinflußt werden könnte. Hätte sich also auch Descartes die Forderung Spinozas zu eigen gemacht, dürfte man ihm mit Recht vorhalten, daß die von ihm wie etwas Selbstverständliches in Anspruch genommene psycho-physische Wechselwirkung in seinem System gar nicht konsistent konzipierbar sei. Doch wohlweislich hat Descartes sich in dieser Angelegenheit bedeckt gehalten.

Spinoza und Leibniz haben beide die Cartesische Metaphysik entschieden kritisch rezipiert und jeder eine jeweils andere Version eines psycho-physischen Parallelismus vertreten, wobei die Unterschiede zwischen ihren Auffassungen auch davon abhängen, daß sie die Mängel, die das Cartesische Konzept von Substantialität nach ihrer Überzeugung hatte, auf unterschiedliche Weise zu beheben suchten (Näheres bei Schütt 1989). Unter den nur noch relativ proximalen Rezipienten der Cartesischen Metaphysik, die sich weniger weit von deren Vorgaben entfernten als Spinoza und Leibniz, ist Nicolas Malebranche als Exponent des sogenannten Okkasionalismus hervorgetreten. Die andernfalls unbegreifliche Beziehung zwischen einer physischen Ursache und ihrer psychischen Wirkung (oder umgekehrt zwischen einer psychischen Ursache und ihrer physischen

---
[5] Leibniz (1695, 483): „Daraufhin hat Herr Descartes das Spiel aufgegeben."
[6] Als Kenner ausgewiesen durch Spinoza (1663), eine axiomatische Darstellung der Cartesischen Philosophie, die zugleich die einzige zu Lebzeiten unter seinem Namen erschienene Veröffentlichung war.

Wirkung) ersetzt der Okkasionalist durch einen Akt der Allmacht Gottes, die angelegentlich dessen, was uns als Ursache bloß erscheint, ins Werk setzt, was uns dann wie deren Wirkung vorkommt. Die vermeintlichen Ursachen sind so in Wahrheit nur Gelegenheiten (frz. „occasions") zur Aktualisierung der ohnehin unbegreiflichen Macht und Kraft Gottes. Das sieht sehr nach einer faulen Ausrede aus. Aber man muß wissen, daß das Konzept der sogenannten Gelegenheitsursachen nicht ersonnen wurde, um die anders nicht verständlich zu machende psycho-physische Kausalität zu explizieren. Das Konzept wurde vielmehr ersonnen, weil seine Vertreter, allen voran Malebranche, die für das Kausalitätsverständnis unabdingbare notwendige Verknüpfung zwischen der Idee eines verursachenden Ereignisses und der Idee des dadurch vermeintlich bewirkten Ereignisses auch im Falle der physischen Kausalität genau dort, nämlich in den Ideen, nicht zu finden vermochten. Als Ausgangspunkt ist das nicht weniger ernst zu nehmen als die Überlegungen Humes zur Kausalität (Näheres bei Perler 2001).

Man kann jene „quaestio celeberrima", die Descartes mit seiner Metaphysik hinterlassen hat, so verstehen, daß eine befriedigende Antwort in jedem Fall die Spezifikation einer Art von „Mechanismus" erfordert oder, besser gesagt, die detaillierte Beschreibung des „modus operandi" psychischer Ursachen auf den Körper oder physischer Ursachen auf das Gemüt. Wenn ohne eine solche Spezifikation das von Descartes hinterlassene „Leib-Seele-Problem" ungelöst bleibt, dann sind parallelistische Positionen und der Okkasionalismus einer Lösung mindestens ebenso ausgewichen wie Descartes. Wie der (in diesem Zusammenhang nur metaphorisch zu verstehende) Gebrauch des Wortes ‚Mechanismus' anzeigt, ist nur schwer vorstellbar, daß ein „modus operandi" detailliert beschrieben werden könnte, der kein (buchstäblich so zu nennender) Mechanismus ist. In Anbetracht dessen kann man auch auf den Gedanken verfallen, *alles*, was es in einer Person an Kausalität gibt, sei am Ende nur „mechanisch", und das heißt, als eine körperliche Tätigkeit zu begreifen. Gegen den vorwitzigen Vorschlag, es sei mithin der Körper, also die Materie, die auch denkt, steht aus dem Blickwinkel der Cartesischen Metaphysik allein die klare und deutliche *begriffliche* Diversität von Denken und Ausdehnung. Wäre es nicht plausibel gewesen, diese Diversität, die vollständige Unabhängigkeit der Idee des Denkens und der Idee der Ausdehnung voneinander zuzugeben und gleichwohl darauf zu bestehen, daß eine „denkende Materie" logisch oder begrifflich sehr wohl möglich sei, wir dies durch eine „Betrachtung unserer Ideen" nur nicht herauszufinden vermögen. John Locke (*EHU* IV.*iii*.6, 540) hat diese Erwägung für plausibel genug gehalten, um sie mitzuteilen – den danach immerhin möglichen Vorschlag, das Denken der Materie zu überlassen, gleich darauf aber unter Hinweis auf die Offenbarung, die uns über Körper und Seele eines Besseren belehre, wieder abgebogen. Es ist bemerkenswert, daß denselben Einfall auch schon Henricus Regius

(1647, AT VIII-2 343) hatte, und das nicht zur reinen Freude Descartes'. So gehört die Entwicklung einer materialistischen Deutung mentaler Aktivitäten, die sich im 18. Jahrhundert nicht zuletzt an die Lockesche Erwägung anschloss (Yolton 1984), in einem freilich etwas gedehnten Sinn auch zur Wirkungsgeschichte der Metaphysik Descartes'.

Interesse fand die ganze Cartesische Philosophie schon zu Lebzeiten Descartes' und in den Jahrzehnten nach seinem Tod vor allem deshalb, weil sie einer neuen und, verglichen mit der bisherigen vom Aristotelismus geprägten Wissenschaft, *effektiveren* Erforschung physischer Zusammenhänge Bahn zu brechen versprach: „TU SCIS RES NATURAE", also „Du kennst dich aus mit der Natur", dieses Anagramm zu „RENATUS CARTESIUS" konnte man in einem Lexikon der Zeit (Chauvin 1692, 92) lesen. Daß eine derart motivierte affirmative Rezeption für den Rezipierten auch schädliche, ja gefährliche Folgen haben konnte, hatte Descartes in der sogenannten „Utrechter Affäre" 1641/42 erfahren. Ein übereifriger Verfechter seiner Lehren aus der Medizinischen Fakultät, Henricus Regius, hatte mit unbedachten Äußerungen die Aufmerksamkeit der theologischen Kollegen und des Magistrats der Stadt darauf gelenkt, welchen Sprengstoff für die seinerzeit kanonische Lehre an den Universitäten in den Cartesischen Schriften verborgen war, so daß deren Autor daraufhin Publikationsverbote und andere administrative Maßnahmen zu gewärtigen hatte (vgl. dazu Specht 1966, 130; Perler 1998, 245 f.).

Dieser Konflikt mit der protestantischen Orthodoxie fand seine Entsprechung in Reaktionen von Vertretern der katholischen Kirche auf die Cartesische Metaphysik. Dabei ging es allerdings eher um deren Nebenfolgen. Wenn tatsächlich alle Körper nichts anderes sind als Modifikationen derselben ausgedehnten Substanz, dann sind auch das Brot und der Leib Christi, in den das Brot bei der Feier des Eucharistischen Sakraments verwandelt wird, vor und nach der Wandlung ihrer Substanz nach dasselbe, nämlich ausgedehnt. Die Wandlung soll aber nach offizieller Lehre genau darin bestehen, daß die *Substanz* des Brotes verwandelt wird und nur seine Akzidentien bleiben. Das daraus resultierende Problem, daß entweder die Cartesische Substanzdoktrin oder die offizielle Beschreibung des Sakramentes falsch ist, konnte Descartes allen Bemühungen zum Trotz (vgl. AT IV 163–169) nicht zur Zufriedenheit derer, die ihm übel wollten, lösen; und so standen seit 1663 alle seine philosophischen Schriften auf dem *Index librorum prohibitorum* der römischen Kirche und blieben dort, bis 1966 dieser Index selbst aufgehoben wurde. Weitere Gründe für dieses klare und deutliche Exempel einer proximalen negativen Rezeption fanden sich später zur Genüge.

Die affirmative proximale Rezeption hat das nicht nachhaltig verhindern können. Das erwähnte Interesse an den Aussichten, die Descartes' Philosophie auf eine Verbesserung der weiteren Erforschung natürlicher Vorgänge und Zusammenhänge bot, war stark genug. So etablierte sich vor allem in den überwiegend protestantischen Niederlanden wie auch im katholischen Frankreich ein schulmäßiger Cartesianismus.[7] Im ganzen nicht ernsthaft beeinträchtigt durch religiös motivierte Nachstellungen begann dessen Stern erst zu sinken, als mit dem Erscheinen von Newtons *Principia* (1689) das Werk auf dem Markt erschien, dem genau das gelingen sollte, was Descartes angestrebt hatte: der auf Erfahrung gestützten weiteren Erforschung der Natur einen für lange Zeit verbindlichen theoretischen Rahmen zu geben, der zugleich zeigt, welche Schlüsselrolle in der Naturbeschreibung der Sprache der Mathematik zukommt.

10.3

Regelrechte Cartesianer gibt es unter den immer noch als groß (im oben an Hobbes erläuterten Sinne) geltenden Philosophen der frühen Neuzeit kaum, obwohl viele ihm in Teilen durchaus verpflichtet sind, am meisten wohl der Niederländer Spinoza, der in einem intellektuellen Klima philosophisch sozialisiert wurde, das stärker vom Cartesianismus geprägt war als das anderer Gegenden Europas.

Spinozas Metaphysik, dargelegt vor allem in seiner *Ethica ordine geometrico demonstrata*, hebt den begrifflichen Dualismus von Denken und Ausdehnung nicht weniger stark hervor als die Cartesische. Daraus auf das Nebeneinander zweier *Substanzen* zu schließen, wies er jedoch zurück. Zwei *Attribute* einer und derselben Substanz waren ihm genug, was freilich eine noch radikalere Reduzierung der Zahl der zu unterscheidenden Substanzen einschloß, als Descartes sie propagiert hatte, und Spinoza, da er die eine und einzig übrigbleibende Substanz mit Gott bzw. der Natur identifizierte, umgehend den Ruf eines verabscheuenswürdigen Atheisten eintrug, der zwar den Namen Gottes beibehalten, diesen aber zur Bezeichnung der Natur mißbraucht habe. Das schlug auch auf die Rezeption der Cartesischen Metaphysik zurück, weil manchen Descartes vorkam wie der „verus Spinozismi architectus" (J. Regius 1718; vgl. Giulia Belgioioso in: Schmaltz 2005, 192; Moreau 1996, 412).

Ohne auf wirkungsgeschichtliche Kapriolen wie diese näher einzugehen, läßt sich für das 18. Jahrhundert als ein Descartes' Wirkung bestimmender Trend nur festhalten, daß es einen solchen Trend nicht gibt. Dazu ist das Bild zu uneinheitlich: Es gab Aufklärer, die ihn priesen, vor allem aber auch solche, die sich

---

7 Näheres in: Dijksterhuis et al. (1950), Schmaltz (2005). Vgl. auch Perler (1998, 245).

(wie z. B. Voltaire) über ihn mokierten; es gab Verfechter der Gegenaufklärung, die ihn für die gefährlichen Bestrebungen der Aufklärer verantwortlich machten, aber auch solche, die aus seinem Werk ein Gegengift gegen aufklärerische Exzesse zu destillieren versuchten.[8]

Die Philosophie im 18. Jahrhundert ist weitgehend noch dem von Ian Hacking (1975, 15–53) beschriebenen „heyday of ideas" zuzurechnen; und was das begriffliche Rahmenwerk angeht, das in dieser Zeit um die Leitvokabel ‚Idee' herumgezimmert wurde, war Descartes gerade mit seinen *Meditationen* ein nicht zu ignorierender Stichwortgeber. Insofern kann man *alle*, die wir für große Philosophen der Epoche halten, als unter der Wirkung eines von der Cartesischen Metaphysik ausgegangenen Einflusses stehend beschreiben, ohne damit allzu sehr zu übertreiben. Das gilt im besonderen auch für die sogenannten britischen Empiristen, die in der von Kant und dessen Anhängern ausgehenden Historiographie als entschiedene Gegner des Rationalismus geschildert werden, der mit Descartes begonnen haben soll.

Besonders nachdrücklich hat der Schotte Thomas Reid genau diesen Einfluß und die Schlüsselrolle des Begriffs der Idee für Locke, Berkeley und Hume hervorgehoben, und zwar deshalb weil er beides für verhängnisvoll hielt. Zu den ironischen Pointen der Wirkungsgeschichte gehört, daß er Descartes in der Rolle dessen, der die nachfolgenden Philosophen gewissermaßen auf ein falsches Gleis gelockt hatte, ausgerechnet als „the father of the new philosophy" (Reid 1764, 458) titulieren sollte und so zur Verbreitung einer Formel beitrug, die andere später nur noch zum höheren Ruhme Descartes' gebrauchten (vgl. Schütt 1998, Kap. 3). Dieser Gebrauch der bis zum Überdruß wiederholten „Vater"-Formel setzte sich als Ausdruck der Wertschätzung allerdings erst, unter dem maßgeblichen Einfluß des Bildes von der neueren Philosophie, das Hegel (*TWA* XX 120ff.) in seinen *Vorlesungen über die Geschichte der Philosophie* entworfen hatte, Anfang des 19. Jahrhunderts durch, bevor er dann zur Chiffre für die im Neukantianismus ausgearbeitete Deutung Descartes' als eines Vorläufers des erkenntnistheoretischen Kritizismus wurde (vgl. ebd., Kap. 2 u. 4).

Als einen Höhepunkt der Wirkungsgeschichte der *Meditationen* werden die Zuhörer im *Amphithéâtre Descartes* der Pariser Sorbonne die beiden Vorträge verbucht haben, die der siebzigjährige Edmund Husserl dort im Februar 1929 mit dem Bekenntnis eröffnete:

---

[8] Einen kurzen Überblick gibt Schütt (1998, Kap. 1); eine detailreiche Darstellung der französischen Szene bietet Thern (2003).

> kein Philosoph der Vergangenheit hat auf den Sinn der Phänomenologie so entscheidend gewirkt wie Frankreichs größter Denker René Descartes. Ihn muß sie als ihren eigentlichen Erzvater verehren. (Husserl, *Hua.* I 3)

Der ausgearbeiteten Fassung seiner Pariser Vorträge gab Husserl die Überschrift *Cartesianische Meditationen*. Zu seinen Lebzeiten erschien 1931 nur eine französische Übersetzung; die deutsche Fassung wurde erst *postum* publiziert (ebd. 43 ff.). Wenn Husserl die Phänomenologie einen „neuen Cartesianismus" nannte, einen „vom 20. Jahrhundert" (ebd. 3), so war die Reverenz, die er damit Descartes erwies, nicht nur den Pariser Gastgebern zuliebe prätendiert. Den von ihm in den *Cartesianischen Meditationen* angedeuteten direkten Einfluß der Cartesischen *Meditationen* auf „die Neugestaltung der werdenden Phänomenologie" bestätigt die Einleitung (vgl. *Hua.* II vii f.) seiner 1907 in Göttingen gehaltenen „Dingvorlesung". Jeden Gedanken an eine naturwissenschaftliche Erkenntnistheorie hatte Husserl brüsk abgewiesen. So war ihm aber auch zweifelhaft geworden, ob eine „Wissenschaft von der Erkenntnis [...] überhaupt möglich" (ebd. 3 f.) sei, und durch dieses Bedenken sah er sich beim Durchgang durch die klassischen Probleme der Erkenntnistheorie auf Descartes zurückgeworfen:

> Da bietet uns einen Anfang die Cartesianische Zweifelsbetrachtung: das Sein der *cogitatio*, des Erlebnisses während des Erlebens und in schlichter Reflexion darauf ist unzweifelhaft; das schauende direkte Erfassen und Haben der *cogitatio* ist schon ein Erkennen, die *cogitationes* sind die ersten absoluten Gegebenheiten. (Ebd. 4)

Über diesen Anfang hinaus konnte Husserl dem „Weg" der Cartesischen *Meditationen* indes nicht weiter folgen. Schon mit dem „Cogito, ergo sum", das er ausdrücklich „*nicht* übernommen haben" wollte, habe Descartes sich auf einen Irrweg begeben: Statt die „cogitatio" selbst der sogenannten phänomenologischen Reduktion zu unterwerfen, d. h. alle Setzungen eines Seins außerhalb ihrer „einzuklammern", wie es geboten gewesen wäre, sei Descartes eine Verwechslung der „Evidenz des Seins der cogitatio" mit der ganz andersartigen „Evidenz, daß *meine* cogitatio ist" (ebd. 49), unterlaufen. Husserls Wertschätzung der Cartesischen *Meditationen* war also äußerst begrenzt: Als „eigentlichen Erzvater" (*Hua.* I 3) der Phänomenologie konnte er wohl den Descartes preisen, der sich am Ende seiner Zweifelsbetrachtung auf sein „Ich denke" zurückgezogen hatte, jenen Descartes aber, der das darin angesprochene Ich dann als denkende Substanz zu erweisen suchte, verdammte er mit gleicher Emphase als „Vater des widersinnigen transzendentalen Realismus" (ebd. 9), weil dieser zweite Descartes die „cogitationes" der denkenden Substanz für unzulässige „Schlüsse[n] nach dem Kausalprinzip" auf Existenz und Beschaffenheit der Außenwelt mißbraucht habe. Für widersinnig hielt es Husserl insbesondere, ein Ich, das allenfalls so etwas wie eine transzendentale *Grenze* der Welt hätte sein sollen, für einen *Teil*, ein „reelles Stück" von ihr auszugeben: „als ob wir in unserem apodiktischen reinen ego ein kleines Endchen der Welt gerettet hätten".⁹ So hatte Descartes in seinem denkenden Ich die „transzendentale Subjektivität" zwar eigentlich schon entdeckt, mit der „unscheinbaren, aber verhängnisvollen Wendung" zur denkenden Substanz hatte er diese Entdeckung jedoch zugleich auch gründlich mißverstanden.

Was Husserl aus dem Überlegungsgang der Cartesische *Meditationen* glaubte retten zu können, war also auch nicht mehr als ein „kleines Endchen" – am Ende, wenn dieser Scherz erlaubt ist, eben nur der Anfang. Husserl selber hat es später so formuliert:

> Descartes ist der echte Anfänger der Philosophie, der Philosophie selbst, der wahren, aber nur im Anfange des Anfangs. (*Hua.* VII 72)

Für sein eigenes Projekt einer phänomenologischen Neubegründung der Philosophie und der Wissenschaften konnte Husserl Descartes also nur dadurch als Vorläufer vereinnahmen, wenn er ihm zugleich attestierte, nach dem „Anfange des Anfangs" nur noch Fehler begangen zu haben (vgl. Schütt 1998, Kap. 4). Ähnlich zwiespältig waren im übrigen schon die Urteile von Neukantianern wie etwa Natorp (1882) ausgefallen, deren interpretatorische Bemühungen, nachdem sie gewisse Vorwegnahmen einer erkenntniskritischen Einstellung bei Descartes mit Beifall bedacht hatten, immer wieder in Klagen über dessen letztlich naiven Realismus mündeten.¹⁰

Als ein Tiefpunkt in der Wirkungsgeschichte der *Meditationen* erscheint vielen das *Descartes' Myth* überschriebene 1. Kapitel in *The Concept of Mind* von Gilbert Ryle (1949, 11–24). Als „the dogma of the Ghost in the machine" verspottet Ryle dort nämlich das Konzept, das eine Analyse des intelligenten Verhaltens von Personen in zwei nebeneinander verlaufende Ereignisketten nahelegt, von denen die Glieder der einen wie alle Körperbewegungen räumlich lokalisierbar und prinzipiell öffentlich zugänglich sind, während die der anderen immaterielle „Schattenhandlungen" sind, zu denen nur das Bewußtsein dessen einen direkten Zugang hat, in dessen „Innenleben" sie stattfinden. Ist dieses Konzept absurd, weil es auf einer krassen Fehldeutung der „Logik" jener Begriffe beruht, mit de-

---

9 *Hua.* I 63. – Die Gegenüberstellung von „Grenze" und „Teil" habe ich allerdings nicht Husserl entnommen, sondern Wittgenstein (*TLP* 5.632 V.), der sie aber nicht auf Descartes bezieht.
10 Eine auf ganz andere Weise sehr spezielle Wirkung offenbaren die Bezugnahmen auf Descartes bei Husserls Nachfolger Heidegger: In den Veröffentlichungen der späten 1920er Jahre ist es oft Husserl, den Heidegger meint, gelegentlich auch Ernst Cassirer, wenn er „Descartes" schreibt; vgl. Schütt (1998, 156 ff.).

nen wir intelligentes Verhalten zu beschreiben, zu klassifizieren und zu erklären pflegen, so ist, wie es scheinen muß, auch der Cartesische Substanzendualismus absurd. Dreihundert Jahre lang dürften die meisten das dann nur nicht bemerkt haben. Wie anders hätte Ryle das „Dogma", das er meinte, noch 1949 als die unter Philosophen, Psychologen und Religionslehrern weit verbreitete „offizielle Lehre" ansprechen können? Es wäre indes nicht verkehrt gewesen und hätte zu anderen Beobachtungen in Ryles Buch nicht schlecht gepaßt, wenn er das, was Descartes als Konzept im Ernst zuzuschreiben ist, etwas deutlicher von dem abgehoben hätte, was jene „offizielle Lehre" ausmacht. An dieser nahm er vor allem die doppelte Unterstellung ins Visier, es gebe *aktuale* mentale bzw. psychische *Vorgänge*, die außerdem *privat* wie auf einer inneren Bühne abliefen. Aufgrund der, grob gesagt, *dispositionalen* Analyse dessen, was Personen einander mit mentalen oder psychischen Prädikaten zuschreiben, konnte er im konstruktiven Teil seines Buches dann erklären, weshalb wir uns über unser geistiges Befinden sehr wohl in einer öffentlichen Sprache verständigen können. Im Rahmen der „offiziellen Lehre" dagegen kann das zu einem unerklärlichen Rätsel und so zum Problem werden – ein Problem übrigens, das Descartes nie als ein solches wahrgenommen hat.

Nun stellte Ryle (ebd. 23) Descartes als jemanden dar, der darum bemüht gewesen war, ihm vorliegende theologische Lehren über die menschliche Seele „in der neuen Syntax von Galilei zu reformulieren". Diese neue Syntax war die mathematische Sprache einer mechanistischen Physik, der Descartes nicht weniger anhing als Galilei. Waren es nun primär theologisch imprägnierte das Gewissen, die Sünde, einen freien Willen und die Unsterblichkeit betreffende Motive, die Descartes bewogen haben, in Analogie zur mechanistisch aufzufassenden Welt der physischen Körper geradewegs eine immaterielle Welt „paramechanischer" Vorgänge zu postulieren, die den Geist bzw. die Seele ausmachen sollten? Ryle legt das nahe. Doch die damit verknüpfte Motivzuschreibung läßt sich bezweifeln, obwohl es gewiß zutrifft, daß Descartes jede Gelegenheit, die Übereinstimmung seiner Metaphysik mit den Lehren der Kirche herauszustellen, dankbar genutzt hat. Ganz am Ende seines Buches hat Ryle eine Deutungsperspektive eröffnet, die es erlaubt, Descartes' Motivation in einem etwas anderen Licht zu sehen. Bezugnehmend auf die von Leuten wie Gassendi und Hobbes mit einer gewissen Großmäuligkeit geäußerte Erwartung, auch der menschliche Geist und seine Tätigkeiten würden sich schon rein mechanisch erklären lassen, räumt er hier (ebd. 329 f.) ein, „das Cartesische Konzept" sei demgegenüber das „zweifellos produktivere gewesen", weil es immerhin die Einsicht für sich gehabt habe, daß die Mechanisten „den kardinalen mentalen Begriffen die falsche Art von logischem Verhalten" zugewiesen hätten. Für Ryle zeigte sich das Falsche dieser Art vor allem daran, daß die Dispositionalität mentaler Begriffe ausgeblendet blieb. Das war gewiß nicht Descartes' Punkt. Nur was war eigentlich sein Punkt? In jedem Fall ging es ihm um einen *begrifflichen* Sachverhalt, was Ryle nicht bestritten, sondern im Gegenteil gerade hervorgehoben hat. Läßt man bei der Umschreibung dieses Sachverhalts die Zurückhaltung walten, die das hermeneutische Taktgefühl gebietet, wird man nicht mehr als das Folgende sagen:

a. Wir verstehen, was ‚denken', ‚erfassen' und ‚wollen' bedeuten, und damit verstehen wir (die) kardinale(n) mentale(n) Begriffe.
b. Wir verstehen *nicht*, wie das, was wir mit ‚denken', ‚erfassen' und ‚wollen' meinen, sogenannte *Modi der Ausdehnung* sein könnten.

Das sollte ebenso unkontrovers sein wie dieses Resümee:
– Unsere Begriffe des Denkens, Erfassens und Wollens sind keine Begriffe irgendwelcher Modi der Ausdehnung.

Modi der Ausdehnung werden spezifiziert durch die Angabe von Gestalt- und Bewegungsprädikaten. Denken, Erfassen und Wollen dagegen spezifizieren wir durch die Angabe eines sogenannten intentionalen Gehalts, besser gesagt, durch die Angabe dessen, *was* jemand denkt, erfaßt oder will. Aus *diesen* Befunden zum „logischen Verhalten" gewisser Begriffe läßt sich nichts Spektakuläres schließen, abgesehen davon, daß uns offenbar (mindestens) zwei Sorten sich unterschiedlich verhaltender Begriffe zu Gebote stehen. Descartes würde indes den folgenden Befund ergänzen:

c. Nun ist aber der Begriff eines Körpers der Begriff eines ausgedehnten Dinges, so daß *alle* Bestimmungen eines Körpers als sogenannte *Modi* seiner Ausdehnung zu begreifen sind.

Akzeptiert man auch das, so folgt offenbar, daß unsere Begriffe des Denkens, Erfassens und Wollens keine Begriffe irgendwelcher Bestimmungen eines Körpers sind. Das kann man für eine immer noch harmlose Feststellung zur Beschaffenheit unserer Begriffe halten. Nichtsdestoweniger schrillen bei (fast) allen Materialisten die Alarmglocken, obwohl so verfängliche Worte wie ‚Substanz' gar nicht gefallen sind. Woher wollte Descartes, woher sollen wir wissen können, daß ein materieller Körper – von hinreichender Komplexität, versteht sich – nicht auch etwas denken, erfassen oder wollen *kann*? Descartes war sich dessen sicher, weil er den in c. formulierten Befund auf seinen vermeintlich klaren und deutlichen Begriff eines Körpers stützte. Dieser und wohlgemerkt nur dieser gewährte ihm im voraus den Überblick über alles, was beliebigen Körpern jemals zukommen *kann*.

Was aber wäre ein unserem Wissen oder unseren Vermutungen darüber, was materielle Körper können, angemessenerer Begriff der körperlichen Natur? Und würde sich mit Bezug auf *ihn* zeigen lassen, daß unsere Begriffe des Denkens, Erfassens und Wollens unter *ihn* subsumierbar sind? Damit sind wir bei Fragen, die in der aktuellen philosophischen Debatte über die Probleme, die Descartes mit seinen *Meditationen* aufgeworfen hat, soweit ich zu sehen vermag, nach wie vor kontrovers diskutiert werden. In die Wirkungsgeschichte dieses Textes gehört die zeitgenössische Philosophie des Geistes nicht deshalb, weil sie uns zeigt, wie wir uns durch Anleihen bei der Neurophysiologie und der Erforschung künstlicher Intelligenz endlich von einem religiös oder sonstwie abartig motivierten Substanzendualismus befreien können, sondern weil er die seit Urzeiten gehandelten eher mehr als weniger naiven Bilder der Seele und des Geistes, die ein wunderliches Getümmel von Luft, Feuer, Licht oder noch subtileren Stoffen ins Spiel bringen, auf die Seite geschoben und statt dessen die Aufmerksamkeit auf den *Begriff* des Geistes gelenkt hat, was ja wohl dasselbe ist wie *The Concept of Mind*. So gesehen ist Ryles gleichnamiges Buch alles andere als ein Tiefpunkt in der Rezeptionsgeschichte der Cartesischen *Meditationen*.

Kaum etwas scheint unbestreitbarer als die Feststellung, in den *Meditationen* habe Descartes das Grundgerüst einer erkenntnistheoretisch gewendeten Metaphysik eingeführt, dessen Hauptstützen das erkennende „Subjekt" und dessen „Bewußtsein" seien. Ich denke auch nicht daran, diese Feststellung zu bestreiten oder nur in Zweifel zu ziehen. Zur besseren Einschätzung der Produktivkräfte, die in der Wirkungsgeschichte eines Textes am Werk sein können, möchte ich allerdings ein kleines Experiment empfehlen: Man zähle doch einmal nach, wie oft Descartes in den *Meditationen* oder auch in anderen seiner Texte die einschlägigen Wörter gebraucht, also ‚subiectum' (bzw. ‚sujet') und ‚conscius esse' oder ‚conscientia' (bzw. ‚conscience'). Das Ergebnis wird, so wage ich zu prophezeien, die folgende Einsicht in ein wesentliches Merkmal jeder Wirkungsgeschichte sein: Um ein Thema wirksam in die Welt der Diskurse einzuführen, braucht man gar nicht so viel davon zu reden.

Literatur

Bull. cart.: Bulletin cartésien, par l'équipe Descartes (C.N.R.S.), in: Archives de Philosophie, seit Bd. 35, 1972, jährl.
Chauvin, Étienne 1692: Lexicon philosophicum. 2., verb. Aufl. Leeuwarden 1713; reprograph. Nachsr. mit einer Einl. von L. Geldsetzer, Düsseldorf 1967
Dijksterhuis, Eduard Jan et al. 1950: Descartes et le cartésianisme hollandais. Etudes et documents, par E. J. Dijksterhuis, Cornelia Serrurier, Paul Dibon, Hendrik J. Pos, Jean Orcibal, C.-Louise Thijssen-Schoute u. Geneviève Lewis, Paris u. Amsterdam
Gadamer, Hans-Georg 1959 (²1965): Wahrheit und Methode. Grundzüge einer philosophischen Hermeneutik, Tübingen, 2. Aufl., durch einen Nachtrag erw.

Hacking, Ian 1975: Why Does Language Matter to Philosophy? Cambridge
Hegel, Georg Wilhelm Friedrich 1971: *TWA:* Werke in zwanzig Bdn., Theorie-Werkausgabe auf d. Grundl. d. Freundesvereinsausgabe neu hrsg., Red. Eva Moldenhauer u. Karl Markus Michel, Frankfurt/M.
Husserl, Edmund 1950ff.: *Hua.:* Husserliana. Gesammelte Werke, hrsg. vom Husserl-Archiv (Louvain) unter Leitung von H. L. van Breda, Den Haag
— Bd. I 1963: Cartesianische Meditationen und Pariser Vorträge, hrsg. u. eingel. von Stephan Strasser, 2. Aufl. bearb. von Rudolf Boehm
— Bd. II ²1958: Die Idee der Phänomenologie. Fünf Vorlesungen, hrsg. von Walter Biemel
— Bd. VII 1956: Erste Philosophie. 1. Teil: Kritische Ideengeschichte, hrsg. von Rudolf Boehm
Jolley, Nicholas 1992: The Reception of Descartes' Philosophy, in: John Cottingham (Hrsg.), The Cambridge Companion to Descartes, Cambridge, 393–423
Joyce, James 1939 (1959): Finnegans Wake, New York
Kant, Immanuel 1787: Kritik der reinen Vernunft, 2. Aufl., Riga; jetzt in: Ders. 1956, Werke in 6 Bdn. hrsg. v. Wilhelm Weischedel. Wiesbaden / Darmstadt, Bd. II
Köhnke, Klaus Christian 1986: Entstehung und Aufstieg des Neukantianismus. Die deutsche Universitätsphilosophie zwischen Idealismus und Positivismus, Frankfurt/M.
Leibniz, Gottfried Wilhelm 1695: Systeme nouveau de la nature et de la communication des substances, aussi bien que de l'union qu'il y a entre l'ame et le corps, in: Ders. 1880, Philosophische Schriften. Hrsg. v. Carl Immanuel Gerhardt., Bd. IV, Berlin, 477–487
Lewis, Geneviève 1951: Bilan de cinquante ans d'études cartésiennes, in: Revue philosophique de la France et de l'étranger 141, 249–267
Moreau, Pierre-Francois 1996: Spinoza's Reception and Influence, in: Don Garrett: (Hrsg.) The Cambridge Companion to Spinoza, Cambridge, 408–433
Natorp, Paul 1882: Descartes' Erkenntnisstheorie. Eine Studie zur Vorgeschichte des Kriticismus, Marburg
Newton, Isaac 1689: Philosophiae naturalis principia mathematica. The 3rd ed. (1972) with variants, ed. by A. Koyré and I. B. Cohen, Cambridge
Perler, Dominik 1994: Descartes in der angelsächsischen Diskussion, in: Philosophische Rundschau 41, 193–203
— 1996: Repräsentation bei Descartes, Frankfurt/M.
— 1997: Abkehr vom Mythos. Descartes in der gegenwärtigen Diskussion, in: Zeitschrift für philosophische Forschung 51, 285–308
— 1998: René Descartes, München
— 2001: Ordnung und Unordnung in der Natur. Zum Problem der Kausalität bei Malebranche, in: Andreas Hüttemann (Hrsg.), Kausalität und Naturgesetz in der Frühen Neuzeit, Stuttgart (Sonderheft 31 der Studia Leibnitiana), 115–137
Regius, Henricus 1647: Brevis explicatio mentis humanae, sive animae rationalis, Utrecht. In wesentl. Tln. zit. in: R. Descartes, *Notae,* AT VIII-2 342–346; dt. in: Ders. 1922, Die Prinzipien der Philosophie, übers. u. erl. v. Artur Buchenau, Leipzig, unveränd. Nachdr. 1965 Hamburg, 278–281
Regius, Johannes 1718: Cartesius verus Spinozismi architectus, Amsterdam
Reid, Thomas 1764 (1990): An Inquiry into the Human Mind on the Principles of Common Sense. 4th ed. corr., London 1785. Repr. with a new Introd. by J. B. Wood, Bristol

Rickert, Heinrich 1930: Zur Einführung, in: R. Descartes, Hauptschriften zur Grundlegung seiner Philosophie. In's Dt. übertr. u. m. e. Vorw. begl. von Kuno Fischer, Manulneudruck d. Erstausg. [1863] Heidelberg, iii–xiv

Rorty, Richard 1979 (²1980): Philosophy and the Mirror of Nature. Princeton, N. J.

Schmaltz, Tad M. 2005: (Hrsg.) Receptions of Descartes. Cartesianism and Anti-Cartesianism in Early Modern Europe, London

Schobinger, Jean-Pierre 1993: (Hrsg.) Die Philosophie des 17. Jahrhunderts. Bd. 2: Frankreich und Niederlande, Basel

Schütt, Hans-Peter 1989: Erste Subjekte: Zur Anatomie der rationalistischen Substanzbegriffe, in: Carl Friedrich v. Weizsäcker / Enno Rudolph (Hrsg.), Zeit und Logik bei Leibniz. Studien zu Problemen der Naturphilosophie, Mathematik, Logik und Metaphysik, Stuttgart, 32–76

—— 1991: Descartes und die moderne Philosophie, in: Günter Figal / Rolf-Peter Sieferle (Hgg.), Selbstverständnisse der Moderne. Formationen der Philosophie, Theologie, Ökonomie und Politik, Stuttgart, 11–41

—— 1998: Die Adoption des „Vaters der modernen Philosophie". Studien zu einem Gemeinplatz der Ideengeschichte, Frankfurt/M.

Sebba, Gregor 1964: Bibliographia Cartesiana. A Critical Guide to the Descartes Literature, 1880–1960, Den Haag (Archives internationales d'histoire des idées, 5)

Specht, Rainer 1966 (²1980): Descartes in Selbstzeugnissen und Bilddokumenten dargestellt, Reinbek bei Hamburg

—— 1996: Pragmatische Aspekte der cartesischen Metaphysik, in: Andreas Kemmerling / Hans-Peter Schütt (Hgg.), Descartes nachgedacht. Frankfurt/M., 6–23

Spinoza, Baruch 1999: *Eth.:* Ethik in geometrischer Ordnung dargestellt [Ethica Ordine Geometrico demonstrata], lat.-dt. Neu übers., hrsg. u. mit einer Einl. vers. von Wolfgang Bartuschat. Hamburg

—— 1925 (²1972) OG: Opera, hrsg. von Carl Gebhardt, 4 Bde, Heidelberg

—— 1663: Renati des Cartes Principorum Philosophiae pars i, & ii, More Geometrico demonstratae. Accesserunt Ejusdem Cogitata Metaphysica, In quibus difficultiores, quaetam in parte Metaphysici generali, quam speciali occurrunt, quaestiones breviter explicuntur, Amsterdam. Krit. Ausg. in: Ders. OG I 123–281

Thern, Tanja 2003: Descartes im Licht der französischen Aufklärung. Studien zum Descartes-Bild Frankreichs im 18. Jahrhundert, Heidelberg

Wittgenstein, Ludwig 1989: *TLP:* Tractatus logico-philosophicus [1921]. Krit. Ed.: Ders., Logisch-philosophische Abhandlung · Tractatus logico-philosophicus, hrsg. von Brian McGuinnes u. Joachim Schulte, Frankfurt/M.

Yolton, John W. 1984: Thinking Matter. Materialism in Eighteenth Century Britain, Oxford

Zijlstra, Casper (eigtl. Christiaan Peter) 2005: The Rebirth of Descartes. The Nineteenth-Century Reinstatement of Cartesian Metaphysics in France and Germany, Groningen u. Leeuwarden

Auswahlbibliographie

I Primärliteratur

I.1 Editionen

Œuvres de Descartes, herausgegeben von Charles Adam und Paul Tannery, 1897–1913, 13 Bde, Paris, Cerf; revidierte Neuedition 1964–1976, 12 Bde., Paris, Vrin; Nachdruck 1996, 11 Bde. (zit. als AT)
Œuvres philosophiques, herausgegeben u. kommentiert von Ferdinand Alquié, 1963–1973, 3 Bde, Paris, Classiques Garnier
Correspondance, herausgegeben von Charles Adam u. Gaston Milhauld, 1936–1963, 8 Bde, Paris, Presses Universitaires de France (enthält Briefe, die in der Edition von Adam und Tannery nicht berücksichtigt sind)
The Philosophical Writings of Descartes, übersetzt von John Cottingham, Robert Stoothoff, Dugland Murdoch, 1985, Band 1 und 2., Cambridge, Cambridge University Press (zit. als CSM)
The Philosophical Writings of Descartes, übersetzt von John Cottingham, Robert Stoothoff, Dugland Murdoch, Anthony Kenny, 1991, Band 3 „The Correspondence", Cambridge, Cambridge University Press (zit. als CSMK)
Oeuvres complètes, herausgegeben von Jean-Marie Beyssade und Denis Kambouchner, Paris 2009 ff.

I.2 Übersetzungen der Meditationen

Descartes, René 1915: Meditationen über die Grundlagen der Philosophie mit den sämtlichen Einwänden und Erwiderungen, übersetzt u. herausgegeben von Artur Buchenau, Hamburg, Meiner
Descartes, René 1977: Meditationen über die Grundlage der Philosophie (Latein – Deutsch), auf Grund der Ausgaben von Artur Buchenau neu herausgegeben von Lüder Gäbe, durchgesehen von Hans Günter Zekl, Hamburg, Meiner
Descartes, René 1986: Meditationes de Prima Philosophia. Meditationen über die Erste Philosophie (Latein – Deutsch), übersetzt u. herausgegeben von Gerhart Schmidt, Stuttgart, Reclam
Descartes, René 1986: Meditations on First Philosophy with Selections from the Objections and Replies, übersetzt und herausgegeben von John Cottingham, Cambridge, Cambridge University Press
Descartes, René 2004: Meditationen. (Latein – Französisch – Deutsch), eingeleitet, übersetzt und erläutert von Andreas Schmidt, Göttingen, Vandenhoeck & Ruprecht
Descartes, René 2008: Meditations on First Philosophy with Selections from the Objections and Replies, übersetzt und herausgegeben von Michael Moriarty, Oxford, Oxford University Press

Descartes, René 2008: Meditationes de prima philosophia (Latein – Deutsch), übersetzt und herausgegeben von Christan Wohlers, Hamburg, Meiner

II Sekundärliteratur (Jahreszahlen in Klammern geben das Ersterscheinungsjahr an)

II.1 Wörterbücher

Ariew, Roger / Des Chene, Dennis / Jesseph, Douglas (et al.) 2003: Historical dictionary of Descartes and Cartesian philosophy, Lanham, MD
Cottingham, John 1994 (1993): A Descartes Dictionary, Oxford
Nolan, Lawrence (2016): The Cambridge Descartes Lexicon, Cambridge
Smith, Kurt (2015): The Descartes Dictionary, New York

II.2 Einführungen

Cottingham, John (Hrsg.) 1998 (1986): Descartes, Oxford
Dicker, Georges 1993: Descartes. An analytical and historical introduction, New York
Hatfield, Gary 2014: The Routledge Guidebook to Descartes' *Meditations*, London
Perler, Dominik 2006 (1998): Descartes, München
Röd, Wolfgang 1995 (1982): Descartes. Die Genese des Cartesianischen Rationalismus, München
Scribano, Emanuela 2016: A Reading Guide to Descartes' *Meditations on First Philosophy* (aus dem Italienischen übersetzt von C. C. Godfrey), South Bend, IN
Wilson, Catherine 2003: Descartes's Meditations. An Introduction, Cambridge

II.3 Biographisches

Baillet, Adrien 1987 (1691): Vie de Monsieur Descartes, Paris; dt. (stark gekürzt) von Schweizer, Frank 2006: Das Leben des René Descartes, Klagenfurt
Bos, Erik-Jan 2010: Two Unpublished Letters of René Descartes: On the Printing of the Meditations and the Groningen Affair, Archiv fuer Geschichte der Philosophie 92.3, 290–303
Ebert, Theodor 2008: Der rätselhafte Tod des René Descartes, Aschaffenburg
Gaukroger, Stephen 1998 (1995): Descartes. An intellectual biography, Oxford
Nadler, Steven 2013: The Philosopher, the Priest, and the Painter: A Portrait of Descartes, Princeton
Rodis-Lewis, Geneviève 1995: Descartes. Biographie, Paris; engl. von Todd, Jane Marie 1999 (1998): Descartes. His life and thought, Ithaca, NY
Specht, Rainer 2001 (1966): René Descartes. Mit Selbstzeugnissen und Bilddokumenten, Reinbek bei Hamburg

II.4 Monographien

Alanen, Lilli 1982: Studies in Cartesian epistemology and philosophy of mind, Helsinki
Alanen, Lilli 2003: Descartes's concept of mind, Cambridge, MA
Almog, Joseph 2005 (2002): What am I? Descartes and the mind-body problem, Oxford
Almog, Joseph 2008: Cogito? Descartes and thinking the word, Oxford
Alquié, Ferdinand 2005 (1959): Leçon sur Descartes: Science et métaphysique chez Descartes, Paris; dt. von Brankel, Jürgen 2001: Wissenschaft und Metaphysik bei Descartes: Vorlesung an der Sorbonne im Jahre 1955, Würzburg
Ariew, Roger 1999: Descartes and the last Scholastics, Ithaca, NY
Ariew, Roger 2014: Descartes and the First Cartesians, Oxford
Baker, Gordon / Morris, Katherine 2002 (1996): Descartes' Dualism, London
Barth, Christian 2017: Intentionalität und Bewusstsein in der frühen Neuzeit. Die Philosophie des Geistes von René Descartes und Gottfried Wilhelm Leibniz, Frankfurt a.M.
Beckermann, Ansgar 1986: Descartes' metaphysischer Beweis für den Dualismus. Analyse und Kritik, Freiburg
Bennett, Jonathan 2001: Learning from six philosophers: Descartes, Spinoza, Leibniz, Locke, Berkeley, Hume, 2 Bde., Oxford
Betz, Gregor 2011: Descartes' „Meditationen über die Grundlagen der Philosophie". Ein systematischer Kommentar, Stuttgart
Brandhorst, Kurt (2010): Descartes' Meditations of First Philosophy, Bloomington 2010
Brands, Hartmut 1982: „Cogito ergo sum". Interpretationen von Kant bis Nietzsche, Freiburg
Broughton, Janet 2002: Descartes's method of doubt, Princeton, NJ
Carriero, John 2009: Between Two Worlds. A Reading of Descartes's *Meditations*, Princeton
Cassirer, Ernst 2005 (1939): Descartes: Lehre – Persönlichkeit – Wirkung, Hamburg
Clarke, Desmond M. 2005 (2003): Descartes's theory of mind, Oxford
Clemenson, David 2007: Descartes' theory of ideas, London
Cottingham, John 2008: Cartesian Reflections. Essays on Descartes's Philosophy, Oxford
Cunning, David 2010: Argument and Persuasion in Descartes' *Meditations*, Oxford
Curley, Edwin M. 1978: Descartes against the skeptics, Oxford
De Rosa, Raffaella 2010: Descartes and the Puzzle of Sensory Representation, Oxford
Dierig, Simon 2003: Sum res cogitans und der Substanzendualismus von Körper und Geist, München
Duncan, Stephen M. 2008: The proof of the external world. Cartesian theism and the possibility of knowledge, Cambridge
Flage, Daniel E. / Bonnen, Clarence A. 1999: Descartes and method. A search for a method in *Meditations*, London
Frankfurt, Harry G. 2008 (1970): Demons, dreamers, and madmen. The defense of reason in Descartes's Meditations, Princeton, NJ
Garber, Daniel 1992: Descartes' metaphysical physics, Chicago
Gaukroger, Stephen 2002: Descartes' system of natural philosophy, Cambridge
Gombay, André 2007: Descartes, Malden, MA
Grene, Marjorie 1998 (1985): Descartes, Indianapolis
Guéroult, Martial 1991 (1953): Descartes selon l'ordre des raisons, 2 Bde., Paris; engl. von Ariew, Roger 1985 (1983): Descartes' philosophy interpreted according to the order of reasons, 2 Bde., Minneapolis
Hassing, Richard F. 2015: Cartesian Psychophysics and the Whole Nature of Man, Lanham MD

Hatfield, Gary 2003: Descartes and the *Meditations*, London
Hattab, Helen 2009: Descartes on Forms and Mechanisms, Cambridge
Hoffman, Paul 2009. Essays on Descartes, Oxford
Jolley, Nicholas 1998 (1989): The light of the soul. Theories of ideas in Leibniz, Malebranche, and Descartes, Oxford
Kambouchner, Denis 2005: Les Méditations Métaphysiques de Descartes, vol. I, Paris
Kemmerling 2005 (1996): Ideen des Ichs. Studien zu Descartes' Philosophie, Frankfurt/M.
Kenny, Anthony 2000 (1968): Descartes. A study of his philosophy, South Bend, IN
Koch, Anton F. 2004: Subjekt und Natur – Zur Rolle des „Ich denke" bei Descartes und Kant, Paderborn
Machamer, Peter & J. E. McGuire 2009, Descartes's Changing Mind, Princeton
Markie, Peter J. 1986: Descartes's gambit, Ithaca, NY
Marshall, David J. 1979: Prinzipien der Descartes-Exegese, Freiburg
Menn, Stephen 2002 (1998): Descartes and Augustine, Cambridge
Naaman-Zauderer, Noa 2013: Descartes' Deontological Turn. Reason, Will, and Virtue in the Later Writings, Cambridge
Perler, Dominik 1996: Repräsentation bei Descartes, Frankfurt/M.
Rozemond, Marleen 1998: Descartes' Dualism, Cambridge, MA
Rubin, Ronald 2008: Silencing the demon's advocate. The strategy of Descartes' Meditations, Stanford, CA
Schäfer, Reiner 2006: Zweifel und Sein – Der Ursprung des modernen Selbstbewusstseins in Descartes' cogito, Würzburg
Schmaltz, Tad M. 2008: Descartes on Causation, Oxford
Schütt, Hans-Peter 1990: Substanzen, Subjekte und Personen. Eine Studie zum Cartesischen Dualismus, Heidelberg
Schütt, Hans-Peter 1998: Die Adoption des „Vaters der modernen Philosophie". Studien zu einem Gemeinplatz der Ideengeschichte, Frankfurt/M.
Secada, Jorge 2004 (1999): Cartesian metaphysics. The late scholastic origins of modern philosophy, Cambridge
Skirry, Justin 2005: Descartes and the metaphysics of human nature, London
Smith, Norman K. 1962 (1953): New studies in the philosophy of Descartes. Descartes as pioneer. London
Vinci, Thomas C. 1998: Cartesian truth, New York
Wagner, Spephen I. 2014: Squaring the Circle in Descartes' *Meditations* – The Strong Validation of Reason, Cambridge
Williams, Bernard 2005 (1978): Descartes. The project of pure inquiry, London; dt. von Dittel, Wolfgang u. Viviani, Annalisa 1988 (1981): Descartes. Das Vorhaben der reinen philosophischen Untersuchung, Frankfurt/M.
Wilson, Margaret D. 1999 (1978): Descartes, London
Wilson, Margaret D. 1999: Ideas and mechanism. Essays on early modern philosophy, Princeton, NJ
Yolton, John W. 1984: Perceptual Acquaintance. From Descartes to Reid, Oxford
Yolton, John W. 1996: Perception and Reality. A history from Descartes to Kant, Ithaca, NY

II.5 Aufsatzsammlungen

Ariew, Roger / Cottingham, John / Sorell, Tom (Hgg.) 1998: Descartes' *Meditations*. Background source materials, Cambridge
Ariew, Roger / Grene, Marjorie (Hgg.) 1995: Descartes and his contemporaries. Meditations, objections, and replies, Chicago
Bonnen, Clarence A. / Flage, Daniel E. (Hgg.) 2014: Descartes and Method. A Search for a Method in Meditations, London
Broughton, Janet / Carriero, John (Hgg.) 2008 (2007): A Companion to Descartes, Malden, MA
Broughton, Janet and John Carriero (Hgg.) 2008: A Companion to Descartes, Chichester
Butler, Ronald J. (Hrsg.) 1972: Cartesian Studies, Oxford
Chappell, Vere (Hrsg.) 1997: Descartes's Meditations. Critical essays, Lanham, MD
Cottingham, John (Hrsg.) 1994: Reason, will, and sensation. Studies in Descartes' Metaphysics, Oxford
Cottingham, John (Hrsg.) 1999 (1992): The Cambridge companion to Descartes, Cambridge
Cunning, David (Hrsg.) 2014, The Cambridge Companion to Descartes' *Meditations*, Cambridge
Detlefsen, Karen (Hrsg.) 2013: Descartes' *Meditations* – A critical guide, Cambridge
Doney, Willis (Hrsg.) 1968: Descartes. A collection of critical essays, London
Doney, Willis (Hrsg.) 1987: Eternal truths and the Cartesian circle. A collection of studies, New York
Gaukroger, Stephen (Hrsg.) 2006 (2005): Descartes' Meditations, Malden, MA
Gaukroger, Stephen / Schuster, John / Sutton, John (Hgg.) 2000: Descartes' natural philosophy, London
Gaukroger, Stephen / Wilson, Catherine (Hgg.) 2017: Descartes and Cartesianism, Oxford
Hooker, Michael (Hrsg.) 1993 (1978): Descartes. Critical and interpretative essays, Ann Arbor, MI
Kemmerling, Andreas / Schütt, Hans-Peter (Hgg.) 1996: Descartes nachgedacht, Frankfurt/M.
Moyal, Georges (Hrsg.) 1991: René Descartes. Critical assessments, London
Niebel, Friedrich / Horn, Angelica / Schnädelbach, Herbert 2000: Descartes im Diskurs der Neuzeit, Frankfurt/M.
Rorty, Amélie O. (Hrsg.) 1986: Essays on Descartes' *Meditations*, Berkeley
Voss, Stephen (Hrsg.) 1993: Essays on the philosophy and science of René Descartes, New York

II.6 Aufsätze

Alanen, Lilli 1981: On the so-called naive interpretation of cogito, ergo sum, in: Acta Philosophica Fennica 32, 9–29
Alanen, Lilli 1982: Studies in Cartesian epistemology and philosophy of mind, in: Acta Philosophica Fennica 33, 1–173
Ayers, Michael 1998: Ideas and objective being, in: Garber, Daniel / Ayers, Michael (Hgg.): The Cambridge history of seventeenth-century philosophy, volume I, Cambridge, 1062–1107
Ayers, Michael 2003: What are we to say to the Cartesian skeptic?, in: Luper, Steven (Hrsg.): The sceptics. Contemporary essays, Aldershot, 13–28

Barth, Christian 2011: Bewusstsein bei Descartes, in: Archiv für Geschichte der Philosophie 93, 162–194

Broughton, Janet 2004: Cartesian Skeptics, in: Sinnott-Armstrong, Walter (Hrsg.): Pyrrhonian skepticism, Oxford, 25–39

Burge, Tyler 2003: Descartes and anti-individualism. Reply to Normore, in: Hahn, Martin / Ramberg, Bjørn (Hgg.): Reflections and replies. Essays on the philosophy of Tyler Burge, Cambridge, MA, 291–334

Chappell, Vere 1997: Descartes's ontology, in: Topoi 16, 111–127

Chappell, Vere 2005: Learning from Descartes, via Bennett, in: British Journal for the History of Philosophy 13, 139–147

Chynoweth, Brad 2010: Descartes' Resolution of the Dreaming Doubt, in: Pacific Philosophical Quarterly 91, 153–179

Clarke, Desmond M. 2009: Two approaches to reading the historical Descartes, in: British Journal for the History of Philosophy 17, 606–616

Cottingham, John 2000: Intentionality or phenomenology? Descartes and the objects of thought, in: Crane, Tim / Patterson, Sarah (Hgg.): History of the mind-body problem, London

Cottingham, John 2005: Why should analytic philosophers do history of philosophy?, in: Sorell, Tom (Hrsg.): Analytic philosophy and history of philosophy, Oxford, 25–41

Cottingham, John 2013: Descartes and Darwin: Reflections on the Sixth Meditation, in: Aristotelian Society Supplementary Volume 87, 259–277

Dardis, Anthony 2002: Is more objective reality something more? in: Philosophiegeschichte und logische Analyse 5, 55–75

Flage, Daniel E. 2014: Descartes and the Real Distinction between Mind and Body, in: Review of Metaphysics 68, 93–106

Gallois, André 2000: The indubitability of the cogito, in: Pacific Philosophical Quarterly 81, 363–384

Garber, Daniel / Wilson, Margaret 1998: Mind-body problems, in: Garber, Daniel / Ayers, Michael (Hgg.): The Cambridge history of seventeenth-century philosophy, volume I, New York, 883–867

Grüne, Stefanie 2009: Descartes über Ideen als repräsentierende und repräsentierte Entitäten. in: Perler, Dominik (Hrsg.): Ideentheorien in der frühen Neuzeit, Berlin

Hatfield, Gary 2001: René Descartes, in: Emmanuel, Steven (Hrsg.): Modern philosophers. From Descartes to Nietzsche, Cambridge, 1–27

Hatfield, Gary 2006 (2005): The Cartesian circle, in: Gaukroger, Stephen (Hrsg.): Descartes' Meditations, Malden, MA

Hatfield, Gary 2007: Did Descartes have a Jamesian theory of the emotions?, in: Philosophical Psychology 20, 413–440

Hennig, Boris 2011: „Insofar as" in Descartes' Definition of Thought, in: Studia Leibnitiana 43, 145–159

Hüttemann, Andreas 1996: Über das Verhältnis von Metaphysik und Physik bei Descartes, in: Studia Leibnitiana 28, 93–107

Hüttemann, Andreas 2001: Descartes' Kritik an den realen Qualitäten: das Beispiel der Schwere, in: Archiv für Geschichte 83, 24–44

Kemmerling, Andreas 1997: Das Bild als Bild der Idee, in: Steinbrenner, Jakob / Winko, Ulrich (Hgg.): Bilder in der Philosophie und in anderen Künsten und Wissenschaften, Paderborn, 153–173

Kemmerling, Andreas 2003: Die erste moderne Konzeption mentaler Repräsentation, in: Meixner, Uwe / Newen, Albert (Hgg.): Seele, Denken und Bewusstsein – Zur Philosophie des Geistes von Platon bis Husserl, Berlin, 153–196

Kemmerling, Andreas 2004: „As it were pictures" – On the the two-faced nature of Cartesian ideas, in: Schumacher, Ralph (Hrsg): Perception and reality: from Descartes to the present, Berlin, 43–68

Lagerspetz, Olli 2010: Descartes' Error, with Reference to the Third and Fourth Meditations, in: Philosophical Investigations 33, 303–320

Marion, Jean-Luc 2003: The original otherness of the ego: a rereading of Descartes's Meditatio II, in: Wyschogrod, Edith: The ethical, Oxford, 33–53

Mihali, Andreea 2011: Sum Res Volens: The Centrality of Willing for Descartes, in: International Philosophical Quarterly 51, 149–179

Newman, Lex 2005: Descartes' rationalist epistemology, in: Nelson, Alan (Hrsg.): A companion to rationalism, Malden, MA, 179–205

Normore, Calvin 2003: Burge, Descartes, and us, in: Hahn, Martin / Ramberg, Bjørn (Hgg.): Reflections and replies. Essays on the philosophy of Tyler Burge, Cambridge, MA, 1–14

Patterson, Sarah 2000: How Cartesian was Descartes?, in: Crane, Tim / Patterson, Sarah (Hgg.): History of the mind-body problem, London, 70–110

Patterson, Sarah 2012: Doubt and Human Nature in Descartes's *Meditations*, in: Royal Institute of Philosophy Supplement 70, 189–217

Peacocke, Christopher 2012: Descartes Defended, in: Aristotelian Society Supplementary Volume 86, 109–125

Perler, Dominik 1995: Descartes über Fremdpsychisches, in: Archiv für Geschichte der Philosophie 77, 42–62

Perler, Dominik 1996: Se détacher des sens: Sur la fonction des sensations dans l'épistémologie cartésienne, in: Studia Philosophica 55, 9–30

Perler, Dominik 1997: Abkehr vom Mythos. Descartes in der gegenwärtigen Diskussion, in: Zeitschrift für philosophische Forschung 51, 285–308

Perler, Dominik 1998: Sind die Gegenstände farbig? Zum Problem der Sinneseigenschaften bei Descartes, in: Archiv für Geschichte der Philosophie 80, 182–210

Perler, Dominik 1999: René Descartes. Das Projekt der radikalen Neubegründung des Wissens, in: Kreimendahl, Lothar (Hrsg.): Philosophen des 17. Jahrhunderts. Eine Einführung, Darmstadt, 69–90

Perler, Dominik 2001: Cartesische Möglichkeiten, in: Buchheim, Thomas (Hrsg.): Potentialität und Possibilität. Modalaussagen in der Geschichte der Metaphysik, Stuttgart-Bad Cannstatt, 255–272

Perler, Dominik 2002: Descartes' Transformation des Personenbegriffs, in: Köpping, Klaus-Peter / Welker, Michael / Wiehl, Reiner (Hgg.): Die autonome Person – eine europäische Erfindung?, München, 141–161

Perler, Dominik 2004: Inside and outside the mind. Cartesian representations reconsidered, in: Schumacher, Ralph (Hrsg): Perception and reality: from Descartes to the present, Berlin, 69–87

Pietroski, Paul / Crain, Stephen 2005: Innate ideas, in: McGilvray, James (Hrsg.): The Cambridge companion to Chomsky, Cambridge, 164–180

Rozemond, Marleen 2010: Descartes and the immortality of the soul, in: Cottingham, John/Hacker, Peter (Hgg.): Mind, Method and Morality: Essays in Honour of Anthony Kenny, Oxford, 252–271

Rozemond, Marleen 2011: Real Distinction, Separability, and Corporeal Substance in Descartes, in: Midwest Studies in Philosophy 35, 240–258

Schüssler, Rudolf 2013: Descartes' Doxastic Voluntarism, in: Archiv für Geschichte der Philosophie 95, 148–177

Schütt, Hans-Peter 1989: Erste Subjekte: Zur Anatomie der rationalistischen Substanzbegriffe, in: von Weizsäcker, Carl Friedrich / Rudolph, Enno (Hgg.): Zeit und Logik bei Leibniz. Studien zu Problemen der Naturphilosophie, Mathematik, Logik und Metaphysik, Stuttgart, 32–76

Schütt, Hans-Peter 1991: Descartes und die moderne Philosophie: Notizen zu einer epochalen Vaterschaft, in: Figal, Günter / Sieferle, Rolf Peter (Hgg.): Selbstverständnisse der Moderne. Formationen der Philosophie, Theologie, Ökonomie und Politik, Stuttgart, 11–41

Schütt, Hans-Peter 1996: Kant, Cartesius und der „sceptische Idealist", in: Kemmerling, Andreas / Schütt, Hans-Peter (Hgg.): Descartes nachgedacht, Frankfurt/M., 170–199

Schütt, Hans-Peter 2006: Šta je zaista moderno kod Dekarta? [„Was ist eigentlich modern bei Descartes?", ins Serbokroat. übers. von Miloš Arsenijević], in: Theoria. Časopis Filozofskog društva Srbije 39, 11–24

Schütt, Hans-Peter 2006: Von Kant zu Descartes – und zurück, in: Lenk, Hans / Wiehl, Reiner (Hgg.): Kant today. Kant aujourd'hui. Kant heute. Actes des Entretiens de l'Institut International de Philosophie Karlsruhe/Heidelberg 2004, Münster, 237–258

Slezak, Peter 2010: Doubts about Descartes' Indubitability: The Cogito As Intuition and Inference, in: Philosophical Forum 41.4, 389–412

Tetens, Holm 2015: Descartes und Chalmers über Dualismus. Ein argumentationstheoretisches Lehrstück, in: Theologie und Philosophie 90, 83–95

Vinci, Thomas C. 2005: Reason, imagination, and mechanism in Descartes's theory of perception, in: Garber, Daniel (Hrsg.): Oxford studies in early modern philosophy, volume II, Oxford, 35–73

Walski, Gregory 2003: The Cartesian God and the eternal truths, in: Garber, Daniel (Hrsg.): Oxford studies in early modern philosophy, volume I, Oxford, 23–44

Wee, Cecilia 2012: Descartes's Ontological Proof of God's Existence, in: British Journal for the History of Philosophy 20.1, 23–40

Wolf-Devine, Celia 2000: Descartes' theory of visual spatial perception, in: Gaukroger, Stephen (Hrsg.): Descartes' natural philosophy, New York, 506–523

Wolf-Devine, Celia 2000: The role of inner objects in perception, in: Gaukroger, Stephen (Hrsg.): Descartes' natural philosophy, New York, 557–568

Stellenregister

AT I

137	172	268	145
143	145	270 ff.	145
144	4, 143, 178	348 ff.	4
145	20, 124	349 f.	157
149	124	350	4, 143
149–150	20	353	4, 143
151	124	366	87
152	62	369 ff.	4
179	145, 161	560	4
182	4, 144		

AT II

199–200	137	597	17
200	168, 176	622	4, 7
492	4	630	121

AT III

185	121	493	45
192	7	502	183
232	121	506	168
239	5	508	132
265	144	665	180, 193
266	24	667	132
273	67	692	6, 132
297–298	24, 121	692 f.	6
297 f.	167	693	132
351	2	695	6
436	7	751	5, 7
492	177	752	7

AT IV

118	86	173–174	87 f.
163–169	195	350	115
173	88 f.		

AT IX-1

xi	147	38	148
5	146	45	84
8	146	62	161

122	162	169f.	161
169	161	213	132

AT IX-2

14f.	153	16	153
15f.	153	17	155

AT V

112	152	165	6, 163
138	33	170f.	155
144–179	154	277	44
148	72f.	356	64

AT VI

1	156	60f.	145
4	157	63–65	140
18f.	149	76	137
28	87	92	138
31	143	233	137
33	31	325–344	140
41	146	333–334	138

AT VII

xxi	147	22	21
xxiii	147	23f.	160
1–6	161	24f.	30
1f.	183	25	31, 49, 75
4	143f.	26	147
6	147	27	29f., 41f.
7f.	146	28	63, 83, 154
8	57, 84, 103	28–33	147
9	180	29	43f.
12	24, 79	30f.	151
13	147, 153	30–33	43
13f.	147	33	48
14	44	34	83
15	77f., 120, 147	34f.	147
15–16	120	35f.	147
17	10f., 160	36	30, 77, 114
18	11, 15, 150	37	55, 84f., 147, 179
19	16, 25, 58, 147	38	20, 45, 56, 74, 147
19f.	150	39	179
20	19, 58, 152	40	58f., 147
21	21, 54, 77	40–42	147

41	58	75–76	139
42	60	76	11, 135
42–44	116, 147	76f.	45
43	63, 85, 91, 135f., 160	77f.	179
43–45	147, 151	78	42, 47, 126, 131, 147, 161, 182, 184
44	61, 125, 131		
45	60, 62, 147	78f.	147
46	63f., 147	78–80	147
46f.	63	79	134
47	64, 66	79–80	134, 138
48	63, 147	80	135f., 139, 152, 180f.
49	67	80–81	83
51	71, 124	80–83	138
52	24, 62, 71, 147, 160	81	132, 139, 147
52–53	78, 124	82f.	147
53	78, 147	82–83	138
54	77, 80	82–89	139
54–55	80	83	139
55	82	83–84	139
55–56	84	83–89	138
56	82, 84	85	81f.
57	85f.	85ff.	151
57–58	86f.	86	43, 147
57ff.	92	86ff.	45
58	32, 34, 88	88	45, 132
58–59	90	89	10, 18, 140
58f.	160	89–90	138f.
59	90f., 147	90	19, 147, 159
59–60	94	99f.	105
61–63	147	100	128
62	94, 160	102f.	103
63	124, 135, 147, 160	103f.	61
64	99, 104	107f.	69
65	101, 113, 147, 160	111	68f.
66	101	115	107, 113
68	124	116	101, 114
68–71	147	117	101, 107
69	74	117f.	107
71	119, 122, 147, 151	119	116
71–72	122	120–121	128
72	122	121	125
72–73	122	124	66, 74
73	47, 123	125f.	10
73f.	147	130	10
73–75	147	139	66
74–78	138	140	31f., 75
75	123	141	75

144	79	314	92
149	92	317	93
153	125	323	115
155	144	352	32, 34
156	162	359 f.	49
157	162	360	49
160	47, 161	369	68
161	113, 131	371	111
164	163	374–375	93
166	67, 92, 101	375	124
169 f.	161	376–377	93
171	10	377	93
172	9	378	93
175 f.	40	380	124
185	59	380–382	124
191	93	381–382	124
192	92	382	124
193	92	383	115
201–202	129	426	46
214	72	432	86, 124
215–216	78	434	182
219–221	136	435	169
220	136	436 f.	45
222	127	437	45
224–225	129	438	45
226	10	438–439	140
228	132	439	16
231	63	460	10
235	121	473	34
245 f.	73	537	34
246	35, 131	546	10
275 ff.	49		

AT VIII-1

5	10	22	54
6	16	24	181
7	31, 34	24–31	147
17	85	26	75
18	85	28 ff.	40
18–19	89, 92 f.	42	20
19	92	62–65	81
21 f.	147		

AT VIII-2

343	195	361	75

AT X

162	2	420	170
179	189	421	85
332	144	423	91
368	33, 170	427	171
370	33	430 f.	171
381	170	495–527	154
383	170	515	34
388	38	527	154
418	170		

AT XI

3 f.	173	104	175
3–118	145	119–202	145
4	173	223–286	155
5 f.	173	301–488	155
9	174	323–488	92
25 f.	174	328	155
33	175	329	156
33 f.	175	342	85
36 ff.	176		

Sachregister

Affekt (*affectio, passio*) 126, 131, 133, 138, 155
Akzidens (*accidens*) 40, 48, 59, 169, 182f., 195
 siehe auch: Attribut, Modus, Qualität
Attribut (*attributum*) 65, 71, 125, 131, 135f., 140, 147f., 182, 196
 siehe auch: Akzidens, Modus, Qualität
Ausdehnung (*extensio*) 19f., 60, 135ff., 151, 172, 180ff., 192ff., 201
Begriff (*conceptus, notio*) 45f., 75, 147–154, 162, 180ff., 201
Beweis (*demonstratio*) 29, 31, 33, 35ff., 39f., 97ff., 143f., 161f., 184
 siehe auch: Gottesbeweis
Beweisart (*ratio demonstrandi*) 35, 37, 144, 162
Bewußtsein (*conscius esse, conscientia*) 34, 36, 47, 67, 131, 202
Cogito ergo sum 31, 38f., 198
Cogito-Argument 34f., 38, 53
 siehe auch: Existo-Argument
Cogito-Gedanke 39, 54, 74
 siehe auch: Existo-Gedanke
Denken (*cogitare, cogitatio*) 43ff., 54f., 58, 62, 72, 149f., 192ff., 201
Ding (*res*), siehe: Geist, Körper, Sachverhalt, Substanz
Dualismus 181ff., 196
 siehe auch: Substanzendualismus
Ego sum, ego existo 31ff., 40
 siehe auch: Existo-Argument
Eigenschaft, siehe: Akzidens, Attribut, Modus, Qualität
Einheit (*unio*) 70
– des Geistes 42, 44
– von Geist und Körper 41, 83f., 131ff., 138f., 193
Erkenntnis (*cognitio, notitia*) 10, 23, 29, 31f., 48ff., 54, 74f., 90, 128ff., 146, 158, 169ff., 174, 178ff., 189f.
 siehe auch: Wissen

Existenz (*esse, existentia*) 18, 21ff., 29–40, Kap. 4 passim, Kap. 6 passim
Existo-Argument 34ff., 39ff.
Existo-Gedanke 33–40
 siehe auch: Cogito-Gedanke
Falschheit (*falsitas*) Kap. 2 passim, 30, 46, 63f., Kap. 5 passim, 77, 79, 84f., 91
Form (*forma*) 24, 123f., 127f., 136f., 168, 174ff.
 siehe auch: Wesen
Freiheit, siehe: Wille, Willensfreiheit
Geist (*mens, res cogitans*) 22f., Kap. 3 passim, 56f., 61, 67, 71, 73f., 79, 130f., 180f., 192, 200ff.
 siehe auch: Seele
Geometrie (*geometria*) 20f., 98, 122ff., 143, 146, 162f., 169ff., 177f.
Gewißheit (*certitudo*) 29ff., 35ff., 39f., 48, 50, 55f., 63, 66, 71–75, 98f.
 siehe auch: Zweifel
Gott (*deus*) 5, 10, 16, 19ff., 29ff., 35, 55–75, 77, Kap. 6 passim, 148
Gottesbeweis 4, Kap. 4 passim, 78, Kap. 6 passim, 161
Idee (*idea*) 20, 45, 55ff., 97ff., 106ff., 111, 123, 131, 149, 173f., 197
– Gottes 60ff., 105, 108, 111, 115f.
 siehe auch: Begriff, Denken, Intellekt, klar und deutlich, Perzeption, Realität, Wesen
Indifferenz (*indifferentia*) 86ff.
Intellekt (*intellectus*) 5, 14, 22f., 45ff., 84ff., 87f., 92, 119f., 122ff., 131, 150
Intuition (*intuitio*) 32ff., 37ff., 170
Irrtum (*deceptio, error, fallacia*) Kap. 2 passim, 29f., 45, 54ff., 63, 66, Kap. 5 passim, 134
 siehe auch: Sinne
Kausalprinzip 57
klar und deutlich (*clare et distincte*) 5, 53f., 60, 63f., 71–74, 97f., 113f., 147f., 151, 181

siehe auch: Gewißheit, natürliches Licht, Perzeption
Körper (*corpus, res extensa*)   19, 21, 81, 83 f., 97, 133 f., 150 ff., 201
Metaphysik (*metaphysica, prima philosophia*)   3 ff., 143 f., 147, 152–155, 161 ff., 178 f., 189 ff., 202
Modus (*modus*)   59 f., 135 f., 147, 169, 182 f.
  siehe auch: Akzidens, Attribut, Qualität
Natur, siehe Wesen
natürliches Licht (*lumen naturale*)   74, 173
  siehe auch: Erkenntnis, Gewißheit, Intuition
Perzeption (*perceptio*)   45, 83 ff., 89 ff., 130 f., 150
Philosophie (*philosophia*)   31, 144 ff., 152 f., 188 ff., 197
Physik (*physica, philosophia naturalis*)   24, 121, 143 ff., 148 f., 152, 162 ff., Kap. 9 passim, 189 f., 193 ff.
Privation (*privatio*)   61, 80, 94
Qualität (*qualitas*)   59, 136 ff., 151, 168 f., 172, 174 ff., 182 f.
  siehe auch: Akzidens, Attribut, Modus
Realität, formale/objektive (*realitas formalis/obiectiva*)   57–65, 75, 133
Repräsentation (*representatio* [*mentis*]), siehe: Idee
Sache (*res*), siehe: Geist, Körper, Sachverhalt, Substanz
Sachverhalt (*res*)   147–152
Seele (*anima*)   7, 15, 200 ff.
  siehe auch: Geist
Sinne, Sinnesempfindung (*sensus, sensatio*)   11 ff., 24, 44–48, 123 f., 131 f., 138 ff., 172 ff.
Skepsis   Kap. 2 passim
Substanz (*substantia*)   40 ff., 59 f., 127 ff., 147, 181–183, 195 f.

Substanzendualismus   125–131, 161, 181–184, 192 ff.
  siehe auch: Verschiedenheit
Sum res cogitans   40 ff., 49
Täuschung, siehe: Irrtum
Theodizee   78
das Unendliche (*infinitum*)   61–65
Unterschied, siehe: Verschiedenheit
Ursache (*causa*)   56–70, 81 f., 134, 137 ff., 193 f.
– seiner selbst (*causa sui*)   68–70
Urteil, Urteilsvermögen (*iudicium, facultas iudicandi*)   12, 14 ff., 45, 54 ff., 84 f., 88–94, 150
Vermögensskeptizismus   23, 43
Verneinung (*negatio*)   42 f., 64, 80, 88
Vernunft (*ratio*), siehe: Intellekt
Verschiedenheit, reale (*distinctio realis*)   29, 40, 67, 125–128, 131 f., 147, 161
Verstand, siehe: Intellekt
Vollkommenheit (*perfectio*)   62 ff., 67, 69 f., 97 f., 101–116
Vorstellung, Vorstellungsvermögen (*imaginatio, facultas imaginandi*)   17–22, 43, 47 f., 122 ff., 129 ff.
Wahrheit (*veritas*)   17, 20 f., 45 f., 53 ff., 73 ff.
Wahrheitsregel   29, 53 f., 77–79
Wesen (*essentia, forma, natura*)   19, 22 f., 41, 43, 47–50, 60, 63, 78, Kap. 6 passim, 132, 134, 138, 168 ff., 181 f.
Wille, Willensfreiheit (*voluntas, libertas arbitrii, facultas eligendi*)   55, 67, 79, 84–94, 150
Wissen, Wissenschaft (*scientia*)   62, 74 f., 151 ff., 159 ff., 169 f., 189 ff.
  siehe auch: Erkenntnis
Zirkel, Cartesischer   71–73
Zweifel (*dubitatio*)   Kap. 1 passim, 29–31, 65, 72 ff.
  siehe auch: Gewißheit, Irrtum, Wissen

Namenregister

Adam, Charles 191
Alanen, Lilli 46f., 50, 83, 85–88, 92
Ariew, Roger 15, 121
Aristoteles 87, 121, 123f., 140, 162, 167, 183, 185
Arnauld, Antoine 72, 78, 129, 136, 192
Arndt, Hans Werner 154f.
Augustinus 9, 143, 150f., 158–161, 164
Austin, J. L. 18

Baillet, Adrien 189
Beckett, Samuel 43
Beeckman, Isaac 2, 144
Belgioioso, Giulia 196
Bergengruen, Maximilian 16, 25
Bergson, Henri-Louis 188
Berkeley, George 197
Bolton, Martha 139
Bonaventura 152, 159f.
Boyle, Robert 137
Broughton, Janet 10
Buridan, Johannes 15
Burman, Frans 6, 72f., 154, 163
Burnyeat, Myles F. 18

Carnap, Rudolf 188
Carriero, John 13, 20, 24, 29, 73, 78, 81, 88, 91
Cassirer, Ernst 199
Caterus, Johannes 5, 60, 103, 105f., 110, 112–114, 116
Chappell, Vere 100, 131
Chauvin, Étienne 195
Cicero, Marcus Tullius 9, 17
Clarke, Desmond M. 163, 185
Clerselier, Claude 64

Deleuze, Gilles 188
Denery, Dallas 14
Des Chene, Dennis 15, 168
Dicker, Georges 23, 40
Dierig, Simon 41
Dijksterhuis, Eduard Jan 196

Dretske, Fred 39
Duns Scotus, Johannes 87, 89, 127f., 136

Edelberg, Walter 107
Elisabeth, Prinzessin von Böhmen 6, 132, 152, 180, 192
Eudoxus 154
Eustachius 121, 127

Fine, Kit 110
Floridi, Luciano 9
Forgie, J. William 102, 116
Foucault, Michel 188
Francisco de Toledo 121
Frankfurt, Harry G. 35
Frede, Michael 10
Frege, Gottlob 150
Funkenstein, Amos 10

Gadamer, Hans-Georg 187
Galilei, Galileo 3, 145, 164, 177, 184, 200
Garber, Daniel 24, 182
Gassendi, Pierre 49f., 92f., 115, 132, 192, 200
Gaukroger, Stephen 20, 33, 145, 164, 178, 184
Gilson, Étienne 157
Goes, Emmanuel de 121
Gombay, André 81
Grene, Marjorie 24
Grüne, Stefanie 103, 117
Guéroult, Martial 55, 58

Haag, Johannes 25, 46
Hacking, Ian 197
Hatfield, Gary 43, 47, 121, 123f., 131, 178
Hegel, Georg Wilhelm Friedrich 197
Heidegger, Martin 188, 199
Hobbes, Thomas 10, 91, 164, 192, 196, 200
Hossenfelder, Malte 12, 17
Hume, David 133, 194, 197
Husserl, Edmund 188, 197–199
Hüttemann, Andreas 37, 171f.

Namenregister

Huygens, Christiaan 5
Huygens, Constantijn 5, 7

Ignatius von Loyola 158
Isidor von Sevilla 152

Jacquette, Dale 74
James, William 133
Jolley, Nicholas 158
Joyce, James 187

Kant, Immanuel 64, 114, 133, 189, 197
Kemmerling, Andreas 34, 36 f., 46 f., 103, 149, 159
Kenny, Anthony 40, 77, 103
Kepler, Johannes 164
Koch, Anton 44
Köhnke, Klaus Christian 147, 189 f.
Kopernikus 164
Koyré, Alexander 159

Lagerlund, Henrik 127
Larmore, Charles 13
Leibniz, Gottfried Wilhelm 84, 86, 133, 144, 193
Lichtenberg, Georg Christoph 39 f.
Locke, John 136 f., 151, 194, 197
Loeb, Louis 98
Luynes, Honoré d'Albert, duc de 49

MacKenzie, Ann Wilbur 139
Maia Neto, José R. 9
Malcolm, Normann 44
Malebranche, Nicolas 133, 193
Marc Aurel 157
Markie, Peter 33 f., 46
Marx, Karl 190
Mascarenhas, Vijay 65
Matthews, Gareth B. 143
Meinong, Alexius 103
Menn, Stephen 24, 58, 80, 84, 183
Mersenne, Marin 3-7, 10, 17, 62, 67, 74, 120 f., 143-145, 157, 161, 167, 172, 177 f., 181, 185, 192
Mesland, Denis 86-88, 92
Montaigne, Michel de 156-158
Moore, George Edward 188

Moreau, Pierre-Francois 196
Morin, Jean-Baptiste 137, 168, 176

Natorp, Paul 199
Nelson, Alan 73
Newcastle, Marquis de (William Cavendish) 33
Newman, Lex 73, 88, 91
Newton, Isaac 196
Nickel, Rainer 157
Nietzsche, Friedrich 39 f., 190

Ockham, Willhelm von 14 f.

Parsons, Terence 103, 114
Pasnau, Robert 123, 127
Peirce, Charles S. 188
Perler, Dominik 10, 15, 43, 46, 103, 163, 169, 194-196
Petrus Fonseca 121
Plantinga, Alvin 101
Platon 124
Poliander 154
Popkin, Richard 9, 13

Quine, Willard Van Orman 149, 188

Ragland, Clyde Prescott 88
Regius, Henricus 168, 176 f., 181, 183, 194 f.
Regius, Johannes 196
Reid, Thomas 197
Rickert, Heinrich 190
Rodis-Lewis, Geneviève 191
Rorty, Amélie Oksenberg 157 f., 160 f.
Rorty, Richard 147, 164 f., 189, 191
Rosenthal, David M. 91
Rossotti, Hazel 138
Rubio, Antonio 121
Russell, Bertrand 39, 133, 188
Ryle, Gilbert 199 f., 202

Sartre, Jean-Paul 188
Schäublin, Christoph 17
Schmaltz, Tad M. 100, 196
Schmidt, Andreas 26, 99
Schmidt, Gerhart 154
Schmitt, Charles 9

Schnieder, Benjamin 40
Schobinger, Jean-Pierre 191
Schütt, Hans-Peter 29, 37, 41, 152, 181f., 190, 193, 197, 199
Scott, David 133
Sebba, Gregor 191
Secada, Jorge 121
Sextus Empiricus 9, 11, 17
Shapiro, Lisa 132
Simmons, Alison 137–139
Specht, Rainer 31, 151, 161, 163, 189, 195
Spinoza, Baruch de 133, 155, 193, 196
Suárez, Francisco 121, 164, 168

Tannery, Paul 191
Thern, Tanja 197

Thomas von Aquin 21, 87, 121, 123, 127, 136, 164
Tripp, G. Matthias 145
Tye, Michael 129

Voltaire 197

Williams, Michael 11
Wilson, Margaret D. 35, 46, 50, 91, 107
Wittgenstein, Ludwig 188, 199
Wohlers, Christian 146

Yolton, John W. 195

Zijlstra, Casper 190
Zupko, Jack 15

Hinweise zu den Autoren

Lilli Alanen ist Professorin emer. für Philosophie an der Universität Uppsala und Gastprofessorin an der University of California in Berkeley. Zu ihren einschlägigen Veröffentlichungen zählen *Descartes's Concept of Mind* (2003) und zahlreiche Aufsätze zur Erkenntnistheorie Philosophie des Geistes und Moralpsychologie der Frühen Neuzeit. Ihr derzeitiges Forschungsinteresse gilt insbesondere Spinoza und Hume, speziell deren Konzeptionen der Vernunft, des Handelns und der Affekte.

Gary Hatfield, geb. 1951, lehrt Philosophie an der University of Pennsylvania in Philadelphia. Zu seinen Veröffentlichungen zählen *The Natural and Normative: Theories of Spatial Perception from Kant to Helmholtz* (1990) und *Descartes and the Meditations* (2003), zahlreiche Aufsätze zur Philosophie und Wissenschaft des 17. Jahrhunderts sowie zur Philosophie und Geschichte der Psychologie. Er übersetzte Kants *Prolegomena* (2004). Kürzlich erschien eine Sammlung seiner Aufsätze unter dem Titel *Perception and Cognition: Essays in the Philosophy of Psychology* (2009).

Andreas Hüttemann, geb. 1964, lehrt Philosophie an der Universität zu Köln. Seine Arbeitsschwerpunkte sind die Wissenschaftstheorie, die Metaphysik sowie die Philosophie der Frühen Neuzeit. Veröffentlichungen: *Idealisierungen und das Ziel der Physik* (1997), *Kausalität und Naturgesetz in der Frühen Neuzeit* (Hrsg., 2001, *What's Wrong with Microphysicalism?* (2004), *Zur Deutungsmacht der Biowissenschaften* (Hrsg.2008), *Time, Chance and Reduction* (hrsg. mit G. Ernst, 2010), *Ursachen* (2. Aufl. 2018).

Andreas Kemmerling, geb. 1950 ist Professor a.D. für Philosophie an der Universität Heidelberg. Forschungsschwerpunkte: Philosophie des Geistes, Sprachphilosophie, Erkenntnistheorie und philosophische Anthropologie. Sein philosophiegeschichtliches Interesse gilt vornehmlich der Entwicklung des repräsentationalistischen Bilds menschlichen Denkens seit der frühen Neuzeit. Einige Veröffentlichungen zu Themen aus diesen Bereichen.

Dominik Perler, geb. 1965, ist Professor für Philosophie an der Humboldt-Universität zu Berlin. Seine Forschungsschwerpunkte liegen im Bereich der Philosophie des Mittelalters und der frühen Neuzeit. Zu seinen Buchveröffentlichungen gehören: *Repräsentation bei Descartes* (1996), *Theorien der Intentionalität im Mittelalter* (2002), *Zweifel und Gewissheit: Skeptische Debatten im Mittelalter* (2006), *Transformationen der Gefühle. Philosophische Emotionstheorien 1270–1670* (2011), *The Faculties: A History* (Hrsg., 2015), *Causation and Cognition in Early Modern Philosophy* (Hrsg. mit Sebastian Bender, 2020).

Tobias Rosefeldt, geb. 1970, ist Professor für Philosophie und Wissenschaftstheorie an der Universität Konstanz. Seine Forschungsschwerpunkte liegen historisch im Bereich der theoretischen Philosophie von Descartes bis Kant und systematisch in der Metaphysik, der Sprachphilosophie und der Erkenntnistheorie. Neben Aufsätzen zu Themen aus diesen Gebieten ist von ihm *Das logische Ich. Kant über den Gehalt des Begriffes von sich selbst* (2000) erschienen.

Andreas Schmidt, geb. 1966, ist Professor für Philosophie an der Friedrich-Schiller-Universität Jena. – Veröffentlichungen: *Descartes: Meditationen* (Einleitung, Übersetzung und Kommentar, 2004, ²2011), *Göttliche Gedanken. Zur Metaphysik der Erkenntnis bei Descartes, Malebranche, Spinoza und Leibniz* (2009).

Hans-Peter Schütt, geb. 1951, 1969–75 geisteswissenschaftliches Studium in Hamburg, lehrt seit 1978 an badischen Hochschulen Geschichte der europäischen Philosophie; wichtigste Buchpublikationen: *Substanzen, Subjekte und Personen* (1990), *Die Adoption des „Vaters der modernen Philosophie"* (1998), *Adam Smith als Moralphilosoph* (hrsg. mit Christel Fricke, 2005).

www.ingramcontent.com/pod-product-compliance
Lightning Source LLC
Chambersburg PA
CBHW071818230426
43670CB00013B/2488